Aus Freude am Lesen

Robert Hültner · Tödliches Bayern

Robert Hültner

# Tödliches Bayern

Kriminalfälle aus
zwei Jahrhunderten

btb

# Vorwort

Die vorliegenden Erzählungen aus der bayerischen Kriminalgeschichte beruhen auf realen Geschehnissen. Aber nur in den wenigsten Fällen lagen mir dafür die vollständigen Ermittlungs- und Verfahrensprotokolle vor; viele der angefragten Archive verwiesen auf Verluste, etwa durch Kriegsfolgen oder politisch motivierte »Bereinigungen«. So waren viele Vorgänge nur noch über ihr Echo in zeitgenössischen Presseberichten, in Tagebüchern und Memoiren einzelner Beteiligter, durch Hinweise in wissenschaftlichen Abhandlungen oder, soweit noch möglich, durch Gespräche mit Zeitgenossen und Experten zu rekonstruieren.

Die Auswahl der Fälle ist keineswegs willkürlich. Was zunächst kaum mehr als eine vage kriminologische Hypothese war, bestätigte sich: Jede politische, wirtschaftliche und kulturelle Umwälzung bewirkt soziale Konflikte und Belastungen, auf die die Betroffenen mit zuweilen fataler Konsequenz reagieren. Tatsächlich bildet sich hinter jedem der geschilderten Fälle der jeweilige historische Hintergrund überdeutlich ab; er erzeugt nicht nur zeitspezifische dramatische Konstellationen, Motivlagen und Methoden sowohl kriminellen wie staatlichen Agierens, sondern zeigt sich auch darin, wie Verbrechen in der jeweiligen Epoche gewertet und geahndet wurden. Es ist dies eine Betrachtungsweise, die auch den Blick dafür schärfen könnte, was Menschen in unserer Zeit dazu bringt, zu Verbrechern zu werden.

Bei der Arbeit an diesen Nacherzählungen zeigte sich erneut, dass das wahre Leben zwar zuweilen in tragischen Bahnen verlaufen mag, es sich aber nicht unbedingt nach den Gesetzen von Spannung und Dramatik richtet. Anders ausgedrückt: Was im wirklichen Leben als »spannend« empfunden wird, ist häufig etwas anderes als das, was die klassische Kriminalerzählung interessant macht. (Falsch wäre allerdings der Umkehrschluss, eine dramatische Erzählung habe mit der Wirklichkeit nichts zu tun.) Um daher den Kern dieser Fälle und der in ihnen enthaltenen Tragödien freilegen zu können, waren Abläufe zu komprimieren, musste die Handlung mit erdachten Szenarien und fiktivem Personal ergänzt werden und war bei so mancher lückenhafter oder widersprüchlicher Quellenlage über die plausibelste Variante zu spekulieren. Besonders bei den Fällen ab der Mitte des 20. Jahrhunderts galt es zudem – aus Gründen der Wahrung der Persönlichkeitsrechte und der Beachtung des Rehabilitierungsinteresses –, die Namen von beteiligten Personen und Orten zu verändern und relevante äußere Umstände deutlich umzugestalten.

Robert Hültner

# Die Kriminalfälle

Tartuffe auf dem Land
(1807)
*– 9 –*

Die Göttliche
(1867)
*– 65 –*

Krankheit der Jugend
(1919)
*– 109 –*

Alles, was Recht ist
(1918–34)
*– 127 –*

Das folgsame Mädchen
(1920)
*– 165 –*

Don Juan im Gebirg
(1962)
*– 209 –*

Eine Landidylle
(1988)
*– 249 –*

Einer von uns
*(2004)*
*– 293 –*

## Tartuffe auf dem Land
(1807)

### I.

Eine Irre.
Der Adjunkt des Gräflich-Portia'schen Patrimonialgerichts auf Schloss Oberlauterbach ist erschüttert.
Das Mädchen ist nicht bei Trost. Es ist krank.
Oder doch bloß verlogen? Und dreist obendrein?
Der erste Impuls des Beamten ist, die Besucherin mit ein paar Ohrfeigen zur Vernunft zu bringen und anschließend in hohem Bogen aus dem Amtszimmer zu werfen. Hat er nichts anderes zu tun, als sich die infame Denunziation einer 17-Jährigen anzuhören und sich mit ihren Räuberpistolen die Zeit stehlen zu lassen? Für wie dumm hält sie ihn, dass sie glaubt, er würde ihr diese haarsträubende Geschichte abnehmen? Was erlaubt sich dieser verlauste Bauernfratz eigentlich?
Der Adjunkt hebt die Hand. Doch etwas lähmt ihn, der Zorn, den er dafür aufbringen müsste, will sich nicht einstellen. Er lässt die Hand sinken und mustert das Mädchen. Die Schultern an den Oberkörper gezogen steht es vor ihm, spindeldürr, die Wangen vor Aufregung gefleckt, mit geröteten Augenrändern und flatternden Lidern.

Gleich heult sie los, denkt er, hoffentlich dreht sie mir nicht durch, ein hysterischer Anfall hat mir gerade noch gefehlt. Was für ein Elend. Was mag dem armen Geschöpf zugestoßen sein, dass ihr Gehirn eine derart wahnhafte Geschichte ausbrüten konnte? Welcher Dämon träufelt ihr bloß diese krankhaften Einbildungen ein?

Der Adjunkt fühlt sich hilflos. Wie mit durchtriebenen Verleumdern umzugehen wäre, wüsste er. Doch durchtrieben – nein, das ist dieses Kind nicht, so gut kennt er seine Pappenheimer, lange genug ist er auf seinem Posten. Er findet keine andere Erklärung. Dieses Kind ist nicht bei Sinnen.

Was soll er bloß bloß mit ihr machen?

Der Adjunkt fixiert sie noch einmal streng. Sie zuckt fluchtbereit, doch sie hält seinem Blick stand, halb verschüchtert, halb vertrotzt.

Er fasst sich. Jetzt um einen fast väterlichen Ton bemüht, fordert er sie auf, ihre Angaben zu wiederholen, hört geduldig zu, fragt nach, wendet die üblichen Tricks an, verwirrt sie mit Absicht (Habe sie nicht eben eine blaue Schürze erwähnt? Und blonde Haare habe die Fremde gehabt? – Nein? Hellbraune? Habe sie nicht vorhin gesagt, dass –?).

Die Stimme des Mädchens ist brüchig vor Aufregung, doch sie macht keine Fehler, widerspricht sich nicht, korrigiert ihn, wenn er ihr wieder eine falsche Erinnerung unterschieben will. Fahrig eine sumpffarbige Strähne unter ihrem Kopftuch verstauend, dann wieder mit bäuerlich groben, rissigen Fingern den Bund ihrer verwaschenen Schürze befingernd, wiederholt es das Ungeheuerliche, dessen Zeuge es gewesen sein will.

Der Adjunkt macht sich Notizen. Schließlich ermahnt er sie, vorläufig Stillschweigen zu bewahren, und geleitet sie hinaus. Sie würde von ihm hören, verspricht er.

»Bestimmt?«

Er nickt ernst. Bestimmt, denkt er. Was immer du dann zu hören bekommst.

Dann rast er in den oberen Stock, immer zwei Stufen auf einmal nehmend, und informiert seinen Vorgesetzten.

»Noch einmal in Ruhe«, dämpft der Hofmarksrichter seine Aufgeregtheit. »Frauenknecht, sagten Sie, ist ihr Schreibname? Saß nicht eine Familie dieses Namens auf dem hiesigen Thomashof?«

Der Adjunkt ist noch immer außer Atem. Er schluckt, nickt. »Katharina, so ihr Name, ist die Letzte der Familie. Eltern und Schwester sind bereits verstorben.«

»Der Hof war zuletzt im Besitz von Hochwürden Riembauer, nicht wahr?«

»Nachdem er auf die Pfarrstelle von Nandlstadt berufen wurde, verkaufte er, richtig. Er soll dabei ein gar nicht so schlechtes Geschäft gemacht haben.«

Der Richter winkt unwillig ab. »Es sei ihm vergönnt«, sagt er. Heutzutage schrumpfen die Pfründe der Kirche, denkt er, die Zeit spielt gegen sie, viele ihrer Güter wurden in den vergangenen Jahren verstaatlicht, ihre Macht schwindet. Wer sollte es da einem Landpriester übel nehmen, wenn er zusieht, wo er bleibt? »Wozu überhaupt diese gehässige Anmerkung? Gehört das zur Sache?«

Der Adjunkt schüttelt den Kopf.

»Dann verschonen Sie mich gefälligst«, brummt der Richter. »Aber jetzt sagen Sie mir – damit ich sicher sein kann, mich nicht verhört zu haben –, die kleine Frauenknecht klagt tatsächlich gegen Hochwürden Riembauer? Der in unserer Gemeinde so segensreich gewirkt hat? Und dann auch noch wegen Mordes? Herr im Himmel, was ist das? Wahnsinn? Eine besitzlose Magd hat die Stirn, einen Vertreter der Kirche zu verleumden? Hat sie auch nur den Hauch eines Beweises für ihre Hirngespinste?«

»Sie habe die Tat selbst miterlebt, behauptet sie. Sie soll im Herbst 1807 geschehen sein.«

»Großartig«, belfert der Richter los. »Und schon jetzt, keine fünf Jahre später, macht sie Meldung? Wo mit Sicherheit sämtliche Spuren längst verwischt, wichtige Zeugen möglicherweise verstorben sind, andere vermutlich nur noch verwaschene Erinnerungen haben? Es wird immer absurder.«

»Sie erklärt es damit, dass sie Angst gehabt habe. Sie sei den Kontakt mit hohen Herrschaften nicht gewohnt und habe gefürchtet, als Verleumderin gezüchtigt und verjagt zu werden. Außerdem fürchte sie die Rache dessen, den sie der Tat bezichtigt, wie sie sich auch –«

»Ein Funken Realitätssinn scheint also noch vorhanden zu sein. Ist ja schon fast wieder tröstlich.«

»– wie sie sich auch davor fürchte, den – alles ihre Worte, mit Verlaub! – raffinierten Lügen und Ausreden Hochwürden Riembauers nicht gewachsen zu sein. Er verdrehe alles, seife alle Welt mit seinem frommen Getue ein, wie er es auch schon mit ihren Eltern und ihrer Schwester getan habe. Außerdem habe sie um ihr Leben gefürchtet. Sie sei ja noch nicht volljährig und bis vor kurzem noch gezwungen gewesen, im Haushalt mit ihm zu wohnen. Von Mutter und Schwester hatte sie zu deren Lebzeiten keine Hilfe, sagt sie, diese hätten unter vollständigem Einfluss des Pfarrers gestanden.«

»Ach! Und diese Angst ist mit einem Mal verflogen? Das soll ein Mensch glauben?«

»Nun, dazu erklärt sie: Sie habe sich durchaus schon früher zwei Seelsorgern der Nachbargemeinde anvertraut, diese hätten ihr jedoch geraten zu schweigen. Ich vermute, dass man ihr keinen Glauben schenkte.«

»Nur allzu verständlich! Phantastereien einer Pubertierenden, was sonst!«

»Jedenfalls habe sie das für lange Zeit mutlos gemacht. Aber die Erinnerung habe sie jahrelang gequält.«

»Haben Sie ihr die Schwere der Vorwürfe verdeutlicht? Sie auf die Strafe hingewiesen, die es nach sich zieht, wenn sich die Haltlosigkeit ihrer Anschuldigungen erweist? Hat sie keinerlei Ehrfurcht vor dem heiligen Stand?«

»Auf die Konsequenzen habe ich sie natürlich hingewiesen. Aber sie blieb eisern bei ihrer Aussage.«

»Würde sie diese auch unter Eid wiederholen?«

Der Adjunkt nickt. »Allerdings ist sie erst siebzehn Jahre alt. Und damit noch nicht eidesmündig.«

Der Richter verstummt für einen Augenblick. Die Sache beginnt ihn zu beunruhigen. Er misst seinen Untergebenen mit einem schrägen Blick.

»Haben Sie eigentlich schon erwogen, dass etwas völlig anderes dahinterstecken könnte? Schlichte Bosheit? Rachsucht, weshalb auch immer? Habgier?«

Der Adjunkt wiegt den Kopf. »Berechtigte Frage«, räumt er ein. »Ich habe sie mir natürlich ebenfalls gestellt. Tatsächlich beansprucht sie auch, am Erlös des Verkaufs des elterlichen Anwesens beteiligt zu werden. Sie betrachtet es als ihr Erbteil.«

»Sehen Sie! Und schon haben wir ihn, den wahren Grund! Welche Niedertracht!«

»Jedenfalls behauptet sie, von dieser Summe keinen Kreuzer gesehen zu haben. Hochwürden Riembauer habe ihr dies mit der Begründung vorenthalten, er habe sich schließlich zuvor aufopfernd um ihre Eltern gekümmert. Was sie jedoch bestreitet. Allen Gewinn aus der Ökonomie habe er für sich verwendet, bei den Kosten für Arzt und Arznei für ihre hinfälligen Eltern jedoch geknausert.«

»Natürlich bestreitet sie das! In jeder zweiten Querele in unserem Gerichtssprengel geht es um Schäbigkeiten dieser Art, und nicht zu selten stellt sich heraus, dass die Ansprüche unberechtigt sind! – Nein! Es ist nichts als eine Denunziation der niedrigsten Art! Und darauf fallen Sie herein? Sie, mit Ihrer Erfahrung?«

»Eben.« Der Adjunkt nickt. »Weil ich Erfahrung habe.«

Ein skeptischer Blick. »Das will sagen?«

»Dass ich bei diesem Kind zwar größte Erregung, aber keine eifernde Gehässigkeit verspürt habe. Nur tiefste innere Not. Das Mädchen äußert sich außerdem klar. Sie beschreibt detailliert den Ort auf dem Thomashof, an dem das angebliche Opfer verscharrt worden sein soll. Aufgefordert, die Angaben zu Ort, Zeit, Namen der Beteiligten, Ablauf der Tat zu wiederholen, unterlaufen ihm keine Fehler. Herr Richter dürfen mir glauben, dass ich sämtliche Methoden angewandt habe, um sie ins Wanken zu bringen. Nach dem Lehrsatz: Stelle einem Lügner immer wieder die gleichen Fragen zu seiner Geschichte, und sie wird sich verändern. Aber nichts dergleichen ist geschehen. Hinzu kommt –«

»Was? – Herrgott, so reden Sie!«

»Nun, mir kam in den Sinn, dass es vor etwa fünf Jahren im Bezirk tatsächlich eine gerichtliche Enquete zum Verschwinden einer jungen Frau gab, deren Verbleib niemals aufgeklärt werden konnte.«

»Ich erinnere mich. Die Sache machte einigermaßen Furore. Wie war der Name noch gleich?«

»Anna Eichstätter, gebürtig zu Regensburg, 22 Jahre alt.«

»Eichstätter, richtig. Und diese soll das Opfer von Hochwürden gewesen sein? Aber nein! Die Tat wurde doch dem Raubmörder Gayer zugeschrieben, der in dieser Zeit in unserem Rayon sein Unwesen trieb.«

»Der dies aber noch im Angesicht des Schafotts ableugnete.«

Der Hofmarksrichter schüttelte verdrossen den Kopf. »Nein. Es ist zu unglaublich, was diese Närrin uns da auftischen will. Einen katholischen Priester des Mordes zu beschuldigen, ungeheuerlich! Man muss dieses verwirrte Ding vor sich selber schützen, sie stürzt sich ins Unglück mit ihren Phantastereien. Der Mann, den sie des Mordes bezichtigt, wird sie mit Klagen überhäufen, es wird ihr das Genick brechen, und er wird alles Recht der Welt auf seiner Seite haben. Gibt es denn niemand, der dieser Unglücklichen Sorge und Obhut gibt?«

»Durchaus. Sie gibt an, im festen Dienst in Pfeffenhausen zu stehen und mit ihren Vorgesetzten ein gutes Auskommen zu haben. Ich hatte sogar den Eindruck, dass man sie dort sogar zu ihrem Schritt ermuntert hatte.«

»Unverantwortlich!«

Der Adjunkt nickt unbestimmt. Etwas in ihm wehrt sich mit Macht, weiter zu spekulieren. Darüber, ob das Mädchen unter Einfluss stehen könnte und irgendein Unmensch ihre geistige Verwirrtheit lediglich ausnützt, um dem Pfarrer zu schaden. Himmel. Welcher Abgrund!

Auch der Richter starrt eine Weile finster vor sich hin. Was tun? Die Sache ist heikel. Er weiß, dass sich im Königreich Baiern die Stimmen mehren, die die Existenz der jahrhundertealten, an die Adelsbesitztümer gebundenen Patrimonialgerichte für nicht mehr zeitgemäß halten. Schon jetzt sind diese auf die niedrige Gerichtsbarkeit reduziert, sie dürfen nur noch lokale Bagatellen schlichten, und wenn, so ahnt er, diese erbärmliche Anbetung der Moderne voranschreiten sollte, würden sie irgendwann als unbedeutende Provinz-Notariate enden. Er denkt laut: »Das Klügste wäre, diese Närrin mit allem Nachdruck zu ermahnen und dann die Sache auf sich beruhen zu lassen. Sie muss zum Schweigen gebracht werden, bevor sie noch mehr Unheil anrichtet.« Er seufzt. »Aber als Patrimonialgericht sind wir gehalten zu reagieren. Wir gerieten in Teufels Küche, wenn wir nichts unternähmen.«

»Aber wenn sich die Anwürfe am Ende als haltlos herausstellen?«

»Fragen Sie doch nicht, wenn Sie sich die Antwort denken können«, schnaubt der Richter. »Dann stehen wir ebenfalls im Regen, was sonst?«

»Und wenn ... nicht?«

»Sie ziehen es doch nicht etwa in Betracht? Sind Sie verrückt geworden?«

Der Adjunkt winkt hastig ab. »Natürlich nicht. Hochwürden Riembauer ist hoch angesehen, ist weitum als brillanter Prediger geschätzt.« Er macht eine kurze Pause, bevor er zögernd hinzufügt: »Allerdings kann ich mich daran erinnern, dass damals auch einige unschöne Gerüchte über ihn im Umlauf waren.«

»Welcher Art?«

»Nun, Hochwürden Riembauer soll es in Dingen des Zölibats eher, nun, nicht so genau genommen zu haben.«

»Ich bitte Sie! Das ist doch lächerlich. Und außerdem eine Sache des Kirchenrechts, nicht des weltlichen.« Mit wie viel Bigotterie die Kirche zu leben bereit ist, ist ihre Sache, denkt er. Da haben wir uns nicht einzumischen. »Wir leben in modernen Zeiten.«

»Wenn Herr Richter meinen«, sagt der Adjunkt.

»Ich bin momentan absolut nicht in Stimmung für Ihre weltanschaulichen Spekulationen«, blafft der Richter. »Überlegen Sie lieber mit, wie wir diese Sache loswerden.«

»Wie auch immer. Handeln müssen wir.«

Der Richter schießt einen giftigen Blick ab. »Haben Sie irgendwann auch einmal einen eigenen Gedanken?«

Der Adjunkt sieht zu Boden und schweigt. Ich werde dir die Verantwortung nicht abnehmen, denkt er.

»Natürlich müssen wir etwas unternehmen«, fährt der Richter ungehalten fort. »Doch ich möchte mich ungern lächerlich machen, geschweige denn mir die Finger verbrennen. Deshalb wird das Beste sein, dass wir, bevor wir das Gericht in Landshut einschalten, über diese Katharina Frauenknecht in aller Diskretion Erkundigungen einholen. Ich würde mich nicht wundern, wenn sie nicht schon öfters mit derartigen Wahnideen aufgefallen wäre. Wenn sich, wie zu erwarten, das Ganze als Hirngespinst und bösartige Verleumdung herausstellt, müssen wir ernstlich mit ihr sprechen. Möglicherweise ist dann auch die Unterbringung in einer Kretinenanstalt angebracht, bevor sie mit ihren wirren Anschuldigungen noch mehr Unruhe verbreitet.« Davon habe ich in diesen Zeiten schon genug, denkt er. »Zu ihrem Schutz und dem der Umgebung.«

»Und wenn doch etwas an der Sache –?«

»Reden Sie keinen Unsinn. Führen Sie gefälligst meine Anordnungen aus.«

Der Adjunkt verbeugt sich, geht in seine Amtsstube zurück, kramt seine Stutzperücke hervor, wedelt den Staub ab, stülpt sie sich über den Schädel und prüft ihren Sitz. Dass sie nicht mehr in Mode ist, ist ihm egal, man ist hier auf dem Land, da hebt sie ihn noch immer als Amtsperson hervor. Dann bricht er auf.

Katharina erhält überall beste Zeugnisse. Ihre Dienstherrin und Mitmägde mögen sie, beschreiben sie als heiteres Wesen, gottgläubig und wahrheitsliebend und, das andere Geschlecht und zweifelhafte Vergnügungen betreffend, als ehrbar, keinesfalls leichtsinnig. Sie gehe keiner Arbeit aus dem Weg, sei anstellig, umsichtig und zuverlässig. Sie sei klar im Kopf, keiner der dazu Befragten hatte je Anzeichen einer geistigen Zerrüttung bei ihr wahrgenommen. Gelegentlich sei jedoch Merkwürdiges um sie, denn manchmal zeige sie eine rätselhafte Beklommenheit, gebe an, sich davor zu fürchten, allein im Haus zu bleiben oder im Einzelbett schlafen zu müssen. Sie schrecke auch oft im Schlaf auf und erzähle dann unter Tränen, von furchtbaren Gesichten verfolgt zu werden.

Über den ehemaligen Dorfpriester, Hochwürden Franz Sales Riembauer, ist viel Lobendes, aber auch Kritisches zu vernehmen, wenn auch seltener und erst auf drängende Nachfrage. Einige der dazu befragten Dörfler äußern, sein Benehmen als süßlich und frömmelnd, ja scheinheilig empfunden zu haben. Sie berichten von einem ansonsten gutchristlichen Bauern, der sich bei seinen noch unverheirateten Töchtern zu gewissen Vorkehrungen veranlasst gesehen hatte, wenn der geistliche Herr wieder einmal bei ihm die Nacht verbringen wollte.

Der Hofmarksrichter hört dem Bericht mit wachsender Verdrossenheit zu.

Erst war diese Angelegenheit nur verrückt, denkt er, jetzt wird sie auch noch unappetitlich.

Er bringt seinen Untergebenen mit einer Handbewegung zum Schweigen. »Genug des Geschwätzes«, sagt er. »Damit haben wir unsere Pflicht getan. Bringen Sie die Aussage der Frauenknecht in Form und senden Sie sie per Boten unverzüglich an das Landgericht in Landshut.«

Dort reagiert man rasch. Noch am selben Tag trifft die dreiköpfige Gerichtskommission auf Schloss Oberlauterbach ein. Der leitende Kommissar lässt sich das Protokoll von Katharinas Aussage vorlegen. Dann machen sich die Männer zum Thomashof auf.

Der junge Bauer ist bestürzt, als der kleine Trupp vor seinem Tor auftaucht. In einer Nebenkammer der Stallung, die Katharina beschrieben hatte, setzen die Beamten die Schaufel an. Die Erde ist locker und nachgiebig. Schon nach wenigen Zentimetern gibt sie einen Frauenschuh frei. Süßlicher Brodem dampft den Männern entgegen. Sie atmen flach. Der Verwesungsgeruch nimmt zu und erfüllt bald die kleine Kammer. Der leitende Kommissar verscheucht das Gesinde, das sich vor der Lattentür angesammelt hatte.

In einer Tiefe von nicht mehr als einem halben Meter stößt die Schaufelspitze auf Widerstand. Der Bauer bekreuzigt sich.

Der leitende Kommissar notiert in Gedanken: Der Mörder hat sich wenig Mühe gegeben, sein Opfer zu verscharren. Er muss sich sehr sicher gewesen sein, dass man ihn nie verdächtigen wird.

»Und wir haben uns schon gewundert, dass der Boden an dieser Stelle immer nachgibt«, stammelt der Bauer. »Wir… wir haben nichts davon gewusst, bitte glauben Sie uns!«

Der Totengräber des Dorfes wird herbeigerufen. Unter den Augen der Ermittler legt er eine skelettierte Leiche frei. Sie wird zum Friedhof transportiert, in einen Nebenraum der Aufbahrungshalle gebracht. Die Ermittler binden sich feuchte Tücher vor Mund und Nase und beginnen mit der Untersuchung. Die Fäulnis ist bereits weit fortgeschritten, Maden und Würmer haben ihr Werk fast vollendet. An den vermoderten Resten der Kleidung ist zu erkennen, dass es sich um die Leiche einer Frau handelt. Dass sie unter der Riegelhaube lange hellbraune Haare trug.

Der leitende Kommissar vergleicht die Angaben, die vor

fünf Jahren über die Bekleidung der verschollenen Anna Eichstätter notiert worden waren. Dann damit, wie sie Katharina Frauenknecht beschrieben hatte.

Die Angaben stimmen überein.

Der leitende Kommissar ruft seine Untergebenen zu sich und ordnet die Befragung der Bewohner der umliegenden Gehöfte an. Bei Anbruch der Dämmerung kehren die Rechercheure zurück und erstatten Bericht.

Noch am Abend desselben Tages klopft die Gerichtskommission an die Pforte des Nandlstadter Pfarrhofs. Erst nach geraumer Zeit erscheint die Pfarrersköchin. Die junge Frau ist ungehalten. Die Herren kämen ungelegen, Hochwürden säße gerade beim Abendessen, sie habe strenge Anweisung, ihn nicht zu stören.

Er bedaure zutiefst, entgegnet der leitende Kommissar. Aber sie solle gefälligst die Türe freigeben, man habe eine Amtshandlung vorzunehmen. Sein Befehlston schüchtert die Bedienstete ein. Sie lässt die Beamten passieren. Im Esszimmer sitzt Pfarrer Franz Sales Riembauer vor einem üppig gedeckten Tisch.

Der leitende Kommissar deutet eine Verbeugung an und stellt sich vor.

»Ich bedaure, Hochwürden«, sagt er. »Aber ich habe Sie zu ersuchen, uns zu folgen.«

Der Pfarrer wirkt nicht überrascht. Er nimmt seinen Esslatz ab, wischt sich mit gemessenen Bewegungen über die fettglänzenden Mundwinkel und steht auf. »Ich habe Sie erwartet, meine Herren.« Seine Stimme tönt dunkel, er ist eine stattliche, ehrfurchtgebietende Erscheinung.

Was tue ich da?, denkt der Kommissar. Träume ich, oder verhafte ich wirklich gerade einen Priester?

»Sie haben uns... erwartet?«

»Ja, ich weiß, weshalb Sie hier sind.« Der Pfarrer lächelt traurig. »Obwohl ich bis jetzt hoffte, dass meine Widersacher irgendwann von ihrem sündhaften Tun ablassen würden. Doch es scheint sich zu bewahrheiten, dass Gott den züchtigt, den er liebt. Walten Sie also Ihres Amtes, meine Herren.«

Der leitende Kommissar ist verunsichert. Reagiert so ein ertappter Übeltäter? Was, wenn dieser Mann nur das Opfer einer gemeinen Verleumdung ist? Unwillkürlich schlägt er einen untertänigen Ton an.

Man habe die Pflicht, den Tod einer als vermisst gemeldeten Frau zu untersuchen, erklärt er. Den Unterlagen habe das Gericht entnehmen können, dass diese bis kurz vor ihrem Verschwinden bei ihm als Köchin angestellt gewesen sei, als auch, dass sie vor ihrem Verschwinden in ihrer Umgebung hatte verlauten lassen, ihn, Pfarrer Riembauer, zur Regelung geschäftlicher Dinge aufsuchen zu wollen.

»Das Gericht bedarf dazu Ihrer geschätzten Hilfe, Hochwürden«, endet der Kommissar versöhnlich. »Die Angelegenheit wird sich gewiss in Kürze aufgeklärt haben.«

»Davon bin ich von tiefstem Herzen überzeugt«, sagt Pfarrer Riembauer. »Endlich wird diese schreckliche Last von meiner Seele genommen.«

Der Kommissar stutzt. Was meint er damit?

Der Pfarrer lächelt mild. »Ich kenne die Anschuldigungen natürlich. Schon seit langem. Wie mir auch das bedauernswerte Geschöpf bekannt ist, die sie erhebt. Der Herr möge ihr ihre Verwirrtheit verzeihen.« Der Blick, mit dem er die drei Beamten umfasst, verströmt Güte. »Wie er auch Ihnen verzeihen möge, meine Herren.«

Der Kommissar senkt unwillkürlich den Kopf, als habe er

soeben einen priesterlichen Segen empfangen: »Wir tun nur unsere Pflicht, Hochwürden.«

Der Pfarrer nickt verständnisvoll. Er sei bereit, auf alle Fragen zu antworten. Bei allem erschüttere ihn nur, zu welchen Abgefeimtheiten der Teufel greife, um der heiligen Mutter Kirche Schaden zuzufügen. Erst diese unselige Säkularisation, dann diese sündhaften Phantastereien von Liberté und Egalité, mit der Gottes Ordnung auf den Kopf gestellt werde. Da sehe man, welche ketzerische Verwirrung diese sogenannte Aufklärung in die Hirne des einfachen Volkes geträufelt habe.

Der Kommissar räuspert sich. »Ich muss Sie jetzt ersuchen, Ihre Vorbereitungen zu treffen, Hochwürden.«

Im Gerichtsgefängnis von Landshut angekommen, lässt Franz Sales Riembauer das erste Verhör mit Duldermiene über sich ergehen. Er antwortet bereitwillig, formuliert gestochen und wortreich. Die Beamten, die es sonst meist nur mit klobigem Raubgesindel und stumpfen Psychopathen zu tun haben, sind beeindruckt.

Ja, sagt der Pfarrer, natürlich kenne er die Katharina Frauenknecht. Wie allgemein bekannt, sei er ihrer Familie herzlich verbunden gewesen und habe sie in der Sonntagsschule unterrichtet. Kein unbegabtes Kind. Sehr zart, sehr nervös. Dazu käme aber leider eine allzu blühende, zuweilen fast krankhafte Phantasie. Dass sie ihn dieser unvorstellbaren Tat beschuldige, betrübe ihn zutiefst, denn er habe ihr stets Liebe und seelsorgerische Anleitung angedeihen lassen. Darüber, woher ihr besessener Hass rühren könne, zermartere er sich schon seit längerem den Kopf. Gewiss, von unerfüllten Wünschen befeuerte Sinnesreizungen und überhitzte Phantastereien seien heutzutage bei jungen Frauen nicht selten. Möglich sei auch, dass sie unter den Einfluss von Häretikern und gottlosen Umstürzlern, die auch auf dem Lande zunehmend ihr Unwesen treiben, geraten sein könnte. Doch er wisse es nicht, sei ratlos.

Der Ermittler hakt ein. Damit wolle Hochwürden sagen, dass Katharina Frauenknecht alles nur erfunden habe?

Der Pfarrer nickt in tiefster Überzeugung. »Aber ich verzeihe ihr und allen, die versuchen, mich in diesen ungeheuerlichen Verdacht zu stellen. Möge Gott ihr und allen verlorenen Seelen einst gnädig sein. Er in seiner Weisheit wird wissen, warum er mich dieser Prüfung unterzieht.«

Eine Aura von Würde und Edelmut umgibt den Priester. Er zeigt keinen Hass auf das junge Mädchen, das ihn in diese Lage gebracht hat. Dem Mann geschieht entsetzliches Unrecht, denkt der Ermittler. Ich muss dieses unwürdige Schauspiel beenden.

»In Ihrem Hause sprachen Sie von einer schweren Bürde, die auf Ihrer Seele laste, Hochwürden. Wie dürfen wir das verstehen?«

»Ich meinte damit, dass Katharina schon seit längerem bizarre Anschuldigungen gegen meine Person in Umlauf gesetzt hat. Weshalb ich, wie Sie vielleicht festgestellt haben, von Ihrer Ankunft nicht nur nicht überrascht, sondern in gewisser Weise sogar erleichtert war. Es schmerzt mich nur, dass es dieser Verwirrten nun doch gelungen zu sein scheint, meinen guten Ruf und den meines Standes in den Schmutz einer derartigen Verdächtigung zu ziehen. Bitte beziehen Sie das nicht auf sich, Herr Kommissar. Sie tun nur Ihre Pflicht.«

Ein bisschen zu viel Salbe, denkt der Ermittler. Bei allem Respekt.

»Ich verstehe Sie vollkommen, Hochwürden. Wenn Sie jetzt noch dazu beitragen würden, einige verbliebene Ungereimtheiten auszuräumen, könnte Ihr Ansehen umso nachdrücklicher von allen Anwürfen gereinigt werden.« Der Ermittler deutet auf den Aktenstapel auf seinem Tisch. »Als Sie vor fünf Jahren im Zuge der Nachforschungen nach der verschollenen Anna Eichstätter befragt wurden, gaben Sie an, dass diese niemals auf dem Thomashof – wo Sie damals wohnten – erschienen sei.«

»Ja.« Der Priester senkt den Kopf. »Das sagte ich wohl.«

»Leider ist nicht mehr zu widerlegen, dass die Eichstätter dort erschienen sein muss. Zum Ersten, weil man ihren Leichnam dort fand, und zum Zweiten, weil sich auch zwei Nachbarn daran erinnern.«

»Ist kein Irrtum möglich?«

»Leider nein, Herr Pfarrer. Weder, was die Identität der Leiche angeht, noch, was die Glaubwürdigkeit der Zeugen betrifft, deren Angaben bis ins Detail übereinstimmen.«

Riembauer kontert, ohne auch nur eine Sekunde zu grübeln: »Ich will niemand der Lüge bezichtigen. Die braven Leutchen haben sicherlich in bestem Wissen und Gewissen ausgesagt. Und vielleicht verhält es sich tatsächlich so, dass ich das Ankommen der Eichstätter nicht wahrgenommen habe. Sehen Sie, ich stand der Pfarrfiliale vor, viele meiner Schäfchen suchten mich in ihrer Not auf, ich wies niemanden ab. Und auf dem Thomashof war damals ein stetiges Kommen und Gehen von Dienstboten, wandernden Handwerkern, ambulanten Händlerinnen, Bettlern.« Er nickt, sich bestätigend. »Ja, das könnte der Grund sein, weshalb ich sie nicht bemerkt habe.«

»Aber diese Anna Eichstätter hinterließ offensichtlich Eindruck. Sie soll eine ausnehmend schöne Person gewesen sein, und, was in dieser Gegend auffiel, war in städterischer Eleganz gekleidet gewesen sein sowie sich bei den Nachbarn, bei denen sie nach dem Weg fragte, sehr stolz gebärdet haben.«

Der Pfarrer zuckt ergeben die Achseln.

»Ich erinnere mich jedenfalls nicht an sie, ich bedaure, meine Herren, und bitte um Nachsicht. Es ist schließlich viel Zeit vergangen.«

»Auch auf dem Thomashof soll die Eichstätter sehr herrisch aufgetreten sein. Fast, als sei sie hier bereits zu Hause. Was könnte sie dazu veranlasst haben?«

»Ich habe auch dafür keine Erklärung. Gewiss, sie war einst meine Haushälterin in der Filiale Hirnheim, wo ich vor Jahren als Kaplan tätig war. Ich erinnere mich, dass sie ein ausnehmend tüchtiges Wesen war, aber leider auch daran, dass sie manchmal zu viel, nun, Nachgiebigkeit gegenüber dem anderen Geschlecht walten ließ. Dennoch, das arme Kind ... welch tragisches Ende! Gibt es wirklich keinen Zweifel, dass es sich bei diesem Leichnam um den ihren handelt?«

Wir sind keine Anfänger, will der Kommissar entgegnen, doch er begnügt sich mit einem Kopfschütteln.

»Mehrere Zeugen erinnerten sich außerdem daran, dass es an diesem Tag einen ungewöhnlichen Tumult gegeben haben soll, eine große Unruhe, lautes Geschrei.«

Der Ermittler bemerkt, dass sein Gegenüber seinem Blick ausweicht. Er beugt sich vor. »Sie sagten damals aus, dass Sie sich an diesem Tag nicht im Haus aufhielten, sondern auf dem Acker zu tun hatten, Herr Pfarrer.«

Der Priester nickt bestätigend. »Es fällt Ihnen vielleicht schwer, sich einen Priester bei der Arbeit auf einem Acker vorzustellen, und damit sind Sie nicht alleine. Doch, sehen Sie – die Menschen auf dem Thomashof waren in tiefster Not. Die Bauersleute waren alt und gebrechlich, ihre beiden Kinder noch nicht imstande, die täglichen Arbeiten zu bewältigen. Katharinchen war dreizehn und noch sehr unverständig, ihre Schwester – Magdalena, glaube ich, war ihr Name – noch keine siebzehn und sehr unbeholfen. Die Familie stand vor dem sicheren Ruin. Ich sah es als meine Christenpflicht an, ihnen nicht nur mit Rat, sondern auch mit Tat beizustehen. Dass dies von einigen meiner Amtskollegen als der priesterlichen Würde abträglich bekrittelt wurde, kam mir zwar zu Ohren, ließ ich aber nicht gelten. Ich konnte auf den heiligen Benedikt von Nursia verweisen, der darin kein Hindernis für ein gottgefälliges Leben sah.«

»Gewiss«, kürzt der Ermittler den Sermon ab. »Aber wann trafen Sie nun am fraglichen Tag auf dem Thomashof ein?«

»Lassen Sie mich überlegen. Es muss... ja, kurz vor Einbruch der Dämmerung muss es gewesen sein, denn ich bereitete mich daraufhin unverzüglich auf meine Andacht vor. Was gewiss von den vielen Gläubigen bestätigt werden kann, die anschließend an ihr teilnahmen.«

»Dass Sie diese Andacht abhielten, steht außer Frage, Hochwürden«, räumt der Ermittler ein. »Was jedoch von mehreren Zeugen angezweifelt wurde, ist der Zeitpunkt Ihrer Rückkehr. Mehrmals wurde nicht die beginnende Dämmerung, sondern ein deutlich früherer Zeitpunkt genannt. Sie sollen schon gegen drei Uhr nachmittags auf dem Thomashof eingetroffen sein.« Einer Erwiderung zuvorkommend, hebt er die Hand. »Sie mögen jetzt wieder einwenden, dass nach fünf Jahren keine verlässliche Erinnerung mehr gegeben ist.«

Der Pfarrer nickt bedrückt. »Sie erraten es, Herr Kommissar. Und wenn sich lückenhafte Erinnerung auch noch mit abgrundtiefer Bosheit paart, dann...« Er brach ab, um in leidendem Ton fortzufahren: »Es betrübt mich zu erkennen, dass sich einige meiner Pfarrkinder trotz meiner unermüdlichen seelsorgerischen Bemühungen nicht von ihren niederen Leidenschaften abbringen ließen. Ich habe mir wohl auch Feinde gemacht, wenn ich unchristlichen Lebenswandel und Sittenlosigkeit geißelte. Vielleicht war es auch Sünde, wenn ich im

Überschwang meines vollen Herzens manchmal zu wenig Milde walten ließ.«

Den Ermittler überfällt eine leichte Gereiztheit. Diesen Einwand kann er nicht gelten lassen. »Selbstverständlich haben wir uns dessen in aller gebotenen Gründlichkeit versichert und mehrfach nachgefragt. Die Zeugen waren sich sicher. Sie erinnerten sich übereinstimmend an das tägliche Drei-Uhr-Geläute der Pfarrkirche, und zwar deshalb, weil es vom Lärm aus dem Innern des Thomashofs beinahe übertönt worden sei. Alle Zeugen sind sich darin einig, dass Sie, Hochwürden, zu diesem Zeitpunkt bereits auf dem Hof anwesend waren.«

»Gott sei mir gnädig«, flüstert der Priester. »Soll dieser Kelch nie an mir vorübergehen?«

Der Ermittler kämpft gegen ein aufkommendes Entsetzen. »Ich muss auf einer Erklärung bestehen, Hochwürden.«

Pfarrer Riembauer stöhnt auf und senkt den Kopf.

»Die Wahrheit ist demzufolge, Hochwürden, dass Sie die Anna Eichstätter sehr wohl angetroffen haben, nicht wahr?«

»Nein! Nein... so war es nicht.«

»Sondern?«

»Verzeihen Sie... es ist schon so viel Zeit vergangen.« Der Blick des Pfarrers wandert hilfesuchend im Verhörzimmer umher. »Vielleicht... ja, vielleicht bin ich doch schon ein wenig früher eingetroffen... Ich entsinne mich nicht mehr. Und vielleicht bin ich gleich in meine Schlafkammer gegangen, ohne dass es dafür Zeugen gäbe...«

Der Ermittler bohrt weiter: »Da die Plafonds des Thomashofs zum ersten Stock hin nicht isoliert sind, müssen Sie aber doch auch in Ihrer Kammer den erwähnten Tumult bemerkt haben. Und auch wenn nicht – Sie mussten Ihr Zimmer doch kurz vor Ihrer Andacht wieder verlassen, um sich zur

Kirche zu begeben. Sollten Ihnen die Eheleute Frauenknecht und die beiden Kinder verschwiegen haben, dass die Eichstätter auf dem Hof erschienen und es zum Streit mit ihr gekommen ist? Verzeihen Sie, wenn ich das jetzt sagen muss, Hochwürden – aber das klingt leider nicht sehr glaubwürdig.« Der Kommissar beugt sich vor und fügt eindringlich hinzu: »Ich muss Sie nicht darauf hinweisen, dass auch die Gebote Gottes fordern, kein falsches Zeugnis zu geben.«

Pfarrer Riembauer schlägt die Hände vor sein Gesicht. Langsam lässt er sie sinken. Das Herz des Ermittlers macht einen Ruck.

»Ja«, sagt der Pfarrer. »Die Wahrheit ist, dass ich die Anna Eichstätter noch gesehen habe.« Nach einer kurzen Pause fährt er fort, von einem schweren Seufzer begleitet: »Die Zeit ist nun wohl gekommen, das Schweigen zu beenden.« Er sieht dem Kommissar ins Gesicht. »Ja, ich wurde Zeuge einer Tragödie. Doch ich bin daran unschuldig. Meine Schuld besteht allein darin, all die Jahre geschwiegen zu haben. Möge der höchste Richter aber entscheiden, ob ich gefehlt habe, weil ich mir Anbefohlene schützen wollte. Doch jetzt begebe ich mich vertrauensvoll in die Hände des Allmächtigen und der weltlichen Macht.«

Der Ermittler lässt sich seine Erregung nicht anmerken. »Erzählen Sie.« Er nickt aufmunternd. »Ich bin fest davon überzeugt, dass Hochwürden alles aufklären wird. Diese Angelegenheit ist gewiss bald beigelegt.«

Der Pfarrer setzt sich aufrecht. Davon sei auch er überzeugt, sagt er.

»Aber nun, Hochwürden – was trug sich an diesem Tag zu?«, sagt der Ermittler. Er gibt dem Gerichtsschreiber ein Zeichen. Dieser notiert die Worte des Pfarrers, die er gegen Ende des Tages in diese Reinschrift bringen wird: »Als ich nach meiner Tagesarbeit auf dem Hof ankam, ging ich sogleich auf mein Zimmer und fand die Tür offen. Ich sah auf dem Boden eine Person liegen. Ich meinte, es wäre jemand von den Hausleuten, und rief daher laut: ›Was ist das? Was gibts?‹ Ich erhielt keine Antwort; so befühlte ich nun die auf dem Boden liegende Person und fand zu meinem unaussprechlichen Schrecken, dass sie ohne Leben sei. Voll Entsetzen lief ich in die untere Stube, wo ich die Bäuerinmutter mit ihrer Tochter Magdalena traf. Sie hielten sich aneinander und zitterten wie Espenlaub. Auf meine erste Frage: ›Was ist da oben geschehen?‹, ergriffen mich Mutter und Tochter unter Weinen und Schreien bei meinen beiden Händen und baten mich, von allem zu schweigen. Dann erfuhr ich zu meinem größten Erstaunen, dass die Weibsperson, Anna Eichstätter, die mich schon während meines Aufenthalts in München hatte besuchen wollen, diesen Nachmittag wieder auf den Thomashof gekommen war und verlangte, auf mein Zimmer gelassen zu werden. Mutter und Tochter sind mit derselben in einen Streit geraten, der so weit führte, dass, nachdem zuerst jene Weibsperson zugestochen oder habe zustechen wollen, Magdalena mein Rasiermesser ergriffen und der Eichstätter in den Hals geschnitten hat. Die Ursache, dass der erbitterte Streit zu solchem Ausbruche gedieh, ist gewesen, dass die Eichstätter geäußert hatte, sie wolle Köchin bei mir werden. Sie hätte hierauf mein Versprechen erhalten, und sie forderte, Mutter und Tochter Frauenknecht müssten jetzt aus dem Hause ziehen. Später zündete ich ein Licht an und erkannte wirklich in der auf meinem Zimmer liegenden Person die Eichstätter. Ich wollte sogleich fort aus dem Thomashof. Ich könnte, sagte ich den Frauenknechtischen, nach einem solchen Auftritte nicht mehr bei ihnen bleiben. Sie aber hielten mich an beiden Händen und baten unter Weinen und Jammern, ich möge um alles in der Welt nur bleiben, sie wollten mir geben, was ich verlange. Von dem noch nicht bezahlten Kaufschilling für den Thomashof würden sie so viel herablassen, als ich wollte. Durch alles das ließ ich mich denn auch endlich halten. Ich schaffte mein in dem oberen Zimmer stehendes Bett in den Hausflur und übernachtete unten. Des anderen Morgens ging ich früh von zu Haus weg. Der Leichnam blieb indessen in meinem Zimmer. Als ich gegen Abend wieder auf meine Stube kam, sah ich hier die tote Eichstätter schon auf einer Misttrage liegen. Mutter und Tochter sagten mir, sie wollten sie in der Seitenkammer des Stadels vergraben. Ich erwiderte, sie möchten sie hintun, wo sie wollten. Ich könne ihnen nicht helfen. Zwischen 8 und 9 Uhr abends trugen nun Mutter und Tochter den Leichnam auf einer Misttrage in das Stadelkämmerchen und bedeckten ihn mit Erde. – Das ist die traurige Wahrheit.« Der Pfarrer atmet hörbar aus. »Nun ist mir leichter. Ich erkenne mit Bedauern, dass ich mich schon früher hätte offenbaren sollen.« Er sah den Ermittler bittend an. »Aber ist mir mehr vorzuwerfen als ein Irrtum meines Verstandes, entstanden in einem Moment des Erschreckens? Und zu dem mich meine Christenliebe und, wie ich glaubte, meine Priesterpflicht verleitete, weil ich nicht dazu beitragen wollte, diese bedauernswerte Familie noch tiefer ins Unglück zu stürzen?«

»Nun, bei einer gerichtlichen Enquete eine falsche oder unvollständige Aussage zu machen ist kein geringes Vergehen, Hochwürden. Aber ich bin mir sicher, dass das Gericht Ihre seelische Not anerkennen wird.« Und es wird sich hüten, einen Mann der Kirche deswegen ins Zuchthaus zu werfen, denkt er.

Der Pfarrer lächelt väterlich. »Dann kann ich jetzt zu meinen Pfarrkindern zurückkehren? Sie erwarten mich, und ich möchte sie nicht so lange ohne geistlichen Beistand lassen.«

Der Kommissar bittet um ein wenig Geduld. Er lässt Riembauer in seine Zelle zurückbringen, geht zu seinem Vorgesetzten und bespricht sich mit ihm. Dann lässt er den Häftling wieder holen.

Er bedauere, aber die Haft müsse noch einige Tage aufrechterhalten bleiben. Wie Hochwürden sicher einsähe, erfordere seine Aussage noch einige Nachermittlungen. Zur Dauer könne er keine Versprechungen machen. Doch mehr als eine Woche, schätzt er, nähmen die erneuten Vernehmungen gewiss nicht in Anspruch.

Pfarrer Riembauer senkt demütig den Kopf. »Ich muss wohl Verständnis dafür haben.«

Na ja, vielleicht werden es doch ein paar Tage mehr, denkt der Kommissar.

## II.

Mit der Festnahme Franz Sales Riembauers beginnt eines der längsten und bizarrsten Verfahren der bayerischen Kriminalgeschichte. In seinem wechselvollen Verlauf wird Zug um Zug eine Reihe von Verbrechen aufgedeckt, wie sie kaum jemand für vorstellbar gehalten hatte. Fast fünf Jahre vergehen, bis endlich das Urteil gesprochen wird. Die Ermittlungsprotokolle – über hundert Verhöre und Gutachten – sind auf fast 30 Foliobände angewachsen. Sie enthalten die Geschichte eines entgleisten Lebens.

Als Franz Sales Riembauer in Haft genommen wird, ist er 43 Jahre alt. Sein Geburtsort Langquaid ist ein kleiner, aber lebhafter Marktflecken im Hopfenland. Die Ernten dieses fruchtbaren Landstrichs südlich Regensburgs geben gute Erträge, der Handel floriert. Doch Riembauers Eltern sind bitterarme Kleinhäusler, die sich als Tagelöhner auf den Höfen durchs Leben schlagen und deren Kinder sich für einen Bettellohn als Viehhirten bei den begüterten Bauern verdingen müssen.

Aber während die anderen Familienmitglieder ihr Schicksal hinnehmen, spürt der kleine Franz Sales schon früh, dass er Not und Enge seiner Herkunft überwinden muss, um nicht unterzugehen. Ein glühender Lebenswille treibt ihn. Dass er ein wacher Kopf ist, fällt dem Pfarrherrn auf. Dieser weiß nur zu gut, dass das herrschende Erbprinzip eine Heerschar junger Leute hervorbringt, deren Zukunftsaussichten düster sind. Denjenigen unter ihnen, die es nicht als Handwerker oder – solange es ihre Körperkraft zulässt und wenn die Herrscher wieder einmal Bedarf an Kanonenfutter haben – als Soldaten zu bescheidener Existenz bringen, bleibt nichts als ein tristes Schicksal. Ehelos, nicht sonderlich geachtet, oft schutzlos Not und Krankheit ausgesetzt, fristen sie ihr Dasein.

Aus ihnen rekrutiert der Klerus seit Jahrhunderten seinen Nachwuchs. Ein geniales Konzept, denn diese mittellosen Bauernkinder sind ohne Anhang und familiäre Verpflichtung, ihre Familien sind froh, die überzähligen Esser los zu sein.

Und es finden sich darunter immer wieder hochbegabte Geister, die nun der Kirche auf Gedeih und Verderben verbunden sind. Was diese sich durchaus etwas kosten lässt. Sie nimmt die hoffnungsvollsten Talente in fürsorgliche Obhut, finanziert ihnen die Ausbildung, versorgt sie zuletzt mit komfortablen, lebenslang sicheren Stellungen.

Der kleine Franz Sales wiederum begreift schnell, dass dies seine einzige Chance ist. Er will Priester werden, bekniet den Pfarrer unterwürfig, ihn zu unterrichten. Dieser nimmt den Jungen schließlich unter seine Fittiche. Es ist ein hartes Regiment, schon kleinste Verfehlungen werden unnachsichtig geahndet, wo Worte nicht zum Ziel führen, hilft der Rohrstock nach. Doch Franz Sales gibt nicht auf. Wie ein Erstickender nach Luft ringt, saugt er alles Wissen an, dessen er habhaft werden kann. Die strenge Führung durch seinen Mentor zeigt Wirkung. Der Junge erfüllt alle Erwartungen, die an ihn gerichtet waren, er lernt eifrig, kann mühelos folgen.

Schließlich wird er zum Theologiestudium in Regensburg zugelassen. Er wird ein Musterstudent. Sein Betragen ist vorbildlich, er ist bedingungslos gehorsam, beeindruckt seine Professoren mit geistiger Wendigkeit. Er wühlt sich durch die Kirchengeschichte, sein unerschöpfliches Gedächtnis erlaubt ihm bald, aus jeder Epoche der abendländischen Geistesgeschichte fehlerlos zu zitieren.

Er entdeckt die Macht der Worte, besäuft sich an Rhetorik, ist fasziniert von Kasuistik und Sophistik, mit denen sich begriffliche Schimären und verführerische Scheinlogik zu überzeugenden Wahrheiten deuteln lassen. Von unersättlicher Wissensgier getrieben, öffnet er sich der geistigen Moderne jener Zeit. Er beginnt, die hergebrachten metaphysischen Denkgebäude mit Vernünftelei und Clarté abzugleichen, die sich, vom revolutionären Frankreich ausgehend, über Europa verbreiteten. Brillant denkend, seziert er nun alle Dogmen, die man ihm eingebleut hatte, reflektiert ihre Widersprüche und logischen Schwächen.

Von seinen kühl exerzierten geistigen Expeditionen erhitzt und berauscht, übersieht er, dass er den Boden unter den Füßen zu verlieren beginnt. Das Leben war ihm zum unterkühlten Laboratorium geworden. Freundschaft, Liebe, Zärtlichkeit – all das hatte er bisher nicht erfahren. Wenn ihn, der längst zum jungen Mann gereift ist, nun immer häufiger die Hitze des Lebens anstrahlt, bemerkt er zu seinem Entsetzen, dass er sehr wohl straucheln könnte. Taugten alle moralischen Konstrukte nichts? War sie nur ein vergeblicher Versuch, die Natur des Menschen zu bändigen? Was ist gut, was ist verwerflich? Wenn etwas existiert, muss es doch Gottes Werk sein! Ist es nicht eine entsetzliche Anmaßung, die körperliche Lust, diese wilde, süße, so grenzenlos seligmachende Empfindung zu verteufeln? Ihr göttlicher Zweck ist doch, Leben zu spenden! Und wenn dem so ist – kann diese Einsicht nicht nur erlauben, sondern sogar erfordern, kleingeistige moralische Gebote zu übertreten?

Je mehr ihm theologische und moralische Gewissheiten abhandenkommen, desto mehr klammert er sich mit fanatischer Unbedingtheit an jene, die er selbst als Wahrheit zu erkennen glaubt. Seine Kommilitonen meiden ihn, werfen ihm übertriebenen Ehrgeiz und Berechnung vor. Er wird bitter, Schübe rasenden Hasses und sadistischer Phantasien quälen ihn. Verzweifelt sucht er nach einem Ausweg. An Flucht ist längst nicht mehr zu denken, seine Laufbahn als Priester ist sein einziger Halt. Alles abzubrechen würde ihn ins Bodenlose stürzen lassen. Er würde wieder zum Nichts.

Und jetzt aufgeben, was er schon erreicht hat? Längst steht er über all jenen, unter denen er früher der Letzte war. Ihm, der zuvor Weidevieh hütete, wird jetzt Ehrfurcht entgegengebracht. Die ihn früher verprügelten, ducken sich bei seinem Erscheinen verschüchtert weg oder buhlen um seine Zuwendung.

Nein, zur Kapitulation ist es zu spät. Immer rücksichtsloser verfolgt er sein Ziel. Erbarmungslos schlägt er um sich, wenn ihm Neider Hindernisse in den Weg legen wollen, er denunziert sie, lässt sie in Fallen tappen, vernichtet sie. Keiner von ihnen ist seinem rasenden Aufstiegswillen gewachsen.

Seine Zeugnisse bestätigen ihn. Sie sind glänzend.

Mit fünfundzwanzig empfängt er die Priesterweihe. Bevor ihm eine Pfarrstelle zugeteilt wird, hat er sich in mehreren Gemeinden als Kaplan zu bewähren. Schon bald erwirbt er sich den Ruf eines flammenden Predigers, der leidenschaftlich die Sittenverderbnis der Welt anprangert, die Schrecken des Fegefeuers und der Hölle schildert und zur Bußfertigkeit mahnt. Seine donnernden Worte fahren den Gläubigen durch Mark und Bein. Doch so unnachsichtig er sich auf der Kanzel gibt, so sehr gewinnt er außerhalb der Kirchenmauern die Herzen des Volks mit überströmender Güte. Stets ein mildes, gnadenvolles Lächeln auf den Lippen, das ein wenig im Widerspruch zu seiner athletischen, vor Virilität dampfenden Erscheinung steht, erteilt er seinen Schäfchen Absolution.

Er hat bemerkt, dass sich die Dörfler nicht allein deshalb in seine Hände begeben und von ihm lenken lassen, weil sie von der Autorität seines Standes und seiner Bildung beeindruckt sind. Sondern vor allem deshalb, weil sie ihm eine Nähe zu den überirdischen Mächten zuschreiben.

So umgibt ihn auch bald die Aura eines Mystikers. Man zweifelt nicht mehr daran, dass er ein Auserwählter ist, der mit göttlichen Geheimnissen vertraut ist und mit der Seelenwelt in Verbindung steht. Er verrät den ihm erschauernd Lauschenden mit feierlich gesenkter Stimme, dass ihn immer wieder die Geister der Verstorbenen aus dem Fegefeuer um Hilfe und Erlösung bäten. Wenn er nachts über die Felder zu Kranken oder Sterbenden eile, so näherten sich ihm oft die armen Seelen in Gestalt von kleinen Flämmchen. Wenn er diese dann segne, so bewegten sie sich vor ihm nach rechts oder nach links, je nachdem, wohin er seine geweihten Finger führe. Prompt verschwanden die Erscheinungen, wenn die Familienangehörigen ihre Börse gezückt und eine Messe für ihre verstorbenen Altvorderden hatten lesen lassen.

Doch es gibt erste Irritationen. Die Pfarrersköchin, ein gutherziges junges Ding, wird schwanger. Die Gläubigen hätten wenig Aufhebens darum gemacht, da sie ihren Pfarrherrn schätzten. Für Verwunderung sorgt nur, dass dieser bereits hoch in den Achtzigern steht. Und das Mädchen, nach dem Vater eindringlich befragt, schweigt eisern. Doch die Unruhe ebbt ab, die Sache kann schicklich gelöst werden: Das Mädchen wird unauffällig ins nahe Landshut verfrachtet, wo es das Kind zur Welt bringt. Kurz danach – war es ein weiser Ratschluss des Allerhöchsten, wie verstohlen gemutmaßt wurde? – stirbt das Neugeborene.

Auch in anderen Stationen seiner Kaplanskarriere, die Franz Sales Riembauer in Erwartung einer Pfarrstelle durchläuft, in Pfarrkofen, Oberglein und Sollach gibt es jeweils Kinder, deren Mütter jede Auskunft über ihre Erzeuger verweigern.

(Während des späteren Verfahrens wird man ihm das Ausmaß seiner Zügellosigkeit vorhalten. Seine Verfehlungen überstiegen jedes Maß und seien auch bei größter Nachsicht nicht mehr hinzunehmen, als gewissenloser Manipulator und vor Geilheit triefender Verführer habe er sich erwiesen.

Doch Riembauer knickt nicht etwa schuldbewusst ein, sondern gibt sich als leidenschaftlicher Modernist: Nicht er sei es, der sich sündig verhalten habe! Der Zölibat sei es, der eine Sünde gegen den Plan Gottes darstelle! Das Gerichtsprotokoll hat Riembauers säuberlich nummerierte Rechtfertigung festgehalten: »Ich überlegte, erstens, dass es nach der Vernunft nicht unerlaubt sein könne, ein Kind zu erzeugen; denn eine vernünftige Kreatur hervorzubringen ist etwas Gutes. Zweitens, auch wider Gottes Anordnung kann es nicht sein, weil dadurch die Zahl der Auserwählten einen Zuwachs erhält.

Drittens, auch wider die Kirche nicht, wenn dieser Mensch zu einem rechtschaffenen Christen gebildet wird. Viertens, auch wider den Staat nicht, wenn ein solches Mitglied sittlichen und bürgerlichen Unterricht bekommt und so zu einem guten Staatsbürger und treuen Untertan erzogen und die beteiligte Mutter nicht verlassen wird.«

»Gut und schön«, wird der Ermittler bemerken. »Aber Sie übersehen dabei, dass es nichts als Ihre hohe Stellung gewesen ist, die Ihnen Ihr schändliches Treiben erlaubt hat. Nur sie hat Ihnen ermöglicht, Ihre Lust an anderen zu befriedigen, weil Sie sie mit der Macht und dem Ansehen Ihres Standes überwältigen konnten.«)

Riembauer scheint es durchaus ernst mit seinen väterlichen Pflichten zu sein. Die Ermittler müssen anerkennen, dass der Pfarrer sich nachweislich bemühte, seine Kinderschar zu ernähren, wie auch, die Mütter finanziell einigermaßen zufriedenzustellen. Das jedoch fällt ihm zunehmend schwerer. Immer häufiger bleibt er Rechnungen schuldig, muss er Amtsbrüder um Geld anpumpen.

Doch seine Gier fegt alles beiseite, immer wieder. In der Pfarrei Hirnheim ist es die hübsche und selbstbewusste Küchenhilfe Anna Eichstätter, die seine Begierde anstachelt. Auch sie wird kurz nach seiner Ankunft von ihm schwanger. Wie seine anderen Geliebten lässt auch sie sich auf ein Arrangement ein, sie zieht erst einmal nach Regensburg, wo sie ihr Kind zur Welt bringt. Er kann einen Kollegen beschwatzen, sie als Köchin einzustellen.

Anna jedoch lässt sich nicht so leicht abspeisen. Sie verlangt nicht nur regelmäßigen Unterhalt, sondern auch einen angemessenen Ausgleich für die fehlende Erbberechtigung für sie und ihr Kind. Und Geld für schöne Kleidung, sie will sich als elegante Madame präsentieren, niemand sollte auch nur auf die Idee kommen, auf sie als eine Schlampe mit Bankert mit Fingern zu zeigen. Riembauer zeigt Verständnis, kann sie aber vorerst davon überzeugen, dass er als Kaplan dafür zu wenig verdient. Er könne ihr aber versprechen, sie als seine Haushälterin zu sich zu nehmen, wenn er demnächst Pfarrer werde und eine eigene Pfarrstelle erhielte. Damit stünde sie im Dienst der Kirche, wären sie und ihr Kind abgesichert. Anna willigt ein. Und hat jetzt auch nichts mehr dagegen, den Abschluss ihrer Vereinbarung im Bett zu feiern.

Doch die Einlösung dieses Versprechens zieht sich hin.

Riembauer wird erst einmal auf eine weitere Kaplansstelle versetzt. Hier, im Dörfchen Pondorf, kommt es zu einem ersten Eklat. Es ist Riembauer selbst, der in einem empörten Schreiben an das Ordinariat um Versetzung ansucht. Als Grund für seinen Wunsch nennt er »Ärger über den Sittenverfall der Welt und die Verderbtheit der jungen Geistlichkeit«. Man geht der Sache nach und findet heraus, dass tatsächlich einige andere Kapläne die reizende Nichte des Pfarrers umworben hatten, offenkundig mit Erfolg.

Ein Rüffel an die Adresse der Nebenbuhler folgt, begleitet vom Lob für das vorbildliche Verhalten des Antragstellers. Dessen Ersuchen wird stattgegeben, er wird nach Oberlauterbach versetzt, eine zur Pfarrei Pirkwang gehörende Filiale. Kaplan Riembauer nimmt die Nachricht mit Genugtuung entgegen.

Auch die Oberlauterbacher Gläubigen zieht er mit seinen wortgewaltigen Predigten umgehend in seinen Bann. Längst beherrscht er die Rolle des erfahrenen Seelsorgers, die Dörfler sind hingerissen von seiner Jovialität, seiner Belesenheit, seiner augenscheinlich tiefen Frömmigkeit – und seiner tatkräftigen Barmherzigkeit, mit er sich um die Armen des Ortes bemüht.

Das triste Schicksal der Familie Frauenknecht, die den am Dorfrand gelegenen Thomashof bewirtschaftet, liegt ihm besonders am Herzen. Der alte, von einer verzehrenden Krankheit geschwächte Vater, seine abgearbeitete und ebenfalls bereits hinfällige Ehefrau und ihre beiden noch nicht volljährigen Töchter können sich nur noch mühsam über Wasser halten.

Kaplan Riembauer, vom Los der tiefgläubigen und bescheidenen Leute sichtlich betroffen, legt die Soutane ab, krempelt die Ärmel hoch und packt beherzt mit an. Er hilft bei der Heuernte, schuftet und schwitzt beim Pflügen und Säen, ist sich nicht einmal zu schade dafür, den Stall zu säubern und Mist auszubringen. Ist die Arbeit getan, versammelt er die Familie zum Gebet.

Im Dorf reibt man sich die Augen. Das hatte es noch nie gegeben. Doch niemand wagt, ihn darauf anzusprechen. Und so flicht er selbst eines Tages in eine seiner Predigten ein: Dies sei nun einmal sein Verständnis von gelebter christlicher Liebe, und er könne sich dabei nicht nur auf das Karthagische Konzil, sondern auch auf das Beispiel vieler Bischöfe und Priester beziehen, welche wie er der Überzeugung seien, dass es gerade einem Diener Gottes gut anstehe, die körperliche Arbeit nicht zu verschmähen. Nein, damit vergebe er keinesfalls die Würde seines Amtes. Die Zeiten seien außerdem im Wandel. Ein moderner Priester müsse ein offenes Auge für die Nöte seiner Gläubigen haben.

Die Leute auf dem Thomashof können kaum glauben, wie ihnen geschieht. Dass sich ein Geistlicher Herr dazu herabließ, mit ihnen diesen nahen Umgang zu haben? Womit haben sie verdient, von ihm erwählt worden zu sein? Sie sind vor ehrfürchtiger Scheu wie gelähmt, beten ihn wie einen Heilsbringer an.

Unbeholfen zeigen sie ihm ihre Dankbarkeit. Kaplan Riembauer wehrt bescheiden ab. Noch sei der Hof nicht über den Berg, gibt er zu bedenken. Noch stehe eine Menge Arbeit an. Am besten sei, er ziehe ganz bei ihnen ein. Die einfachste Kammer reiche ihm völlig aus – man habe doch nichts dagegen?

Die Frauenknechtischen nicken mit offenen Mündern. »Diese Ehre, Hochwürden... diese Ehre...«, stammelt die Mutter.

Einige Tage später nimmt er mit wohlwollendem Lächeln zur Kenntnis, dass man ihm selbstverständlich die schönste und größte Kammer des Thomashofs zur Verfügung stellt. Er widersetzt sich nicht.

Mit der einfältigen und gehorsamen Magdalena hat er ein leichtes Spiel. Kleinere Vertrautheiten hatte er bereits zuvor eingefädelt, wenige Tage später macht er die Siebzehnjährige zu seiner Geliebten.

Er lädt sie zum gemeinsamen Gebet in seine Kammer, in der er mit geweihten Kerzen eine feierliche Atmosphäre geschaffen hat. Ihre schwächliche Abwehr kann er mit einem selbst erfundenen Ritus beiseitewischen, die sich bei seinen anderen Liebschaften bereits bewährt hat. Es ist eine Art priesterliches Konkubinat, das er mit raunend vorgetragenen lateinischen Formeln, dem Umschlingen der Hände der zu Verbindenden mit der priesterlichen Stola, einer Segnung und gemeinsamem Gebet besiegelt. Diese geheime Zeremonie werde nur Auserwählten zuteil, erklärt er Magdalena wie vielen Frauen zuvor, und da sie nun als seine Priestergattin Mitglied einer weitverbreiteten, doch im Verborgenen wirkenden Elite wahrer Gottgläubiger sei, müsse sie schwören, keinen Menschen darüber ins Vertrauen zu ziehen. Es sei allein der widernatürliche, gegen den göttlichen Plan gerichtete Zölibat, der zur Geheimhaltung zwinge.

Bebend vor Ehrfurcht lässt sie alles über sich ergehen. Dann wirft er sich beglückt auf sie. Der Priester ist ihr erster Mann. Sie ist ihm bald verfallen. Und wird kurz darauf schwanger.

Der Vater, bereits schwer krank, scheint es nicht mehr zu registrieren. Die Mutter ahnt etwas, verschließt aber die Augen. Kann wirklich Sünde sein, was ein Gottgeweihter gutheißt? Sie und ihre älteste Tochter leben längst in der traumhaft entwirklichten Welt, die Kaplan Riembauer mit Weihrauchschwaden, inbrünstigen Gebeten, von Geheimnissen durchwobenen religiösen Verrichtungen und seiner unwiderstehlichen Autorität errichtet hat.

Ein Jahr später stirbt der Alte. Riembauer, nun einziger Mann und damit Regent auf dem Thomashof, macht der Mutter das Angebot, den Hof zu kaufen. Er taxiert den Wert niedrig. Er begründet es damit, dass er ihnen bis an ihr Lebensende ein Wohnrecht gewähren wird.

Die Mutter ist einverstanden, alleine könnte sie den Hof nicht halten. Sie unterzeichnet arglos eine Urkunde. Und eine Quittung für eine Summe, die sie nie erhalten wird. Kaplan Riembauer wird ihr, als sie sich später unterwürfig danach erkundigt, trickreiche Verrechnungen präsentieren.

Nach wenigen Monaten ist Magdalenas Schwangerschaft nicht mehr zu übersehen. Riembauer kann nicht riskieren, dass es im Dorf und Bezirk zu Geschwätz kommt, es könnte seine Karriere gefährden. Auch jetzt findet er eine Lösung. Er schickt Magdalena nach München, im Haushalt eines entfernten Bekannten solle sie kochen lernen, erklärt er in der Gemeinde. Er vergisst nicht, darauf hinzuweisen, dass er großzügigerweise die Ausbildungskosten übernimmt.

Niemand in seiner Pfarrei bekommt mit, dass Magdalena im fernen München ein Kind zur Welt bringt. Ganz fürsorglicher Kindsvater besucht er sie immer wieder. Er überzeugt sie davon, den Säugling zunächst einer Amme anzuvertrauen.

Auch seine anderen Kinder wachsen heran, ihre Mütter werden fordernder. Die meisten seiner ehemaligen Geliebten kann er immer wieder begütigen, doch sein kärgliches Kaplansgehalt und der Ertrag seines Hofes reichen nicht aus, um die Alimente aufzubringen. Immer häufiger bleibt er sie schuldig, muss er beschwichtigen oder, wo nötig, drohen. Führt auch das nicht zum Erfolg, schlägt er zu. Er ist groß und kräftig, allein seine drohend erhobene Faust lässt die Frauen einlenken.

Im Sommer 1807 wird es wieder einmal eng für Riembauer. Noch ist die Ernte nicht eingefahren, in diesem Jahr wird sie außerdem schlecht sein und kaum etwas erlösen. Doch es gibt einen Lichtblick. Er hat die Ladung zur Pfarramtsprüfung in Händen. Er ist glänzend vorbereitet, hat sich einflussreicher Fürsprecher versichert und hat keine Zweifel, diese Hürde zu nehmen. Als Pfarrer kann er mit einem deutlich höheren Gehalt rechnen – eine Entlastung, die er dringend benötigt.

Doch ausgerechnet jetzt holt ihn seine Vergangenheit ein. Anna Eichstätter ist seiner Vertröstungen leid, er hat ihr schon seit Monaten kein Kostgeld mehr zukommen lassen. Als ihr zu Ohren kommt, dass er bereits einer Filialpfarrei vorsteht, wird sie hellhörig. Da hatte er doch bereits Anrecht auf eine Haushälterin? Sie beschließt, ihn zur Rede zu stellen.

Die kleine Katharina ist allein auf dem Thomashof, als Anna Eichstätter eintrifft. Sie gibt zu Protokoll: »Als im Sommer 1807 meine Schwester Magdalena zum Kochenlernen und der geistliche Herr Riembauer, um sein Pfarramtsexamen zu machen, sich in München aufhielten, kam eine Weibsperson von zweiundzwanzig Jahren, großer Statur, sehr hübsch, länglichen Gesichts, mit hellbraunen langen Haaren, bürgerlich schön gekleidet, mit einer Riegelhaube auf dem Kopf, in unsere Wohnung, als eben meine Mutter auf dem Feld sich befand. Sie gab sich für die Base des Herrn Riembauer aus und verlangte, als ich ihr sagte, dass der bei dem Kurse in München sei, die Zimmerschlüssel von mir, die ich ihr, als einer fremden Person, verweigerte. Sie erhielt sie aber von meiner Mutter, nachdem diese nach Hause gekommen war. Sie ging damit auf das Zimmer des Geistlichen und suchte darin herum, als wäre sie in ihrer eigenen Wohnung.«

Riembauer besteht die Prüfung mit Auszeichnung. Nun darf er sich Pfarrer nennen. Voller Tatendrang kehrt er auf den Thomashof zurück. Dort jedoch findet er einen geharnischten Brief vor. Anna Eichstätter rechnet ihm das ausstehende Kostgeld vor, die Schulden sind zu einer enormen Summe angewachsen. Und sie hat den Braten gerochen und pocht auf die Einlösung des Versprechens, sie als Haushälterin zu sich zu nehmen. Andernfalls sähe sie keine andere Möglichkeit mehr, als sich an seine Vorgesetzten zu wenden.

Er bricht sofort nach Regensburg auf, speist sie mit einer Anzahlung ab, versichert sie seiner Liebe und Treue und erneuert das Versprechen, sie bei sich aufzunehmen, sobald es seine Mittel erlaubten. Eine eigene Pfarrei sei ihm bereits angetragen worden, verkündet er, alles sei nur noch eine Frage weniger Monate, er müsse nur noch auf die nächste Vakanz warten.

Noch einmal lässt sich Anna einwickeln, sie verbringen die Nacht zusammen. Doch als er sie am nächsten Morgen zum Abschied umarmen will, wird sie unvermittelt ernst. Ihm sei schon klar, dass sie nicht mehr allzu lange warten könne, weder auf das ausstehende Geld, das sie dringend als Schulgeld für den Sohn benötige, noch auf ihre Anstellung? Ließe er sie jetzt wieder monatelang hängen, sähe sie sich gezwungen, gegen ihn vorzugehen. Riembauer ist geschockt, gibt sich verletzt, spielt den Verletzten und zu Unrecht Verdächtigten, umgarnt sie wortreich. Es verfängt nicht mehr. Die Stimmung kippt. Er wird zornig, baut sich drohend vor ihr auf, holt zum Schlag aus. Anna weicht erschrocken zurück, wiegelt ab. Er lässt seine Faust sinken. Noch einmal verzeihe er ihr, sagt er finster. Doch Fürchterliches würde geschehen, wenn sie sich ihm noch einmal widersetze.

Monate gehen ins Land, ohne dass sie von ihm hört. Da wird ihr zugetragen, dass Kaplan Riembauer die aus München zurückgekehrte Magdalena endgültig zu seiner Haushälterin erkoren hat. Sie deutet die Zeichen richtig. Er hat sie verraten.

Doch bevor sie aufs Ganze geht, will sie sicher sein, dass die Gerüchte zutreffen. Im Spätherbst des Jahres 1807 schlägt sie wieder an die Tür des Thomashofs.

Katharina gibt zu Protokoll: »Im selben Jahre, im November, ich weiß nicht mehr genau den Tag, gegen Abend, nachdem der geistliche Herr eben Rüben von seinem Acker heimgefahren hatte, kam dieselbe Base wieder auf den Thomashof. Meine Schwester war schon mit Riembauer zu Hause. Ich und meine Mutter aber kamen ein wenig später vom Felde zurück. Als wir uns dem Haus nahten, hörten wir im oberen Zimmer des geistlichen Herrn Töne eines Menschen, von denen wir anfangs nicht wussten, ob es ein Weinen oder Lachen ist, das uns aber bald wie ein Gewinsel vorkam. In dem Augenblick, wo wir in unsere Haustenne traten, kam uns meine Schwester weinend von der Treppe herab entgegengelaufen und erzählte hastig, eine fremde Weibsperson, angeblich eine Base, sei soeben zu dem geistlichen Herrn gekommen. Dieser habe sie auf sein Zimmer geführt, sei kurze Zeit danach unter einem Vorwand wieder herabgekommen, habe sein Rasiermesser geholt und sei damit sogleich wieder in sein Zimmer hinauf. Meine Schwester, die ihm nachgeschlichen war, habe durch das Schlüsselloch selbst gesehen, wie er sich alsdann der auf einem Sessel sitzenden Weibsperson genähert, dieselbe beim Hals gefasst, als wenn er sie küssen wolle, nun aber ihren Kopf nach dem Boden gedrückt und ihr das Messer an die Gurgel gesetzt habe. Während uns dieses meine Schwester in aller Hast an der Treppe erzählte, hörten wir noch immer das Winseln und die Worte des Geistlichen: ›Annerl, mach Reu und Leid! Du musst sterben!‹ Und sie wimmerte hierauf: ›Franzel! Tu mir nur das nicht! Lass mir mein Leben! Ich komm dir gewiss nicht mehr um Geld.‹ Meine Mutter und meine Schwester gingen sogleich in die untere Stube. Ich aber schlich aus Neugier zur Treppe hinauf, vor die Tür des Geistlichen, und sah durch das Schüsselloch deutlich, wie Riembauer auf der zu Boden liegenden, noch mit den Füßen zappelnden Weibsperson kniete und ihr mit beiden Händen Kopf und Hals festhielt. Ich sah das Blut aus ihr hervorrinnen. Nun eilte ich auch hinab in unsere Wohnstube und erzählte meiner jammernden Mutter und Schwester, was ich gesehen habe. Sie waren noch unschlüssig, ob sie Leute zur Hilfe herbeirufen sollten. Als ich sodann wieder in den Hausflur ging, kam der geistlichen Herr die Treppe herab. Hände und Schurz waren voll Blut. In der Rechten hielt er noch das blutige Rasiermesser. Er legte es auf den kleinen Kasten, der im Hausflur stand. Alsdann begab er sich zu meiner Mutter und Schwester ins Zimmer. Ich horchte an der Tür. Er erzählte ihnen, dass dieses Weibsbild von ihm ein Kind habe. Immer habe sie ihn um Geld gequält, auch jetzt wieder 100 bis 200 Gulden von ihm verlangt. Im Nichtzahlungsfall hätte sie ihn mit der Anzeige bei seiner Obrigkeit bedroht. Da er nicht wisse, wie er so viel aufbringen soll, habe er, um sich von ihr loszumachen, ihr die

Gurgel abgeschnitten. Ich schlich mich aus Neugier in Riembauers Zimmer und sah nun die Person, die schon in diesem Sommer in unserem Hause gewesen war, ohne alle Lebenszeichen auf dem Boden in ihrem Blute liegen. Den Hals durchschnitten. Die Haare zerrauft. Halstuch und Korsett zerrissen. Ich schrie und weinte und ließ vor Schrecken das Licht, das ich mitgenommen hatte, auf den Boden fallen. Als ich wieder in die untere Stube heruntergekommen war, sah ich den geistlichen Herrn seine blutigen Hände waschen. Ich sagte ihm, dass ich die nämliche Person, die im Sommer da gewesen, auf seinem Zimmer tot habe liegen sehen. Er schmeichelte mir hierauf entsetzlich und sagte, ich hätte nicht recht gesehen. Er versprach mir alle mögliche schöne Kleidung und schärfte mir ein, über alles, was ich gesehen und gehört habe, mit niemandem zu sprechen. Meine Mutter jammerte noch immerfort und erklärte wiederholt, dass sie den Vorfall anzeigen werde. Aber Riembauer fiel ihr mehrmals zu Füßen und beschwor sie, ihn doch nicht zu verraten. Als meine Mutter auf einer Anzeige beharrte, weil ohnehin das Stillschweigen zu nichts helfen werde, da ja die Nachbarsleute die fremde Weibsperson gesehen, gewiss auch das Getöse gehört haben würden, so äußerte Riembauer, er müsse denn also nun auch sich selbst den Tod antun. Hierauf zog er seinen Rock an, holte aus dem Stadel einen Strick und lief damit dem Wald zu. Meine Mutter und meine Schwester Magdalena folgten ihm von ferne. Als sie sahen, dass er wirklich Ernst machen wollte, und da sie glauben, dass das Unglück ärger sei, wenn auch noch der Geistliche Herr sich aufhängen würde, so liefen sie zu ihm und hielten ihn durch das Versprechen, nichts verraten zu wollen, von der Ausführung seines Vorhabens ab.«

Wieder zahlt sich Riembauers Chuzpe aus. Nicht nur, dass

er die Tat vor den Augen von Mutter und Töchtern begeht – nun lässt er, den Verzweifelten spielend, durchklingen, welch ungeheure Schande auf den Hof fallen würde, wenn die Tat bekannt werden würde. Ein langer Mordprozess wäre die Folge, und wenn die drei nicht nur der Mitwisserschaft, sondern gar der Mittäterschaft bezichtigt würden, so wäre ihre Lage auch sonst aussichtslos. Der Hof würde ihm genommen, sie müssten ausziehen, kämen an den Bettelstab.

Riembauers Plan geht auf. Die Alte und ihre Töchter versprechen zu schweigen. Er ordnet an, die Tote unter dem gestampften Boden einer Stallkammer zu begraben und die Spuren zu beseitigen. Katharina schrubbt das Blut von den Bohlen in Riembauers Kammer, bis ihr der Rücken schmerzt. Eine verräterische Verdunkelung in der Maserung aber bleibt.

Einige Wochen später trifft der Brief eines Pfarrers aus dem Bezirk Regensburg ein. Anna Eichstätter habe vorgehabt, bei ihm eine Stelle anzutreten, sich aber zuvor noch einen freien Tag ausbedungen, angeblich, um ihn, Pfarrer Riembauer, zur Regelung persönlicher Dinge aufzusuchen. Dass sie offenkundig nicht mehr an der Anstellung bei ihm interessiert sei, sei weiters kein Beinbruch. Aber die Eichstätter habe sich einen teuren Schirm von ihm ausgeliehen, den er wieder zurückhaben wolle.

Riembauer antwortet sofort. Besagte Anna Eichstätter sei nie bei ihm angekommen. Wenn sie dem werten Herrn Amtsbruder nicht falsche Angaben zum Ziel ihrer Reise gemacht hatte, was dieser sprunghaften Person leider zuzutrauen sei, so hoffe er inständig, dass ihr nichts zugestoßen sei. In der fraglichen Zeit nämlich habe ein Raubmörder um Oberlauterbach sein Unwesen getrieben.

Mit der gleichen Auskunft gibt sich auch der Kommissar zufrieden, der im Auftrag des Landshuter Gerichts nach dem

Verbleib der jungen Frau forscht. Die Suche nach Anna Eichstätter wird wenig später eingestellt.

Im folgenden Frühjahr ist Franz Sales Riembauer am Ziel. Er erhält seine erste eigene Pfarrstelle in Priel. Den Thomashof verkauft er mit gutem Gewinn, es ist ein Mehrfaches dessen, was er der alten Frauenknecht als Kaufsumme zugesagt, aber nie bezahlt hatte. Auch von seinem Spekulationsgewinn sehen die Frauenknechtischen nichts, er verwendet einen Teil davon, die dringlichsten Schulden zu begleichen, sackt den Rest ein. Mutter und Töchter begehren nicht auf, zeigt der Geistliche Herr doch die Großherzigkeit, sie auf die neue Stelle mitzunehmen.

Nur die kleine Katharina bereitet ihm zunehmend Sorgen. Er wird nicht schlau aus ihr. Sie hat einen wachen Verstand, das spürt er genau. Sie ist eigensinnig, und anders als ihre Mutter und Schwester, die seinen Anordnungen mit hündischer Ergebenheit folgen, wagt sie immer öfter Widerworte. Sie gibt zu erkennen, dass sie von ihm wegmöchte. Riembauer verwendet all seinen Einfluss, sie daran zu hindern. Sie könnte sich anderen anvertrauen, könnte ausplaudern, was auf dem Thomashof geschah. Und den Dörflern die Augen öffnen, wie er zu Magdalena steht, die er im Dorf als brave Haushälterin präsentiert hat. Nein, noch muss er Katharina bei sich haben. So lange, bis auch sie reif genug sein würde, von ihm in sein Bett geholt zu werden. Hätte er sie erst einmal in die Geheimnisse körperlicher Lust eingeweiht, würde sie ihm ebenso verfallen wie alle anderen jungen Frauen. Es würde ihr ihren Starrsinn machtvoll austreiben. Ab diesem Moment wäre sie ihm auch deshalb ausgeliefert, weil sie nun das Wissen um eine verbotene Liaison mit ihm teilte. Zum eigenen Schutz würde sie sich hüten, sich eines von der Welt als Schande verurteilten Verhaltens zu bezichtigen. Strauchelte ein Priester, was nicht selten geschah, so wurde stets mit dem Finger auf die Verführerin gezeigt, die einen Mann Gottes mit ihrer zügellosen Geilheit vom rechten Weg abgebracht hatte.

Die Gläubigen ahnen von alldem nichts. Riembauer geht seine neue Aufgabe schwungvoll an. Nur wenige Wochen braucht er, um das Kirchenvolk in Priel für sich einzunehmen. Die sonntäglichen Messen sind brechend voll, seine theaterhaft dramatischen Predigten jagen den Zuhörern Schauder über den Rücken, wie ein wortmächtiger Abraham a Santa Clara, ein gefürchteter Savonarola wettert er gegen die Sittenverderbtheit und Ungläubigkeit der modernen Welt. Dann wieder gibt er sich gnädig und mild, väterliches Verständnis und Vergebung verströmend. Der Ruf seiner Frömmigkeit wie seiner außergewöhnlichen Gebildetheit dringt über die Gemeindegrenzen, er gerät in den Ruch der Heiligkeit.

Nur Katharina scheint sich noch immer nicht von ihm beeindrucken zu lassen. Es verärgert ihn, er wird unruhig. In der Gemeinde streut er Gerüchte, sie sei nicht ganz richtig im Kopf. Er verstärkt den Druck auf sie, droht ihr, malt aus, was auf sie zukäme, würde sie ein gewisses Familiengeheimnis ausplaudern. Und könne sie verantworten, dies ihrer alten Mutter anzutun? Und das Glück ihrer Schwester Magdalena zu vernichten? Sie liebe Mutter und Schwester doch, oder nicht? Dann wieder schmeichelt er ihr: Magdalena sei schwächlich und ihrer Aufgabe nicht gewachsen, er brauche sie, Katharina, dringend in seinem Haushalt.

Vergeblich. Sie mag ihn nicht.

Mutter Frauenknecht verfällt immer mehr. Auch Magdalena, ihm immer noch ergeben, verblüht zusehends. Einige Monate später erkranken beide schwer. Rasch hintereinander sterben sie.

Dass es auch in Priel ansehnliche junge Frauen gibt, ist Riembauer nicht verborgen geblieben. Er stellt die junge Anna Wenninger als Pfarrersköchin ein: Kaum ist sie bei ihm eingezogen, holt er sie in sein Bett. Katharina kann die Angelobungszeremonie von einem Versteck aus mitverfolgen. Sie ist entsetzt.

Im Dorf wird gemunkelt, doch niemand wagt, offen daran Anstoß zu nehmen. Dazu ist Franz Sales Riembauer ein zu tüchtiger, von der Mehrheit der Gläubigen längst abgöttisch verehrter Pfarrherr.

Seine Fähigkeiten und seine Erfolge sprechen sich auch bei seinen Vorgesetzten herum. Er steigt auf. Im Frühjahr 1810 wird er zum Pfarrer in Nandlstadt berufen. Anna Wenninger nimmt er als Pfarrersköchin mit.

Einige Monate später bringt sie ein Kind zur Welt. Pfarrer Riembauer lässt in der Gemeinde verlauten, dass ihm seine christliche Gesinnung verbiete, einen jungen Menschen wegen eines einmaligen Fehltritts in die Armut zu stoßen. Er bitte auch seine Gemeindemitglieder darum, diese ansonsten so fromme Seele nicht zu verurteilen.

Katharina hatte sich geweigert, ihm nach Nandlstadt zu folgen. Da sie bei der Familie ihrer Taufpatin unterkommen konnte, ist Riembauer machtlos. Doch immer wieder versucht er, sie in seine Nähe zu holen. Einmal malt er ihr ein bequemes Leben auf seinem Pfarrhof aus, dann verspricht er ihr mehrere tausend Gulden als Heiratsgut, wenn sie sich ihm füge. Als sie nicht darauf eingeht, droht er ihr. Unverblümt eröffnet er ihr, wie er sich verhalten würde, wenn Katharina den Fehler mache, ihn anzuzeigen. Sie solle ja nicht glauben, dass er nicht wisse, was er vor Gericht zu sagen habe. Niemand würde ihm widerlegen können, wenn er behaupte, dass ihre Mutter und Magdalena die Eichstätter ermordeten.

Das wirkt. Katharina weiß mittlerweile zu viel über ihn, um daran zu zweifeln, dass er mit seiner perfiden Erklärung durchkommen wird. Nie könnte sie sich je gegen sein überzeugendes Auftreten, seine geschliffene Verteidigung durchsetzen.

Doch das Erlebte lässt sie nicht mehr ruhen. Sie droht daran zu zerbrechen. Besorgt darauf angesprochen, vertraut sie sich endlich ihrer Dienstherrin an. Diese ist entsetzt, wagt aber nicht, offen gegen den Pfarrer aufzutreten. Sie rät Katharina, ihre Geschichte einem Priester zu erzählen. Sie befolgt den Rat. Bei einem älteren Benefiziaten im Nachbardorf gibt sie vor, ihre Beichte ablegen zu wollen. Sie erzählt ihm die Geschichte von Mord und Betrug, begangen von seinem Amtsbruder, dem hochwürdigen Herrn Pfarrer Franz Sales Riembauer.

Der entgeisterte Benefiziat braucht einen Moment, um wieder vernünftig denken zu können. Er beschwört sie, auf eine Anzeige zu verzichten. Sie solle Riembauer dem Gericht Gottes überlassen. Sein sei die Strafe, sage die Bibel.

Katharina ist enttäuscht, gibt aber nicht auf. Sie sucht einen weiteren Kooperator auf. Dieser verspricht immerhin, ihr beizustehen, bittet jedoch um kurze Bedenkzeit, in der er sich Gedanken über ein geeignetes Vorgehen machen wolle. Kurz darauf ruft er sie wieder zu sich. Sie solle nichts unternehmen, eröffnet er ihr. Pfarrer Riembauer sei als Meister der Rhetorik bekannt, er würde alle Register ziehen, sie antikirchlicher Propaganda bezichtigen und als bösartige Verleumderin an den Pranger stellen. Er habe mittlerweile eine mächtige Anhängerschaft, die ihren Hass auf sie abladen und sie vernichten würden. Der Kaplan kündigt an, in naher Zeit eigene Schritte einleiten zu wollen. Aber Katharina solle um Gottes und des Himmels willen stillhalten! Und nichts unternehmen, geschweige denn vor ein weltliches Gericht gehen!

Katharina schöpft Hoffnung. Und wartet. Doch nichts geschieht.

Den jungen Kooperator hatte das Gehörte überfordert. Er besprach sich mit einigen Amtsbrüdern und seinem Vorgesetzten, die nicht minder entsetzt auf Katharinas Anwürfe reagierten. Sie bestärken den jungen Priester. Es sei richtig gewesen, dem Mädchen ausgeredet zu haben, ein Gericht einzuschalten. Träfen nämlich auch nur Teile dieser Anschuldigungen zu, hätte es verheerende Auswirkungen auf das Ansehen der Kirche. Man beschließt aber, diskret Erkundigungen einzuholen.

Wenig später trifft im Pfarrhaus von Nandlstadt ein Brief ein. Er hat keinen Absender und ist auf Latein verfasst. »Vir quidam, quem tu bene noscis...«, liest Pfarrer Riembauer – ein gewisser Jemand, den er gut kenne, solle, wenn sein Gewissen wach sei, unverzüglich eine gewisse Person mit viertausend Gulden finanziell befrieden, da diese ansonsten fürchterliche Dinge offenbaren würde. Das Schreiben endet mit einem dringlichen »Hannibal ante portas!«.

Riembauer fällt nicht ein, darauf zu reagieren. Viertausend Gulden! Ist dieser wichtigtuerische Anonymus – natürlich ein geistig beschränkter Amtsbruder, wer sonst würde ein derart holpriges Latein verzapfen – noch ganz bei Trost? So viel gibt seine Ökonomie doch niemals her! Vor allem vertraut er darauf, dass man nicht wagen würde, ihn, einen Priester, zu beschuldigen, und er ist sich sicher, dass er jedes Gericht mühelos von der Plausibilität seiner Darstellung überzeugen wird. Als er das Schreiben ins Feuer wirft, fällt sein Blick auf seine Geliebte. Sie ist wieder von ihm schwanger. Mit ihrem dritten Kind.

Katharina wartet noch immer darauf, dass der Kooperator sein Versprechen wahr macht. Eines Tages fängt Riembauer sie auf einem Feldweg ab. Ihm sei zu Ohren gekommen, dass sie ihn auf hinterhältige Weise verleumde. Er gebe ihr eine letzte Chance. Sie solle unverzüglich wieder bei ihm einziehen. Widersetze sie sich, würde er sie mit Klagen wegen böswilliger Verleumdung und antikirchlicher Propaganda überziehen. Sie solle sich keine Illusionen darüber machen, wem das Gericht Glauben schenken würde. Ihr, einer ungebildeten Bauernmagd, oder ihm, einem angesehen Mann Gottes. Das Zuchthaus sei ihr sicher.

Sie bleibt widerspenstig. Der Pfarrer wird zornig. Wenn sie nicht augenblicklich ihre sündhafte Obstruktion einstelle, müsse er zu anderen Mitteln greifen. Wozu er fähig sei, wenn ihm und der Kirche Schaden zugefügt werden soll, wisse sie doch? Katharina macht kehrt, läuft davon. Er holt sie ein, holt drohend aus. Sie schreit. Auf einem nahen Feld drehen sich Leute nach ihnen um.

Riembauer lässt die Faust sinken. Sie nutzt sein Zögern zur Flucht.

Aber nun ist das Maß voll. Sie beschließt zu handeln. Mittlerweile 17 geworden, fühlt sie sich jetzt stark genug, um auf dem Gericht in Oberlauterbach vorzusprechen, das den Fall kurz darauf an das Landshuter Landgericht verweist. Das mit der Ermittlung beginnt, den Pfarrer in Haft nimmt und mit den Prozessvorbereitungen beginnt.

Langsam dämmert es Franz Sales Riembauer, dass er sich vielleicht doch verrechnet haben könnte. Wäre seine Tat nur einige Jahre früher bekannt geworden, wäre der katholische Klerus noch in der Lage gewesen, alles zu vertuschen. Jeder Versuch weltlicher Gerichte, die Angelegenheit an sich zu reißen, wäre mit Leichtigkeit beiseitegefegt worden. Pfarrer Riembauer wäre ohne größeres Aufsehen von seinem Posten abgezogen worden, hätte sich vor einem verschwiegenen

Tribunal verantworten müssen und wäre im schlimmsten Fall in ein abgelegenes Kloster im Ausland verbannt worden. Die Angehörigen der Opfer hätte man ebenso unauffällig finanziell befriedet, wofür ihnen im Gegenzug striktes Stillschweigen abverlangt worden wäre.

Doch die Zeiten hatten sich geändert. Die Kirche hatte Einfluss eingebüßt. Das Herzogtum Baiern war vom französischen Kaiser zum Königreich erhoben worden und mit ihm verbündet, Minister Montgelas und seine Beamten arbeiteten mit nie gekannter Radikalität auf eine Modernisierung des Landes hin. Die Sonderrechte des Adels und der Kirche wurden beseitigt, vor allem die Justiz wurde nach den Maßgaben der französischen Republik umgestaltet. Mochte Napoleons Stern auch am Sinken sein, so war es dennoch keine Frage mehr, dass eine Mordanklage allein vor einem weltlichen Gericht verhandelt werden musste.

Nun macht Franz Sales Riembauer einen Fehler nach dem anderen. Den Ermittlern gegenüber noch immer standhaft den Unschuldigen spielend, wird er nervös. Aus der Zelle heraus versucht er, Priesterkollegen zu beeinflussen und zu bestechen. Raffiniert verknüpft er dabei sein persönliches Interesse mit dem seiner Mitbrüder. Er fleht den Pfarrer der Nachbargemeinde an, für seine Aufrichtigkeit zu zeugen, vor allem dafür, dass es sich bei Katharina Frauenknecht um ein abgrundtief verdorbenes und verwirrtes Geschöpf handle, das vom Hass auf die Kirche getrieben sei. Wieder nummeriert er säuberlich seine Argumente: Er bitte seinen Amtsbruder um dessen Hilfe –

»1. wegen unserer Bruderliebe, 2. wegen der guten Anna Wenninger, meiner Köchin, 3. wegen meiner Freunde, die um mich betrübt sind, 4. wegen der Geistlichkeit, auf die es einen Schatten wirft, 5. wegen der Gläubigen, die sich ärgern.«

Doch seine Briefe bleiben ohne Antwort. Riembauers Vorgesetzte haben längst an dessen früheren Wirkungsstätten eigene Untersuchungen angestellt und sind zum Ergebnis gekommen, dass dieser den Bogen mehr als überspannt hat. Die Kirche will nichts mehr von ihm wissen. In dieser Zeit hat sie andere Sorgen, sie hat mit den Folgen der politischen Umwälzungen zu kämpfen. Napoleon ist mittlerweile entmachtet, Baiern ist zu dessen Gegnern übergeschwenkt, am Horizont ist ein schwacher Hoffnungsschimmer sichtbar, dass die verheerende Säkularisation wenigstens in Teilen revidiert werden könnte. Aber dafür muss die Kirche in dieser Zeit Wohlverhalten zeigen, muss für sich als unverzichtbare moralische Instanz in der Wirrnis der modernen Welt werben. Einen derartigen Skandal kann sie nicht brauchen.

Die Ermittlungen laufen bereits im zweiten Jahr. Riembauer bleibt unerschütterlich bei seiner Aussage. Er zeigt kein Zeichen von Ermüdung, seine Haltung ist noch immer die des gelassenen Dulders, der mit verzeihendem Lächeln die Fragen der Ermittler beantwortet. Er ist hellwach. Kein Widerspruch zwischen seinen Aussagen und jenen der Zeugen ist so grell, dass er ihn nicht erklären und mit Zitaten aus seinem unerschöpflichen Wissen aus Theologie und Wissenschaft parieren könnte. Als der Ermittler ihm entgegenhält, dass die von ihm des Mordes bezichtigte Magdalena von ihrer Umgebung als zart und schwächlich gebaute, zudem sanftmütige Person gezeichnet wird, die der robusten Anna Eichstätter körperlich unterlegen gewesen sein musste, hat er auch dafür eine überzeugende Erklärung. Aus der Medizingeschichte seien viele Fälle bekannt, doziert er, dass gerade schwächlichen Personen im Zustand größter Erregung enorme Kräfte zuwachsen würden und sie ihre Unterlegenheit nicht zuletzt mit umso größerer Hinterlist ausglichen. Riembauer macht eine Szene, bittet den Ermittler, ihm als Darsteller zu dienen, demonstriert, wie leicht es einer entschlossenen Mörderin gelingen könnte, eine Unachtsamkeit seines Opfers auszunutzen und ihm die Kehle zu durchschneiden.

Der Ermittler kann es nicht widerlegen. Riembauer triumphiert. Sein Ton wechselt von beschwörender Inbrunst zu mitleiderregender Verletztheit über den auf ihm lastenden Verdacht, dann wieder donnert er im Kanzelton gegen Satan und seine Helfershelfer, die ihn und die heilige Kirche vernichten wollten.

Seine Kraft scheint grenzenlos. Unermüdlich legt er neue Beweise vor, die ihn entlasten sollen, redet die Ermittler schwindlig mit Vermutungen und Hypothesen über die Beweggründe seiner Feinde. Ein satanisches Komplott sei im Gange, und ihn habe man als Ziel erwählt, um den Glauben an Gott, für den er so leidenschaftlich gepredigt hatte, aus der Welt zu tilgen. Er benennt einen Zeugen um den nächsten, fordert, sie zu vernehmen. Man tut es, will keine Fehler machen, setzt das Gerichtsverfahren wieder aus, ermittelt neu.

Um doch nur eine weitere Gewissheit zu erhalten, dass Riembauer schuldig sein muss.

Damit konfrontiert, dass wieder einmal ein Zeuge, auf den er Hoffnungen gesetzt hatte, zu seinen Ungunsten aussagt, richtet er sich zu voller Höhe auf und ruft in loderndem Zorn alle Strafen des Himmels und der Hölle über ihn. Alles sei Lüge! Doch nie werde er sich seinen Gegnern beugen. »Quis contra torrentem?«, wettert er los, er schwimme, wenn nötig, gegen alle Ströme der Erde! »Und wenn dreißigtausend Menschen dastehen und sagen, der Teufel sei weiß, so muss ich doch allzeit behaupten, der Teufel ist schwarz, so wie ich auch meine Unschuld behaupten muss.«

Das Verfahren gegen Riembauer geht nun schon in das dritte Jahr. Doch was ihm Zug um Zug an Untaten und Verstößen nachgewiesen wird, genügt dem Gericht immer noch nicht, um ihn wegen Mordes anzuklagen. Es ist schließlich nur ein unscheinbares und ungebildetes Bauernmädchen, das diese Ungeheuerlichkeit bezeugt. Die Richter befürchten, man könnte ihnen Voreingenommenheit gegen die Kirche unterstellen. Diese hat wieder Tritt gefasst. Wie in ganz Europa, so restaurieren sich auch im bairischen Königreich die alten Kräfte. Das Königtum erkennt, dass es die Kirche braucht, um republikanische Freigeisterei in Zaum halten zu können. Das Volk soll sich gefälligst von diesem Geistesgift fernhalten und den Blick wieder mehr auf das Jenseits richten.

Alles könnte in einer fürchterlichen Blamage enden, wenn es Riembauer mit seiner raffinierten Rhetorik gelänge, die Glaubwürdigkeit Katharinas in Zweifel zu ziehen, sie als geistesschwaches Wesen darzustellen, ihr Motive von Geldgier, von Geltungssucht und einer von kranken Einbildungen befeuerten Eifersucht zu unterstellen. Daran, dass Riembauer in der Lage wäre, ein unbedarftes Kind aus dem Pöbel vor Gericht zu verwirren, zweifelt man am Landshuter Gericht längst nicht mehr.

Der Ermittler muss erkennen, dass er so nicht weiterkommt. Viel Zeit gibt ihm das Gericht nicht mehr. Schon werden Stimmen laut, die Mordanklage stehe auf viel zu wackeligen Beinen, um zu einer Verurteilung zu führen, sie beruhe auf nichts als der Aussage einer gefährlich Verwirrten und müsse fallen gelassen werden. Der Druck wächst.

Doch wie bisher ist Riembauer nicht beizukommen. Einen Beschuldigten der Folter zu unterziehen, wie es noch vor nicht allzu langer Zeit durchaus in Betracht gezogen worden wäre, ist längst undenkbar.

Aber vielleicht gibt es andere Methoden? Der Ermittler ordert, ihm den Schädel der Anna Eichstätter zu bringen. Als Riembauer in den Vernehmungsraum geführt wird, schlägt der Ermittler ein Tuch zurück. Das sei der Schädel seines Opfers, erklärt er. Riembauer reißt die Augen auf, wankt, hat sich aber sofort wieder in der Gewalt. »Wenn dieser Schädel sprechen könnte, würde er meine Unschuld bekunden«, sagt er. »Er würde sagen, dass niemand als die Mutter Frauenknecht und ihre Tochter Magdalena es waren, die mich ermordeten.«

Dem Ermittler muss es für einen Augenblick die Sprache verschlagen haben. Das Protokoll zeigt, dass der Pfarrer sofort wieder Oberwasser hat und ausholt: Er könne unmöglich der Täter sein, da seine tiefe Gläubigkeit doch bewiesen sei! »Wie kann man mich solch einer Greueltat verdächtig halten! Cum nemo repente fiat pessimus – niemand kann doch von einem Tag auf den anderen so völlig schlecht werden! Es schauert mein Herz bei einer solchen Beschuldigung. Um zu begreifen, wie unwahrscheinlich sie ist, bitte ich nur einmal meinen priesterlichen Charakter zu erwägen. Wie wäre es möglich, dass ich Gott, Seele und Seligkeit, ewige und zeitliche Strafgerichte hintansetzend, mit Händen, die noch von unschuldigem Blute rauchten, in das Heiligtum des Herrn habe hineingreifen und die Geheimnisse der Religion habe ausspenden können und so in den Abgrund stürzen könnte?«

Ja, wie?, denkt der Ermittler.

Das Verfahren ist längst absurd geworden. Von oberster Stelle wird gemahnt, ein Ende zu machen. Doch immer noch geht nichts voran. Riembauer leugnet unbeirrt. Vier Jahre lang, in fünfundneunzig Verhören, deren Protokolle auf zweiundzwanzig Foliobände angewachsen sind, bleibt er bei seiner Aussage. Mit Bangen sehen die Landshuter Richter der Verhandlung entgegen. Nicht weniger beunruhigen sie Nachrichten, dass Katharina mittlerweile einem kaum noch erträglichen Druck ausgesetzt ist, sich hasserfüllter Angriffe, der Androhung ewiger Verdammnis, unverhohlener Morddrohungen, versetzt mit sanft vorgetragenen materiellen Lockungen, erwehren muss. Mehrmals lassen sie sich von ihr versichern, dass sie bei ihrer Aussage bleiben wird. Ihre Befürchtung erweist sich als unbegründet. Das zart gebaute Mädchen wirkt zwar von Mal zu Mal angeschlagener, denkt aber keine Sekunde daran, auch nur ein Jota von ihrer Aussage abzuweichen.

Aber auch wenn sich Riembauers abgründiger Charakter längst offenbart hat und die Ermittler keinen Zweifel mehr an seiner Schuld haben – noch immer steht Aussage gegen Aussage. Die Nervosität der Richter wächst. Die Raffiniertheit des Pfarrers, seine rhetorischen Finten und pomphafte Theatralik haben sie zur Genüge kennen gelernt, und es kann trotz aller ihn eindeutig belastenden Indizien keineswegs ausgeschlossen werden, dass sich Kollegium und Öffentlichkeit von der Magie seiner Redekunst in Bann ziehen ließen.

Doch dann, es ist Ende November 1817, geschieht etwas, das niemand mehr erwartet hätte. Von seinem Zellenfenster aus beobachtet Riembauer, wie im Hof des Landshuter Gefängnisses ein Raubmörder zur Hinrichtung geführt wird. Der Delinquent zeigt tiefe Demut auf dem Gang zum Schafott. Er lächelt selig und küsst das ihm dargereichte Kruzifix, bevor der Scharfrichter sein Werk beginnt.

Riembauer bricht zusammen. Zum ersten Mal sieht man ihn weinen. Er isst und trinkt kaum noch, geistert unruhig in seiner Zelle umher. Befragt, berichtet er von quälenden Visionen. Er bittet um die Beichte. Schließlich gesteht er. Es ist das hundertste Verhör.

Ja, er habe Anna Eichstätter getötet. Doch es sei Notwehr gewesen. Die Eichstätter habe ihn ständig bestürmt und erpresst. Er sah seine Ehre in Gefahr, wenn sie ihre Drohungen wahrgemacht hätte.

Riembauers Geständnis und Rechtfertigung werden protokolliert: »Ich hatte keine andere Absicht, als den öffentlichen Skandal zu verhüten, den vielen Sünden und Übeln vorzubeugen, die aus der Verärgerung des Volkes entstanden wären, und ich wollte die Achtung gegen meinen ehrwürdigen Stand und die Ehre des Klerus aufrechterhalten. Hätte ich beim Volke nicht in so hohem Ansehen gestanden, so hätte ich mir eine Diffamierung eher gefallen lassen können. So aber konnte ich voraussehen, dass die Entdeckung meiner in menschlicher Schwäche gründenden Taten eine Menge Übel zur Folge haben würden. Ich musste befürchten, dass sich die Menschen nun mancherlei Sünden erlauben würden. Manche würden nicht mehr an Gott glauben, andere dieses und jenes nicht mehr für so hoch und heilig achten. Da ich nun meine Absicht auf keine andere Weise als durch Hinwegräumung der Eichstätter zu erreichen wusste, so räumte ich sie hinweg. Keinen Augenblick vergaß ich dabei meine priesterliche Pflicht, denn ich forderte sie angesichts ihres Todes auf, ihre Sünden zu bereuen, und segnete sie. Dies Hinwegräumen war nur das Mittel zum Erreichen meines guten Endzwecks. Ich kann daher unmöglich glauben, dass meine Absicht ein Verbrechen sei, indem ich nur meinen öffentlichen Kredit sowie die Achtung des Klerus zu erhalten und den Skandal zu vermeiden suchte – ad majoraem dei gloriam, zur höheren Ehre Gottes...« Sein Geständnis endet: »Sonst weiß ich über die traurige Geschichte nichts mehr anzuführen als meinen Jammer und mein stilles Leid und dass ich öfters für die Eichstätter Messen gelesen habe. Schonung glaube ich deshalb zu verdienen, weil ich meine Handlungen so einrichtete, dass sie kein öffentliches Ärgernis gaben.«

Welch zwingende Rechtfertigung!, denkt der Ermittler und erschrickt im gleichen Moment über diesen Gedanken. Der Mann ist ein Monster. Oder verrückt.

Doch Riembauer ist keineswegs fertig. Ernsthaft verlangt er, ihn ebenfalls als Opfer zu betrachten. In seiner Studienzeit nämlich habe er sich ausführlich mit den Werken des berühmten Theologen Benedict Stattler und dessen jesuitischer Kasuistik beschäftigt und sich von dessen verführerischer Logik überwältigen lassen. Dieser beeindruckende Geist habe den Grundsatz aufgestellt, dass moralische Gebote dann übertreten werden dürften, wenn damit Ziele angestrebt würden, die der höheren Ehre Gottes dienten. »Der Stattlerische Grundsatz schläferte meine Vernunft so ein, dass ich vermuten muss, dass alle meine Handlungen nur noch aus bloßem Mechanismus geschehen sind.«

Was der Ermittler darauf erwidert, ist nicht überliefert. Der Prozess beginnt. Das öffentliche Aufsehen ist ungeheuer.

Die Verhandlung beginnt mit einem Paukenschlag. Sich leidenschaftlich aufbäumend, widerruft Pfarrer Riembauer sein Geständnis. Er sei *doch* unschuldig! Die lange Haftzeit habe seine Sinne verwirrt, er sei an Melancholie und Lebenssattheit krank gewesen, als er sein Geständnis ablegte. Doch nun habe er den Heiligen Geist noch einmal um Erinnerung angefleht und könne nun sagen, dass er sich geirrt habe und sich korrigieren müsse. Und dass er sich an eine Frau W. erinnern könne, die von einer Josepha S. gehört haben wollte, Magdalena Frauenknecht habe ihr gestanden, dass ihre alte Mutter die Eichstätter umgebracht haben sollte.

Wieder wird der Prozess ausgesetzt und neu ermittelt. Auch jetzt wird noch erwogen, dass er sich aus verqueren altruistischen Gründen oder eine »aufgeregte Phantasie«, ausgelöst durch die lange Haftzeit, selbst beschuldigt haben könnte.

Doch die benannte Frau W. weiß von nichts. Sie lüge, brüllt Riembauer.

Doch es ist zu spät.

Am 4. April 1818, mehr als fünf Jahre nach Beginn der Ermittlungen gegen ihn, werden die Akten geschlossen. Franz Sales Riembauer wird des Mordes, des mehrfachen Betruges und der Anstiftung zur Abtreibung schuldig gesprochen, zum Verlust aller Ämter und zu Festungshaft auf unbestimmte Zeit verurteilt.

Nicht zu Kettenstrafe oder Zuchthaus, erst recht nicht zum Tode, obwohl den Richtern alles vorlag, was es benötigte, um die Todesstrafe zu verhängen: das Geständnis, eine Augenzeugin, deren Beobachtungen plausibel waren, zahlreiche und eindeutige Indizien. Jeder andere Täter wäre zum Tode verurteilt und umstandslos hingerichtet worden.

Das Landshuter Gericht windet sich, der Kritik zuvorzukommen. Es begründet sein Urteil damit, es habe für ein Todesurteil zum einen an eindeutigen Ergebnissen bei der Untersuchung der weitgehend verwesten Leiche der Anna Eichstätter gemangelt. Sowie weiters daran, dass der Beschuldigte nicht schon früher als Übeltäter in Erscheinung getreten sei, weshalb man bei ihm nicht von einem notorischen Verbrecher sprechen könne.

In der Bevölkerung kommt Unruhe auf. Einfache Leute werden schon wegen ungleich geringerer Vergehen unbarmherzig zu Zuchthaus und Kettenstrafe verurteilt, ein Mörder und scheinheiliger Betrüger dagegen wird geschont? Weil er als Priester zu den höheren Ständen zählte? Weil der Skandal der öffentlichen Hinrichtung eines Kirchenmannes vermieden werden sollte?

Der Staatsprokureur muss Revision einlegen. Doch in einer zweiten Verhandlung wird das Urteil bestätigt und nur geringfügig verschärft.

Franz Sales Riembauer hält bis zuletzt daran fest, sich richtig verhalten zu haben. Und daran, dass es einem Plan Gottes entsprechen muss, wenn er einen Menschen mit wollüstiger Begierde und der Kraft zu töten ausstattet. Auch dann, wenn dieser Mensch sie auslebt, verführt, vergewaltigt, mordet. Was ist er demnach anderes als das Werkzeug des Allmächtigen, der die sündige Menschheit mit ihm prüfen und züchtigen will?

Über Riembauers Ende ist nichts bekannt.

## Die Göttliche
(1867)

### I.

Einen Mordplan zu schmieden ist das eine. Mehr als ein Mindestmaß an praktischer Phantasie, genährt von umso glühenderem Hass auf das Opfer, ist nicht erforderlich. Die Überzeugung, zutiefst im Recht zu sein, fegt alle Skrupel beiseite, die Vorstellung der Vernichtung des Gegners berauscht, sie überdeckt Zweifel, das Unternehmen könnte missglücken.

Den Plan auszuführen ist jedoch etwas anderes. Das dämmert Baroness Julie von Ebergenyi in diesem Moment. Bisher war alles kaum mehr als ein Spiel gewesen, eines jener erregenden Abenteuer, die sie so liebte. Alles lief wie geplant, sie hatte ihre Rolle großartig gespielt, das Empfehlungsschreiben der ahnungslosen Wiener Freundin hatte seine Wirkung getan. Gräfin Chorinsky hatte sie mit aller Liebenswürdigkeit empfangen, zum Spaziergang durch das herbstliche München und schließlich zum Tee in ihrer Wohnung in der Amalienstraße eingeladen. Die Karten für die Abendvorstellung im »Aktientheater« lagen bereit, die Gräfin war in freudiger Erwartung, noch immer liebte sie das Theater.

Dieses Aas, denkt die Baroness, dieses Luder, diese verkommene Fut, Schauspielerinnen sind doch alle gleich.

Doch jetzt wird es ernst. Baroness Julie wankt. Noch hätte sie die Wahl, könnte sie zurück. Doch etwas führt ihr die Hand. Sie darf ihren Geliebten nicht enttäuschen. Gustav würde vor Wut rasen. Und sie verlassen. Sie muss ihm zeigen, dass sie bereit ist, alles für ihn zu tun. Dass auf sie Verlass ist. Und wenn alles glückte, würde sie beide das Wissen um ihr dunkles Geheimnis für immer aneinanderschweißen.

Ein leichter Schwindel erfasst die Baroness. Für den Bruchteil einer Sekunde hat sie das Gefühl, als ob sie neben sich stünde und sich beobachten könnte.

Sie kramt die Karaffe aus ihrer Handtasche und zeigt sie der Gräfin.

»Ein Gelber Muskateller«, sagt sie. »Ein Gruß aus meiner Heimat.«

Gräfin Chorinsky zögert, sie führt ihre Rechte zum Mund, die Geste einer vagen, fast mädchenhaften Abwehr.

»Es ist nicht meine Art. Ich meine, um diese Stunde schon Wein?«

Die Baroness lächelt aufmunternd.

»Gönnen Sie mir doch, mich Ihnen auf diese Weise erkenntlich zu zeigen, Gräfin. Es ist schließlich nur ein kleiner Dank dafür, von Ihnen so herzlich aufgenommen worden zu sein.«

Was tue ich da?, denkt Baroness Julie. Nichts. Ich gieße Wein in ein Glas, nicht mehr, ich atme gleichmäßig, ich lächle. Der Wein perlt. Ich werde nicht hysterisch, nicht hier, nicht jetzt. Sie hört ihre Stimme: »Und seit ich nun weiß, liebste Gräfin, welches Leid Sie zu tragen hatten, bin ich umso tiefer davon überzeugt, dass uns kleine, verzeihliche Sünden wie diese zustehen. Denn was sind sie gegen jene, die an uns begangen wurden?«

Der Blick der Gräfin trübt sich, sie senkt den Kopf, seufzt kaum hörbar.

Julie streift sie mit einem Blick. Fast war das Aas zu bewundern, wie sie die Rolle der Leidgeprüften beherrschte. Missverstanden und verlassen von ihrem Gatten, den sie angeblich noch immer liebte, dessen Rückkehr sie noch immer ersehnte und von dem sie noch immer warmen Herzens spricht, verstehend und verzeihend.

Von Graf Gustav, der seine Frau längst abgrundtief hasst. Weil diese nicht in die Scheidung einwilligt und damit den Zugriff auf sein dringend benötigtes Vermögen blockiert. Und damit verhindert, dass er mit seiner wahren Liebe glücklich werden kann – mit ihr, der Baroness Julie von Ebergenyi.

Nur gut, dass Gustav sie gewarnt hatte. Es ärgere ihn, hatte er ihr geschrieben, dass sie von dieser Canaille so freundlich empfangen worden sei. Am Ende gewinne oder rühre dieses Komödiantenaas sie noch!

Die Baroness zwinkert verschwörerisch. »Ich werde schweigen, Gräfin. Vertrauen Sie mir.«

Die Gräfin gibt sich geschlagen.

»Vielleicht haben Sie recht, Baroness.«

»Marie«, korrigiert Julie sanft.

»Marie – ja, und vielleicht hilft es mir, ein wenig Ordnung in meine Gedanken zu bringen. Ich kann es nämlich noch immer nicht glauben, was Sie mir berichtet haben. Gustav ist zur Besinnung gekommen und will zu mir zurückkehren? Es wäre zu schön.«

Die Baroness betrachtet die Gräfin aus den Augenwinkeln. Du Luderweib hast also wahrhaftig noch die Stirn, darauf zu hoffen? Mitte dreißig, Falten um die Augen, auf der Stirn, um den Mund – und stellst noch Ansprüche, bist du denn verrückt? Wo doch alle Welt längst weiß, dass du hier in München nicht als Nonne lebst.

Sie sagt: »Das ist es jedenfalls, was mir seitens der gräflichen Familie zu verstehen gegeben wurde. Ihr Gatte möchte sie wieder bei sich haben.«

»Es... es ist alles... es ist wirklich eine große Überraschung«, sagt die Gräfin.

Die Baroness schmunzelt schwesterlich. »Aber umso mehr ein Grund, darauf anzustoßen, Gräfin. Sie sollten den Zustand innerer Zufriedenheit schon einmal üben. So ungerecht es auch sein mag – soweit ich das Wesen der Männer kenne, erkaltet ihre Leidenschaft rasch, wenn man sich ihnen als verhärmtes Wesen präsentiert.«

»Ach, Marie! Sie machen mir wieder Mut!« Die Gräfin ergreift das Glas und führt es zum Mund.

Ich habe sie überzeugt, denkt die Baroness. Wer von uns beiden ist nun die bessere Schauspielerin?

Aber merkwürdig, plötzlich fühlt sie keinen Hass mehr. Was geschieht hier eigentlich?, denkt die Baroness. Noch zittert ihre Hand nicht, doch sie spürt, wie ihre Nerven zu flattern beginnen. Für einen Moment ist ihr zum Heulen zumute, alles kommt ihr unwirklich vor. Ich möchte, dass es vorbei ist, denkt sie, es ist zu viel, ich halte es nicht mehr länger aus.

Hat sie sich überschätzt?

Doch wer war es, der ihr das alles antat? Doch nur die Gräfin! Dieses verlogene Aas, das sich weigerte, in die Scheidung mit Graf Gustav einzuwilligen! Dem Mann, der ihr, Julie, die Ehe versprochen hatte.

Sie hört die Stimme der Gräfin: »Wie wünsche ich Ihnen, dass auch Sie Ihr Glück finden, Baroness.«

»Marie«, korrigiert die Baroness wieder, freundlich, mit gespieltem Vorwurf.

Die Gräfin nickt. »Marie. Exküs.«

»Santé«, sagt Baroness Julie. Sie hebt das Glas.

Die Gräfin erwidert es. »À la votre.« Sie senkt den Blick, nimmt einen winzigen Schluck.

Julies Glas verharrt vor ihren Lippen.

Das Kaliumcyanid wirkt binnen Sekunden. Die Augen der Gräfin weiten sich, treten hervor, ihre Brust hebt sich, sie röchelt erstickend, ihre verzerrte Miene zeigt Überraschung, dann panische Angst, schließlich Leid, Trauer. Der Körper bäumt sich auf, zuckt konvulsiv, kippt zur Seite, stürzt zu Boden. Ihr Blick bricht.

Entsetzen durchfährt die Baroness. Der Anblick war ungeheuerlich. Es gelingt ihr, ihren hämmernden Puls unter Kontrolle zu bringen, sie verlässt das Zimmer der Gräfin, zieht die Türe hinter sich zu und ruft nach der Vermieterin. Die Gesundheit der gnädigen Frau sei leider ein wenig angegriffen. Ob Madame Hartmann so gütig wäre, eine Droschke für die Fahrt in das Aktientheater zu ordern?

Witwe Hartmann tut ihr den Gefallen, sie mag ihre Mieterin, es hebt ihr Renommee, noble Herrschaften im Haus zu haben, kein halbseidenes Gesindel. Sie verlässt das Haus.

Kaum ist die Wohnungstür hinter ihr zugefallen, hastet Julie in das Zimmer der Gräfin zurück, greift in Windeseile nach Gläsern und Karaffe, entleert sie, packt sie unter ihren Mantel, versperrt die Türe und eilt aus dem Haus.

Wenig später kehrt die Witwe zurück. Sie klopft an die Türe der Gräfin, ruft: Die Droschke stünde bereit. Sie klopft erneut, keine Antwort.

Merkwürdig, denkt die Witwe. Sind die Damen doch zu Fuß gegangen? Peinlich. Sie muss dem Kutscher absagen. Der flucht und strafft die Zügel.

## II.

Der Hoteldiener Deininger wundert sich. Schon seltsam, die hohen Herrschaften. Eine Depesche wollte Baronin Vay erhalten haben? Diese müsste doch hier im Hotel »Vier Jahreszeiten« angekommen und durch seine Hände gegangen sein? Überhaupt, eine merkwürdige Frau, diese Marie Vay. Wie alt mag sie sein? Mitte zwanzig? Hübsch ist sie, sehr elegant und anziehend. Wären da nicht ihr herrschaftliches Gehabe, mit dem sie die Dienerschaft behandelt, die lasziven Bewegungen, alles ein wenig ermattet, sie schläft lange, raucht Zigarren, die sie auf ein neckisches Meerschaumpfeifchen steckt.

Und jetzt taucht sie auf, die Wangen vor Aufregung gerötet, verwirrt, nahezu hysterisch. Sie müsse augenblicklich abreisen, haspelt sie, ihr Gatte erwarte sie dringend in Paris.

Deininger lässt sich nicht aus der Ruhe bringen, er kennt das, die noblen Herrschaften haben eben ihre Marotten, er ordert eine Kutsche zur Fahrt zum Zentralbahnhof. Sie drückt ihm sein Trinkgeld in die Hand, einen Gulden, das ist mehr als gewöhnlich. Einige Minuten später tut sie es noch einmal, er muss ablehnen, die gnädige Frau habe ihn bereits beehrt, doch sie beharrt darauf.

Deininger ordert den Kutscher.

Als dieser eine halbe Stunde später zurückkehrt, will Deininger von ihm wissen, ob die gnädige Dame den Zug nach Paris noch erreicht hat?

Wieso Paris?, gibt der Kutscher zurück. Sie ist in den Zug nach Wien eingestiegen. Merkwürdig, denkt Deininger.

III.

Am Morgen des übernächsten Tages begehrt Witwe Hartmann Einlass an der Pforte der Münchner Polizeidirektion in der Weinstraße. Etwas Entsetzliches sei geschehen, stammelt sie.

Unverzüglich bricht die Gerichtskommission in die Maxvorstadt auf.

Die Gräfin liegt auf dem Fußboden, zwischen Sofa und Teetischchen. An ihrem Mundwinkel ist ein dunkles Rinnsal zu erkennen. Die Leiche ist längst erkaltet.

Der leitende Kommissar zückt eine Kladde, befeuchtet seinen Stift.

Der Name der Dahingeschiedenen?

Baronin Mathilde von Ledske, gibt die Wohnungsbesitzerin an.

Von wo gebürtig? Aus Österreich? Das lasse der Name doch vermuten?

Witwe Hartmann weiß es nicht genau. Ihre Mieterin habe sehr zurückgezogen gelebt, sei zwar stets liebenswürdig, aber auch ein wenig verschlossen gewesen.

»Gift«, vermutet einer der Kommissäre. »Dieser Geruch nach bitteren Mandeln...«

»Selbstmord?«, überlegt der Kommissionsleiter laut.

Die Witwe verneint nachdrücklich. Baronin von Ledske sei ein heiterer Mensch gewesen. Lebensfroh. »Sie lebte in aller Diskretion, war aber nicht einsam, Sie verstehen, Herr Kommissär?«

Der Kommissar lässt seinen Blick kreisen. Auf dem Teetischen die Reste einer nachmittäglichen Teestunde, ein wenig Gebäck, mehrere Tassen, zwei gespülte Weingläser, eine zur Hälfte abgebrannte Kerze. Die Gaslampe ist abgedreht, die Tür zum Zimmer der Baronin war verschlossen gewesen. Es gibt keine Anzeichen, dass Schränke und Kommoden durchwühlt worden wären, es fehlen keine Schmuckstücke. Nur der Schlüssel zur Kommode, in der die Verstorbene ihre persönlichen Dokumente verwahrte. Auch der Zimmerschlüssel ist nicht aufzufinden. Dass ein Mensch, der sich selbst den Tod geben möchte, die Tür von innen versperrt, ist nachvollziehbar. Doch warum sollte er den Schlüssel verschwinden lassen?

Der Blick des Kommissars umfasst wieder den Tisch. Er wendet sich an die Witwe.

»Ihre Mieterin hatte vorgestern noch Besuch?«

Frau Hartmann bestätigt. »Eine ausnehmend liebenswürdige junge Dame aus Wien, Die Baronin Mathilde hat mir von ihr berichtet. Ich meine mich an den Namen zu erinnern – Fräulein Berger? Ja, Marie Berger. Wenn ich mich nicht verhört habe, denn ich habe nicht darauf geachtet, wieso sollte ich auch, logierte sie im Hotel »Vier Jahreszeiten«. Mit Weiterem kann ich leider nicht dienen.«

»Was wissen Sie über den weiteren Anhang der Verstorbenen? Gibt es Verwandte in der Stadt?«

»Davon weiß ich nichts. Es war, ja, ein gewisses Geheimnis um sie. Ich weiß nur, dass sie von ihrem Gatten getrennt lebt.«

»Gelebt hat.«

»Gelebt hat, Verzeihung. Schrecklich...«

»Wo hat Baronin von Ledske gewohnt, bevor sie bei Ihnen Quartier genommen hat?«

»Soweit ich mich erinnere, war ihr letzter Wohnsitz in Kirchberg bei Reichenhall.«

Der Schlosser trifft ein. Das Schloss der Kommode bereitet ihm kein Problem, mit wenigen Griffen kann er es öffnen. Der Kommissar greift sich einen Packen Briefe, besieht sich die Umschläge, liest.

Ein überraschter Ausruf entfährt ihm. Die so bescheiden auftretende Baronin war Angehörige eines der einflussreichsten österreichischen Adelsfamilien. Ihr voller Name: Mathilde Gräfin Chorinsky, Freifrau von Ledske. Sie war die Gattin des Grafen Gustav Chorinsky, eines Sohnes des kaiserlich-königlichen Statthalters von Niederösterreich.

Zurück in der Polizeidirektion erstattet der Kommissar seinem Vorgesetzten Bericht. Polizeidirektor Doktor Burchtorff horcht auf. Die Angelegenheit könnte delikat werden. Der Schwiegervater der Toten steht im Machtgefüge der Donaumonarchie unmittelbar unter dem Kaiser, ist de facto sein Stellvertreter.

Der Polizeidirektor schaltet schnell. Ab jetzt übernehme er die Ermittlungen, verkündet er. Er schart seine beiden verlässlichsten Kommissare um sich, instruiert sie, verteilt Order, treibt an.

»Schicken Sie rasch ein Telegramm nach Wien. Aber lassen Sie noch nichts darüber verlauten, dass wir Mord nicht ausschließen. Nehmen Sie weiters unverzüglich Kontakt zur Österreichischen Gesandtschaft auf, bitten sie jenen Beamten in mein Büro, der über verlässliche Informationen über die Familie Chorinsky verfügt. Und dann bringe man mir alles über die Dahingeschiedene in Erfahrung.«

IV.

Schon am späten Nachmittag tragen die Ermittler erste Erkenntnisse vor: Die Gräfin war eine gebürtige Münchnerin, kam als Mathilde Ruef im Jahr 1833 als Tochter eines wohlhabenden Kaufmanns zur Welt. Sie genoss eine tadellose Bildung, der kunstliebende Vater erlaubte ihr, Schauspielerin zu werden.

Ein Porträt liegt vor. Es zeigt eine berückende Schönheit, eine schlanke, hochgewachsene Gestalt, ein ebenmäßiges Gesicht mit ausdrucksstarker Miene, dunkle Augen, gelocktes hellblondes Haar, einen auffallend hellen, aristokratischen Teint.

Das Bild passt zu dem, wie Witwe Hartmann und Münchner Freunde sie beschrieben haben: freundlich und warmherzig, dem Leben zugewandt, hochgebildet, von tadelloser Noblesse. Und so talentiert, dass sie sich mit einem Stipendium der Königin von Neapel in Rom zur Opernsängerin ausbilden lassen kann.

Sie war erst seit einigen Monaten am Linzer Stadttheater engagiert, an einer der glanzvollsten Bühnen der Donaumonarchie, bezauberte das Publikum mit Können und Charme, als sie Graf Gustav Chorinsky ins Auge stach, einem in der Linzer Garnison stationierten Leutnant der kaiserlich-königlichen Armee. Obwohl auch er eine beeindruckende Erscheinung gewesen sein musste – er wird als gutaussehend, galant, humorvoll und gesellig beschrieben –, schien sich Mathilde Ruef seinem Werben zunächst widersetzt zu haben. Vermutlich war sie klug genug, um sich den Standesunterschied vor Augen zu führen, und verspürte wenig Lust, als billige Mätresse zu enden. Doch der fesche Gustav schien es ernst zu meinen. Er bestürmte sie, warf sich ihr zu Füßen, sprach von Heirat. Von seiner Leidenschaft berührt, gab sie nach.

Doch noch waren Widerstände zu überwinden. Der alte Graf Chorinsky stimmte der Hochzeit mit einer Bürgerlichen, noch dazu einer Komödiantin, nicht zu, ließ die Verliebten sogar einmal von der Polizei trennen und verbannte seinen Sohn zuletzt in eine italienische Garnison. Heimlich trafen sich die Liebenden in Verona. Der Widerstand des Vaters brach erst, nachdem sein Junior bei einer Schlacht größte

Tapferkeit zeigte und zum Hauptmann befördert worden war. Im Jahr 1860 waren die Liebenden am Ziel und gaben sich in der Nähe von Perugia das Jawort.

»Eine rührende Geschichte«, schließt Direktor Burchtorff den Rapport seiner Kommissare. »Sie könnte aus einem schlechten Roman stammen. Wäre da nur nicht die Tatsache, dass dieses ideale Paar offenbar schon seit Jahren in Trennung gelebt hat und Gräfin Chorinsky nun auch noch einem hinterhältigen Anschlag zum Opfer gefallen ist.« Er umfasst die Runde seiner Untergebenen mit einem Blick. »Forschen Sie also aus, welche Ursachen diese Trennung hatte und wie die beiden zuletzt zueinander standen.«

V.

Als der alte Graf Chorinsky am nächsten Morgen in der Münchner Polizeidirektion eintrifft und sich mit Zeichen größter Betroffenheit nach den Todesumständen seiner Schwiegertochter erkundigt, wissen die Ermittler bereits mehr. Das Labor der königlichen Medizinal-Kommission hat den Verdacht des Gerichtsarztes bestätigt: Das Blut der Gräfin zeigte keinerlei Zeichen der Gerinnung, im Magen wurden Spuren von Blausäure festgestellt. Das Opfer starb zweifellos an einer raschen Zersetzung des Blutes, wie sie bei der Einnahme einer größeren Menge von Zyankali eintritt.

Der alte Graf ist erschüttert. Er hat seine Schwiegertochter geliebt.

Direktor Burchtorff behandelt den Besucher ehrerbietig, er weiß, dass er einen der höchsten königlich-kaiserlichen Beamten vor sich hat. Er erkundigt sich nach dem Verbleib des werten Herrn Sohnes, des Gatten der verschiedenen Gräfin.

Sein Sohn, erklärt der Vater, sei benachrichtigt und unterwegs.

Er bittet, den Tatort besichtigen zu dürfen. Der Kriminaldirektor erteilt die Erlaubnis, bietet seine Begleitung an.

Das wolle er vom Herrn Direktor nicht verlangen, sagt der Graf, Herr Direktor sei gewiss äußerst beschäftigt. Er müsse außerdem zuvor noch in das Hotel »Bayerischer Hof«, um sich für das ungünstige Münchner Klima angemessen zu kleiden.

»Aber natürlich«, beharrt der Kriminaldirektor mit verbindlichem Lächeln. »Ich werde im Foyer auf Sie warten, verehrter Graf.«

Widerstrebend fügt sich der Alte. Beide Männer bewegen sich gerade auf das Portal des Hotels zu, als ein junger Mann auf sie zutritt.

»Mein Sohn«, erklärt der alte Graf halb verärgert, halb betreten, »Oberleutnant Graf Gustav Chorinsky.«

Die Bestürzung des jungen Mannes ist unübersehbar, als ihm sein Vater seine Begleitung als den Direktor der Kriminalabteilung vorstellt. Doch nicht allein seine Weigerung, die beiden Männer zum Tatort zu begleiten, erstaunt Burchtorff. Der junge Graf wirkt nicht wie ein gramvoller Witwer. Im Gegenteil. Er gerät in Rage. Ein loses Weibsstück sei seine Gattin gewesen, platzt er heraus, es sei zu erwarten gewesen, dass sie einmal den Preis für ihren liederlichen Lebenswandel bezahlen würde. Der alte Graf versucht, den Sohn zu beschwichtigen. Das alles könne doch nur ein schrecklicher Unglücksfall gewesen sein! Der Herr Polizeidirektor möge außerdem Verständnis dafür haben, dass sein Sohn von der schrecklichen Nachricht geschockt und verwirrt sei, er habe nervlich leider keine besondere *Résistance*.

Diesen Eindruck habe ich ebenfalls, denkt der Polizeidirektor. Der Mann redet sich um Kopf und Kragen. Die Frage ist nur, ob er tatsächlich nur verwirrt ist. Er könnte auch ungleich raffinierter sein. Hätte er etwas mit dem Tod seiner Frau zu tun, müsste ihm doch daran gelegen sein, jeden Verdacht von sich abzulenken, keinesfalls aber daran, dem Ermittler ein mögliches Motiv unter die Nase zu reiben? Demnach wäre sein unüberlegter Ausbruch ein Zeichen seiner Unschuld?

Der junge Graf beruhigt sich. »Aber falls Sie dies wissen möchten, Herr Direktor: Ich habe unzählige Zeugen dafür, in den vergangenen Tagen Wien zu keiner Stunde verlassen zu haben.«

»Wenn mein Sohn das sagt, ist das die Wahrheit«, ergänzt der alte Graf. »Bei meiner Ehre. Und der meiner Familie.«

Ich kann mich nicht daran erinnern, schon nach einem Alibi gefragt zu haben, denkt der Polizeidirektor.

## VI.

Für den Abend des gleichen Tages beordert der Polizeidirektor Vater und Sohn noch einmal in sein Büro. Er weiß mittlerweile, dass sich der junge Graf in den vergangenen Wochen über die österreichische Gesandtschaft in München heimlich nach der Adresse seiner Gattin erkundigt hatte.

Schon nach den ersten Fragen verliert der junge Graf erneut die Nerven. Er verfällt in haltloses Zittern, widerspricht sich. Der Polizeidirektor ist sich nun sicher, dass sein Gegenüber nicht mehr spielt. Und hat keinen Zweifel mehr, den Täter oder zumindest den Anstifter vor sich zu haben.

Er erklärt ihn für festgenommen. Der alte Graf gerät außer sich, protestiert, kündigt diplomatische Konsequenzen an. Wisse man hier überhaupt, wen man vor sich habe?! Dann fällt er in sich zusammen, verabschiedet sich steinernen Gesichts von seinem Sohn und wankt hinaus.

Graf Chorinsky muss seine Taschen leeren. Der Protokollant notiert: ein Rosenkranz, mehrere Gebetsabschriften. Und vier Fotografien einer jungen Dame.

»Wen zeigen diese Porträts, Graf Chorinsky?«
»Sie hat nichts mit dieser Angelegenheit zu tun!«
»Man fragte Sie nach dem Namen dieser Dame, Graf.«
Der junge Graf wirft sich in Positur.

»Muss ich darüber Auskunft geben? Es handelt sich um eine sehr persönliche Angelegenheit. Die Abgebildete ist eine Dame aus bestem Hause, ich möchte unter keinen Umständen, dass sie kompromittiert wird, indem ihr Name in diesem Zusammenhang öffentlich wird – die Herren verstehen?«

Die Ermittler versichern, mit aller Diskretion vorzugehen. Aber dennoch müsse er aussagen.

Die aristokratische Pose verrutscht. Der junge Graf ist bleich geworden, seine Stirn glänzt.

»Es... es ist die Stiftsdame Julie von Ebergenyi-Telekes aus Wien, Tochter einer ehrbaren Familie aus dem Komitat Eisenburg. Ich... wir stehen uns nahe. Aber ich schwöre, sie hat nichts mit der Angelegenheit zu tun.«

VII.

Frau Hartmann besieht sich die Porträts. Sie muss nicht lange überlegen. Ja, so habe die junge Dame ausgesehen, von der die Baronin – pardon, Gräfin Mathilde – vor ihrem Tod besucht wurde. Liege nicht irgendwo sogar noch die Visitenkarte? »Ach ja, hier, sehen Sie? Berger, Marie.«

Auch Hoteldirektor Schimon, sein Hausdiener Leonhard

Deininger und das Zimmermädchen Fanny Stuhlreiter müssen nicht lange überlegen: Das Foto zeige niemand anderen als Baronin Vay, die zwei Tage vor dem Mord im Hotel »Vier Jahreszeiten« Quartier genommen hatte und zuletzt so auffallend überstürzt abgereist war.

»Welchen Eindruck hat die Dame gemacht?«, fragt der Ermittler.

»Jung, schön und *emancipiert*«, erhält er zur Antwort.

Er fragt noch einmal nach, will sichergehen. »Und das Porträt zeigt wirklich eine Baronin Vay? Nicht Frau Marie Berger? Oder die Baroness von Ebergenyi-Telekes?«

Die Befragten schütteln nachdrücklich die Köpfe. Der Hotelier schlägt das Meldebuch auf und zeigt auf einen Eintrag. »Hier, sehen Sie – Marie Baronin Vay.«

Der Kommissar dankt, begibt sich wieder in die Direktion und erstattet seinem Vorgesetzten Bericht. Burchtorff hört gespannt zu. Als der Kommissar seinen Rapport beendet hat, verliert der Polizeidirektor keine Zeit.

»Kabeln Sie unverzüglich an die Polizeidirektion Wien und informieren Sie Hofrat von Strohbach ausführlich. Vor allem davon, dass wir Veranlassung haben, von Mord auszugehen«, befiehlt er.

VIII.

Am frühen Abend des folgenden Tages sitzt Julie von Ebergenyi-Telekes mit ihrer Schwester beim Tee in ihrer Wohnung in der Wiener Krugerstraße, als Kommissar Breitenfeld Einlass begehrt und sie auffordert, sie in die Polizeidirektion zu begleiten.

(In seinem Rapport wird er vermerken, dass die Baroness

fassungslos gewesen, weinend auf das Fauteuil gesunken sei und, wie von Fieber geschüttelt, immer wieder gestammelt habe: »Wie? Mich wollen Sie abführen? Mich, die Stiftsdame Ebergenyi? Wegen des Verdachts des Mordes? Ich bin unschuldig! Niemals war ich in München, ich war bei meiner Familie im Komitat Eisenburg!«)

Kurze Zeit später beginnen Kommissar Breitenfeld und Untersuchungsrichter Dr. Fischer in der Polizeidirektion am Peter mit dem Verhör.

Die junge Frau hört mit teilnahmsloser Miene zu, als der Kommissar ihr eröffnet, dass sie in München von mehreren Zeugen eindeutig als jene »Marie Berger« und »Baronin Vay« identifiziert wurde, von der Gräfin Mathilde kurz vor ihrem Tod aufgesucht wurde.

»Es wird sich alles lösen, meine Herren«, sagt sie mit kraftloser Stimme.

»Gewiss, gnädiges Fräulein«, sagt der Kommissar. Er nickt ihr aufmunternd zu. »Wir sind auf Ihre Erklärung gespannt.«

Julie sieht durch ihn hindurch. Dann nickt sie matt.

»Ja, ich bin unter dem Namen ›Baronin Vay‹ in München abgestiegen. Ich habe mich der Gräfin als Durchreisende vorgestellt, die sich von deren Liebenswürdigkeit persönlich überzeugen wolle. Während ich mit ihr auf beiderseitiges Wohl trank, habe ich ihr unbemerkt Zyankali in das Glas gegeben.«

Kommissar und Richter wechseln einen Blick.

Dr. Fischers Stimme klingt belegt, als er sich wieder an Julie wendet.

»Einen Augenblick, Baroness«, sagt er. »Bevor Sie weitersprechen, würde ich noch gerne Polizeidirektor Hofrat von Strohbach hinzuziehen.«

## IX.

In München schart Polizeidirektor Burchtorff seine Kommissare um sich. Diese haben die in der Wohnung der Gräfin gefundenen Dokumente, ihre Briefe und ihr Tagebuch ausgewertet. Sie erstatten Bericht.

Die Ehe des Grafen war zuletzt ein Desaster. Schon in Heidelberg, wo sich das junge Paar nach der Hochzeit niedergelassen hatte, musste Mathilde an ihrem Gatten Charakterzüge wahrnehmen, die ihr zuvor verborgen geblieben waren. Ihr Gustav war nicht allein der gesellige und fesche Charmeur, der sie mit Liebesschwüren überhäuft hatte, sondern auch leichtsinnig und unberechenbar, leicht zu beeinflussen, je nach Laune aufbrausend, hochfahrend und großmäulig, dann wieder kleinlaut, vor Lebensüberdruss greinend und bis zur Selbstaufgabe anhänglich. Leidenschaftliche Zärtlichkeit wechselte mit Ausbrüchen rasender Wut, die ebenso umstandslos wieder in selbstquälerische Niedergeschlagenheit umschlug.

Als habe er nicht ertragen können, am Ziel seiner Sehnsüchte angelangt zu sein, und als habe die zuvor Angebetete damit plötzlich jeden Zauber für ihn verloren, begann er zu trinken. Er wurde süchtig nach Spiel und Zerstreuung, verschleuderte binnen weniger Monate sein Vermögen, verlor es bei unsinnigen Unternehmungen, verschuldete sich. Nach kurzer Zeit war auch die Mitgift seiner Gattin aufgebraucht. Seinen Dienst hatte er bereits kurz nach der Hochzeit quittiert, doch außerhalb Österreichs fehlte es ihm an Protektion, um standesgemäß reüssieren zu können. Ruhelos reiste er in den deutschen Ländern auf der Suche nach einer Anstellung umher. Ohne Erfolg.

Wie es in dieser Zeit Mode war, führte auch Gräfin Mathilde ein *journal intime*. Sie schrieb: »Das Leben hat für mich wirklich viel Trübes. Gott gebe mir diesen braven Mann, denn ich liebe ihn und weiß es, er liebt auch mich, doch sind wir getrennt; möge Gott ihn segnen, ihm beistehen, damit er wieder froh sein kann, dann werde auch ich wieder zufriedener sein. Gebe der Allgütige, dass Gustavs Liebe nie erkalte, ich würde mir sonst lieber den Tod wünschen; ich lebe nur so halb, und fern von ihm leben zu müssen – oh ich habe mir das nie gedacht, Gott segne mein Leben, mein Glück, meinen Gustav. Bleibe mein, Gustav. Behalte mir deine Liebe, ich lebe mit dir. O nur einen Moment bei dir, was wäre ich froh.«

Doch schließlich konnte sie ihre Augen nicht mehr davor verschließen, dass ihr Gatte lebensuntüchtig war. Eine Weile verharrte sie duldend, denn Gustavs Verhalten ließ sie vermuten, dass er krank sein musste. Auf ihre besorgten Mahnungen jedoch reagierte er mit Zornesausbrüchen. Selbst längst wieder in Affären verwickelt, witterte er nun überall Verrat und Verachtung, geriet beim geringsten Anlass immer wieder außer sich.

Etwa ein Jahr waren sie erst verheiratet, als Gräfin Mathilde seine Ausfälle nicht mehr ertragen konnte. Sie verließ Heidelberg und kehrte nach Wien zurück.

Graf Gustav raste vor Wut und Eifersucht. Er bombardierte sie mit Briefen, in denen er sie für immer aus seinem Leben verbannen wollte und die sofortige Scheidung forderte. Gleichzeitig musste seinen Stolz verletzt zu haben, dass Mathilde es war, die ihn verlassen hatte. Eine Weile klangen seine Briefe wieder moderat, gar ein wenig melancholisch. Was eine Trennung angehe, schrieb er, so hoffe er doch auf gütliches Einvernehmen, schließlich habe man sich doch einmal gut verstanden.

Doch seine Vorstellungen darüber, wie er Mathilde abfinden wollte, waren für sie nicht annehmbar. Als der Graf feststellen musste, dass er sein Ziel nicht so schnell erreichen würde, wurden seine Briefe zunehmend hasserfüllt. Von seinen Schuldnern gejagt – und von jeher einfallslos, wenn es nicht gerade um seine Vergnügungen ging –, fiel ihm nichts anderes ein, als wieder in die kaiserliche Armee einzutreten. Bei der Schlacht von Königgrätz drängte er an die Front, zeigte erschreckend törichte Tapferkeit, wurde verwundet und entlassen.

Schon zuvor hatte er mit Verbitterung feststellen müssen, dass seine Eltern sein Verhalten nicht guthießen. Sie machten ihm nicht nur Vorwürfe, sondern hatten die mittellose Mathilde in ihr Wiener Palais aufgenommen, wo sie sie wie eine Familienangehörige behandelten.

Als Graf Gustav, von seinen Verletzungen genesen, aber ausgemustert und pleite, wieder im Elternhaus Quartier beziehen wollte, forderte er mit tobenden Auftritten Mathildes Hinauswurf. Sie ging freiwillig. Es erleichterte ihre Entscheidung, dass ihr der alte Graf eine kleine monatliche Apanage zugesagt hatte. Damit und mit den Zinsen ihrer Heiratskaution bezog sie zunächst eine bescheidene Wohnung in der Nähe von Reichenhall, bis sie nach einigen Monaten wieder in ihre Heimatstadt zurückkehrte und sich bei Witwe Hartmann einmietete.

Noch immer stand sie mit Gustav in Briefkontakt. Dessen Briefe wurden drängender. Längst war es nicht mehr nur die Gekränktheit des Verlassenen, die ihn umtrieb. Er brauchte die Scheidung, weil mit der jungen und betörend schönen Julie von Ebergenyi eine neue Liebe in sein Leben getreten war, in die er sich nun mit der gleichen verzehrenden Hingabe gestürzt haben musste, wie er es einst bei Mathilde getan hatte – so lange zumindest, wie er ihrer noch nicht sicher sein konnte.

Dass die aus niederem ungarischen Adel stammende Julie von ihr weniger Wohlgesonnenen als faul, von Ehrgeiz zerfressen und putzsüchtig beschrieben wurde, dass sie sich – nicht mit ihrem, sondern dem Geld eines Liebhabers – in Brünn den Titel »Stiftsdame« erkauft hatte, vor allem, dass ihre leidenschaftliche Hingabe an den vor Liebe besoffenen Gustav vermutlich hauptsächlich von der Aussicht beflügelt war, bald Mitglied einer der ersten Familien des Kaiserreichs zu sein, all das will der junge Graf nicht wahrhaben.

Für ihn ist sie seine »göttliche Jützi«. Fast täglich schreibt er ihr. Später, vor Gericht und unter wieherndem Gelächter des Publikums wird einer seiner Briefe vorgelesen: »Mein schönstes Allerliebstes, mir auf ewig mit Leib und Seele angehörendes Weiberl. Ich bitte Dich so innig, aus meinem ganzen Herzen, das nur für Dich allein schlägt, hab mich nur lieb, denn ich schwöre Dir, so wahr uns jetzt alles mit Gottes Hilfe gelingen soll, dass ich nur Dich allein für ewig so abgöttisch, so leidenschaftlich, so glühend, so mit aller Treue liebe, ewig lieben werde, dass ich nur den Tag segnen werde, wo wir uns verloben und dann heiraten werden.«

Doch da spielte Mathilde erst einmal nicht mit. Noch immer hatte sie die Hoffnung, dass er eines Tages wieder zur Besinnung käme. Und sie hatte die Schauspielerei für ihn aufgegeben, den beruflichen Anschluss verloren, bekam keine Engagements. Obwohl noch immer eine Schönheit, war sie für die »junge Naive«, einst ihr Paradefach am Linzer Theater, bereits zu alt. Zwar ließen Gustavs Eltern ihr noch immer regelmäßig Geld zukommen, doch dabei handelte es sich um aus Barmherzigkeit gewährte, an Leben und Gutwilligkeit der Schenkenden geknüpfte Gaben. Sie konnte unmöglich in eine Scheidung einwilligen und ihre Ansprüche aufgeben, solange ihr Unterhalt nicht gesichert war. Graf Gustav schien es nicht wahrhaben zu wollen. Er überschüttete Mathilde mit gehässigen und fordernden Briefen. Gleichzeitig trieb er die Hochzeitsvorbereitungen mit Julie voran, besuchte ihre Eltern in Eisenburg, kündigte die Verlobung an. Der von der Vorstellung eines gräflichen Schwiegersohnes entzückte Vater stellte in Aussicht, sich nicht lumpen lassen zu wollen, und versprach eine reiche Aussteuer.

Auch seine »göttliche Jützi« befand sich angesichts ihres bevorstehenden Aufstiegs zur Gräfin Chorinsky in rauschhafter Verzückung und bestellte bei einem teuren Schneider ein prachtvolles Hochzeitskleid. Ihr merkwürdiges Verhalten befremdete. Das Paar tat ja, als würde Gräfin Mathilde nicht mehr existieren? Von einer ihrer wenigen Vertrauten darauf angesprochen, dass Graf Gustav noch gar nicht geschieden sei, deutete Julie an, heiraten zu müssen, »um nicht kompromittiert zu werden«.

In wenigen nüchternen Momenten musste sich Graf Gustav seiner Traumtänzerei bewusst geworden sein und sich klargemacht haben, dass er und Julie bei weitem nicht über die Einkünfte verfügen würden, die sie benötigten, um als Eheleute standesgemäß leben und auftreten zu können. Er brauchte nicht allein Mathildes Einwilligung zur Scheidung, sondern den Zugang zur Heiratskaution, von deren Zinsen Mathilde noch ihren Lebensunterhalt bestritt. Schon jetzt lebe er *sehr reduciert*, klagte er einem Bekannten, den er um Geld anpumpte.

Seine Briefe an Mathilde wurden maßlos. Er empfahl ihr unverblümt, ihren Schmuck zu versetzen oder sich reiche Liebhaber zu suchen. Oder sich umzubringen.

Mathilde war jetzt endgültig davon überzeugt, dass Gustav seelisch erkrankt war. »Das bist nicht du, der dies schreibt...«, notiert sie in ihr Tagebuch. Und einen Tag später: »Heute kam ein Brief von Gusti, der mir sehr wehe tat, aber ich sage ihm das nicht, denn er muss sehr unglücklich sein, weil er so schreiben konnte. Ich will alles, alles dulden, denn ihn treibt nur die Verzweiflung zu so bitteren Worten.«

Der Polizeidirektor hebt die Hand. Er hat genug gehört.

»Ich danke zunächst, meine Herren«, sagt er. »Man stimmt mir zu, dass wir damit ein mehr als klares Motiv für diese Tat hätten?« Das bejahende Nicken seiner Kommissare einholend, fährt er fort: »Was wir aber noch immer nicht wissen, ist, wie es geschehen kann, dass zwei Menschen aus höchsten Kreisen, bestens gebildet und mit feinsten Manieren versehen, sich in derart unvorstellbare Niederungen begeben.« Er schaut in die Runde. »Hat jemand von Ihnen eine Idee dazu, wie es dazu kommen konnte, meine Herren?«

Die Kommissare werfen sich ratlose, ein wenig betretene Blicke zu.

Einer räuspert sich. »Nein«, sagt er. »Und wenn – es wäre pure Spekulation.«

»Nun, dann spekulieren wir eben ein wenig, meine Herren.«

## X.

Zuerst sind es nur im Zorn und Suff ausgestoßene Worte, mit denen sich die beiden Liebenden gegenseitig gegen »das Aas« (Mathildes Namen nehmen sie nicht mehr in den Mund) aufheizen. Sie allein ist es, die ihrem Glück im Weg steht, sie vernichten will. Das aber würden sie nicht hinnehmen, niemals.

Eine Vorstellung erwächst, wie alles wäre, wenn es Mathilde nicht mehr gäbe. Sie wird klarer, verhaftet sich in ihren

Gedanken. Bald gibt es kein Entkommen mehr, die Liebenden übertreffen sich damit, sich gegenseitig bedingungslosen Beistand zu beweisen, sie fürchten die Verachtung des anderen, wenn sie wagen würden, Zweifel an Berechtigung und Erfolg einer radikalen, alle Probleme lösenden Tat anzumelden. Gleichzeitig flutet sie das rauschhafte Gefühl, mit ihren Plänen im Besitz eines machtvollen Geheimnisses und gegen alle Welt verschworen zu sein. Eine merkwürdige und zugleich köstliche Erregung hat sie erfasst, sie lieben sich, wieder und wieder, peitschen sich mit Wein und Laudanum ins Delirium.

Schließlich gibt es nur noch eines: »Das Aas« musste weg.

Aber wie? Es musste unauffällig geschehen.

»Gift«, wirft Julie wie beiläufig ein.

Er stutzt. Gift? Wovon rede sie?

»Von Zyankali. Es wirkt sicher. Und riecht nicht.«

Das wisse sie?

»Man sagt so.«

Aber – wie es dem Aas verabreichen?

Julie zuckt die Schulter, noch immer leichthin. »In irgendeiner Speise. Einem Getränk. Vielleicht in Pralinés?«

Gustav schüttelt verdrossen den Kopf. Das Aas liebe keine Pralinés!

»Dann eingelegte Früchte, gezuckert. Mag sie das vielleicht?«

Gustav nickt nachdenklich. Das schon eher, meint er.

Aber wie das Aas dazu bringen, sie zu nehmen? Wenn es ihr einer von ihnen gäbe, könnte das Aas misstrauisch werden. Und, noch riskanter: Wenn einer von ihnen mit ihr dabei gesehen würde, gerieten sie sofort in Verdacht.

Graf Gustav hat eine Idee. Gab es im Haushalt seines Vaters nicht diesen dummtreuen, stets betrunkenen Deutschmeister namens Rainpacher? Der könnte Mathilde doch in

München aufsuchen und ihr das Fruchtkonfekt als Geschenk ihrer Schwiegerleute überreichen?

Die Liebenden sehen sich an. Ja, das könnte er...

Sie machen sich an die Arbeit. Sie präparieren das Fruchtkonfekt mit Zyankali, das sich Julie bei einem Fotografen besorgt hat. Gustav nimmt Kontakt mit dem verkommenen Offizier auf, der mit Blick auf die versprochenen Gulden sofort einschlägt. Der Graf macht Rainpacher klar, dass Teil der Vereinbarung sei, darüber Stillschweigen zu bewahren. Mit diesem Geschenk beabsichtige er nämlich eine Annäherung an seine Gattin. Da er aber nicht als Blamierter dastehen wolle, sollte seine Avance misslingen, müsse sein Vorstoß zunächst noch geheim bleiben. Aus demselben Grund gäbe er keinen Absender auf dem Paket an. Von wem es sei, würde die Gräfin sehen, wenn sie das süße Geschenk genossen hätte – Überraschung!

Der brave Rainpacher tut, wie ihm geheißen. Während er nach Bayern reist und das Geschenk übergibt, streut Gustav in Wien Gerüchte aus, dass ihm eine rätselhafte Erkrankung seiner Frau zu Ohren gekommen sei. Obwohl er, wie man wisse, derzeit leider nicht das erwünschte Einvernehmen mit ihr habe, bete er täglich für sie. Noch habe er Hoffnung, aber man wisse schließlich nie, Gräfin Mathilde habe nun einmal eine schwache Gesundheit.

Mathilde ist über den Besuch des alten Offiziers ein wenig verwundert, bedankt sich jedoch freundlich für das Geschenk. Danach schenkt sie das Konfekt ihrer Vermieterin. Sie mag nichts Süßes, die Witwe Hartmann dagegen schon. Sie und ihre Tochter essen die kandierten Früchte mit Genuss. Beide leiden danach unter einem rätselhaften Bauchgrimmen, das nach ein paar Tagen aber nachlässt. Das Gift hatte sich mit dem Zucker verbunden und war weitgehend wirkungslos geworden.

Nach einigen Tagen, in denen sie keine Nachricht aus München erhalten, werden die beiden Liebenden unruhig. Gustav zieht über die Österreichische Gesandtschaft in München Erkundigungen ein und erfährt, dass Gräfin Mathilde bei bester Gesundheit ist. Die beiden Liebenden sind niedergeschlagen. Was haben sie verkehrt gemacht? War es das falsche Gift? War die Dosis doch zu gering? Sollten sie Rainpacher noch einmal zu Mathilde schicken? Es könnte auffallen, eine Reise nach München ist schließlich kein Kurzausflug. Und ist auf die Verschwiegenheit des alten Trunkenbolds wirklich Verlass? Nein, es ist zu riskant, ihn als Mitwisser zu haben.

Aber was tun?

Gustav ist entmutigt. Julie sieht voller Besorgnis, dass er dabei ist, sich gehen zu lassen, weinerlich sein Schicksal beklagt und überlegt, die angekündigte Verlobung abzusagen. Sie windet ihm sanft das Weinglas aus der Hand.

»Das Aas kennt mich doch nicht, oder?«, sagt sie.

### XI.

In der Polizeidirektion Wien gibt es eine überraschende Wendung. Nachdem Polizeidirektor Hofrat von Strohbach am Vernehmungstisch Platz genommen hatte, fordert Kommissar Breitenfeld Julie auf, ihr Geständnis zu wiederholen.

Sie richtete sich im Stuhl auf, blickt den drei Männern ins Gesicht und sagt mir ruhiger Stimme:

»Ich bin es nicht gewesen. Tun Sie ruhig aller Welt kund, dass ich es gewesen bin, meine Herren. Aber ich stürze mich lieber ins Unglück, bevor ich die wahre Täterin verrate.«

Kommissar Breitenfeld und Richter Fischer weichen dem verärgerten Blick des Polizeidirektors aus. Will man mich zum Narren halten?, sagt die Miene des Hofrats.

»Sie widerrufen?«, platzt der Kommissar heraus. »Aber Sie haben eben noch gestanden, die Täterin zu sein!«

Julie nickt entschieden. »Es ist richtig. Ich sagte es, weil ich lieber ins Gefängnis gehe, bevor ich den Namen jener Person nenne, welche die Tat beging.«

Graf Chorinsky!, schießt es Breitenfeld durch den Kopf. Natürlich, sie will ihren Geliebten decken!

»Können Sie uns wenigstens sagen, ob es sich dabei um jemand aus Ihrer persönlichen Nähe handelt?«, versucht er.

»Nun, sonst hätte ich vermutlich keine Veranlassung, den Namen zu verschweigen, nicht wahr? Aber ich kann Ihnen so viel sagen, dass es jemand aus München war.«

»Mit Verlaub, Baroness, das ist doch absurd!«, ruft der Untersuchungsrichter. »Wenn Sie lediglich einen Namen verschweigen wollten, hätten Sie sich doch nicht gleich selbst bezichtigen müssen!«

»Sie mögen recht haben«, gibt Julie zurück, noch immer gefasst. »Aber vielleicht können sich die Herren vorstellen, dass ich angesichts des gegen mich erhobenen ungeheuerlichen Verdachts entsetzlich verwirrt war.«

»Sie ziehen Ihr Geständnis also zurück.«

»Ja. Denn ich bin es nicht gewesen. Das ist die Wahrheit.«

Der Kommissar dringt in sie. »Denken Sie nach, Baroness. Verschlimmern Sie nicht Ihre Lage, noch haben Sie Gelegenheit.«

»Ich war es nicht, ich kenne den Täter, werde ihn aber nicht nennen, *c'est tout.*«

»Aber –!«

»Ich darf mich verabschieden, meine Herren«, knarzt Hofrat von Strohbach. »Und dann bitte ich gefälligst darum, nicht wegen halbgarer Angelegenheiten unnötig belästigt zu werden, verstanden?«

Die beiden Beamten zucken zusammen, als die Tür hinter ihnen mit lautem Knall ins Schloss fällt. Kommissar Breitenfeld ringt um Beherrschung, als er sich wieder an Julie wendet.

»Sie lügen, Baroness. Sie haben sich unter falschem Namen in München einquartiert, unter falschem Namen der Gräfin einen Besuch abgestattet. Das sind Manieren der Hochstapelei! Erwarten Sie im Ernst, dass wir Ihnen Ihre Ausflüchte noch abnehmen?«

Julie sieht ihn herausfordernd an. »Sie sprechen mit einer Stiftsdame, mein Herr!«

»Ich weiß«, bellt Breitenfeld zurück. »Eine Stiftsdame, die ehebrecherische Beziehungen mit Graf Chorinsky unterhält, aus mehr als zweifelhaften Quellen ihren Unterhalt bezieht und die Polizei belügt!« Er fügt in scharfem Ton hinzu: »Ich warne Sie. Unsere Geduld hat Grenzen!«

»Denken Sie nach, Baroness«, sagt der Untersuchungsrichter eindringlich. »Wenn Sie den wahren Täter kennen und ihn uns nicht nennen, wird unweigerlich gegen Sie Anklage erhoben werden. Ihr erstes Geständnis war bereits zu detailliert mit Wissen versehen, das nur der Täter oder eine ihm nahestehende Person haben kann. Wenn Sie unschuldig sind, aber über Informationen zu diesem Verbrechen verfügen, müssen Sie sie uns mitteilen! Ich beschwöre Sie! Sonst kann Sie nichts mehr davor bewahren, als Mörderin verurteilt und bis an Ihr Lebensende in Wiener-Neudorf versperrt zu werden!«

Julies Blick flackert kurz. Eine leichte Röte huscht über ihr Gesicht. In Wiener-Neudorf befindet sich die berüchtigte ›Weiber-Strafanstalt‹.

»Bedenken Sie gut, was ich Ihnen gesagt habe«, setzt der Untersuchungsrichter nach. »Es gibt nicht einmal die Sicherheit, dass Ihnen nur lebenslang Gefängnis bevorsteht. Wenn das Gericht auf keine mildernden Umstände erkennt, steht auf Mord sogar die Todesstrafe.«

»Ich bin es nicht gewesen«, sagt Julie heiser.

»Wer dann?«, braust der Kommissar auf. Der Untersuchungsrichter legt ihm beschwichtigend die Hand auf den Arm.

»Nun, Baroness?«, sagt er.

»Ich... habe nachgedacht«, sagt Julie.

»Das ist vernünftig von Ihnen. Wir hören.«

»Ich werde Ihnen nun sagen, was an diesem Abend geschehen ist. Ja, ich war in München. Ich wollte die Frau kennen lernen, deretwegen Graf Gustav so viel Kummer zu ertragen hatte. Mein Ziel war, beide wieder zu versöhnen. Was auch der Grund war, warum ich mich unter falschem Namen bei ihr vorgestellt habe. Doch ich machte schließlich wohl doch den Fehler, ihr zu sagen, dass ich Graf Gustav sehr zugetan war und von ihm kam. Denn darauf fluchte sie auf alle, die Sympathie für ihn hegten, ging zum Wandkasten, trank aus einer Schale, fiel mir weinend um den Hals und stürzte zu Boden. Anfangs dachte ich an eine Komödie, dann aber verließ ich schnell Wohnung und Stadt.«

Kommissar Breitenfeld ringt um Fassung.

»Höre ich richtig? Sie behaupten, sie hat sich selbst getötet?«

Julie nickt.

»Sie hören richtig.«

Der Richter räuspert sich. »Warum sollte die Gräfin das getan haben?«

»Das fragen Sie, meine Herren? Um mich, Baroness Ebergenyi, ins Unglück zu stürzen! Aus keinem anderen Grund!«

»Wie? Indem sie sich selbst entleibt?!«, fragt der Richter entgeistert.

Julie schürzt herablassend die Lippen. »Pardon, meine Herren. Aber Sie verstehen offensichtlich nur wenig von der weiblichen Seele. Die Gefühle einer Frau sind unergründlich, so auch die der Gräfin. In ihren Gram darüber, ihren Mann an eine andere verloren zu haben, mischten sich Verzweiflung, Lebensüberdruss, vor allem aber ein grenzenloser Zorn. Sie hatte nur noch den Wunsch, sich und alle, denen sie Schuld an ihrem Unglück gab, zu vernichten.«

Die beiden Beamten verständigen sich mit einem Blick.

Ich lasse mir das nicht länger bieten, sagt Breitenfelds Miene. Das Weibsbild hält uns für Idioten.

»Wir sollten eine Pause machen«, sagt der Untersuchungsrichter.

### XII.

Graf Gustav ist am Ende. Die Gefangenschaft setzt ihm zu, er tigert wie ein gefangenes Wildtier in der Zelle des Münchner Anger-Gefängnisses umher, ist längst ein Nervenbündel, weint, droht, spricht von unabsehbaren diplomatischen Konsequenzen und von Selbstmord, wenn man ihn nicht augenblicklich in Freiheit setzen würde.

Dann aber setzt er sich an den Zellentisch und beginnt fieberhaft zu schreiben. Zuerst an seinen Vater. Er beteuert seine Liebe zu ihm, appelliert an seine väterlichen Gefühle, fleht ihn an, beim Kaiser vorstellig zu werden, um es nicht zu einem Prozess kommen zu lassen. Er würde sogar ins Ausland gehen, um den geliebten Eltern die Schande seiner Anwesenheit zu ersparen.

Als der alte Graf nicht sofort reagiert, schmiert er seine Wärter, Briefe an alte Kumpane aus der Zelle zu schmuggeln.

Er bietet ihnen Geld, damit sie ein Alibi für Julie bezeugen. Und er schreibt an Julie, gibt ihr Anweisungen, was sie aussagen soll.

Die Wärter kassieren Gustavs Botenlohn und übergeben die Briefe Burchtorffs Männern. Die Ermittler reiben sich die Hände, Gustavs Schreiben liefern den letzen Beweis seiner und Julies Schuld. Das Netz zieht sich zu. Der Staatsanwalt übernimmt nach kurzer Prüfung, ein Termin für die Verhandlung wird angesetzt.

Graf Gustav hofft bis zuletzt, dass ihn sein Vater rettet. Doch der alte Graf hatte gar nicht erst versucht, beim Kaiser zu intervenieren. Er weiß, dass er damit keinen Erfolg haben wird. Schon jetzt ist er Zielscheibe der Kritik der liberalen Opposition, der Skandal um seinen missratenen Sprössling ist ein Fressen für sie, ihre Zeitungen überbieten sich mit hämischen Kommentaren über die moralische Verrottung der alten Oberschicht.

Und er weiß ebenso, dass man im benachbarten Bayern erst recht nicht mehr auf Wiener Befindlichkeiten Rücksichten nehmen würde. Nach der Niederlage bei Königgrätz hatte das Bündnis zwischen Bayern und Österreich zu bröckeln begonnen, die »kleindeutsche Lösung« naht, Bayern bewegt sich auf das mächtige Preußen zu, um bald im Ersten Reich unwiderruflich aufzugehen.

XIII.

In Wien kommt Kommissar Breitenfeld zügig voran. Mochte die öffentliche Aufregung auch groß sein – der Fall selbst ist läppisch, Julies Alibi und ihre abstrusen Ausflüchte können mühelos widerlegt werden, für Vorbereitung und Ausführung des Mordes stehen zuverlässige Zeugen zur Verfügung, und auch das Motiv ihrer Tat ist zwingend.

Dennoch macht dieser Fall den Kommissar nachdenklich. Der Dilettantismus, mit dem der junge Graf und seine Geliebte zu Werke gegangen waren, löst Kopfschütteln bei ihm aus.

War es der Hochmut der aristokratischen Elite, für die eine Kriminalbehörde nur aus subalternen Befehlsempfängen bestand? Ein leidlich gebildetes, aber letztlich doch nur besseres Gesinde, das ihnen den Plebs vom Halse zu halten hatte, der leider immer wieder dazu neigte, über die Stränge zu schlagen? Dessen Aufgabenbereich sich gefälligst auf das gemeine Volk zu beschränken hatte und das sich mit verschlagenen Dieben und Betrügern, Vergewaltigern, Totschlägern und Raubmördern, Kindsmörderinnen und Prostituierten zu beschäftigen hatte, sowie mit jenen politischen Ultras, die sich anmaßten, die alte und herrliche Ordnung in Frage zu stellen, mit ihren törichten Utopien von Bürgerfreiheit und Republik, neuerdings gar von Proletenrechten, und die dabei auf den Sieg des Pöbels in Frankreich oder die Verfassung der Vereinigten Staaten von Amerika verwiesen?

Hatten der Graf und seine Geliebte geglaubt, darauf vertrauen zu können, dass man ihresgleichen nicht verdächtigen oder gar zur Verantwortung ziehen würde, weil ihre Beziehungen bis in die Spitze des Staates reichten?

Oder hielten sie Kommissar Breitenfeld und seine Männer einfach für Dummköpfe? Hatten sie sich deshalb nicht die Mühe gemacht, wenigstens ein Mindestmaß an Planung und Vorsicht walten zu lassen? Und kamen jetzt mit Erklärungen und Ausflüchten, die bereits einem Polizeischüler nur noch ein müdes Lächeln entlocken würden?

Waren der junge Graf und die Baroness also schlicht zu hochmütig gewesen? Oder nur entsetzlich dumm?

Der Kommissar hat für sich längst den Schluss gezogen, dass beides zutraf. Mehr als fünf Monate ermittelt er, dann legt er seine Ermittlungsergebnisse der kaiserlich-königlichen Staatsanwaltschaft vor. Diese nimmt die Anklage umgehend an.

XIV.

Der Prozess vor dem Landgericht Wien beginnt am 22. April 1868. Den Vorsitz des fünfköpfigen Richterkollegiums führt Landgerichtsrat Giuliani, die Anklage vertritt Staatsanwalt Schmeidel, für die Verteidigung hat Julies Familie Dr. Neuda engagiert, der als einer der Besten seiner Zunft gilt. Aus München ist Hofrat Schauß, der Präsident des Schwurgerichts, angereist, um die Verhandlung zu beobachten. Er wird begleitet von einer Abordnung der Kriminalabteilung der Münchner Polizeidirektion.

Gemurmel wogt auf, als Julie von Ebergenyi auf der Anklagebank Platz nimmt, noch immer schön, doch jetzt blass und verwirrt, mit mühsam gebändigter Hysterie, benommen von der Wucht ihres Unglücks.

Der Staatsanwalt trägt die Anklage vor. Julie hat als Erste das Wort. Noch immer beharrt sie darauf, unschuldig zu sein. Bei ihrem ersten Geständnis habe sie sich in einem Zustand des Schocks befunden, den die Verhaftung bei ihr ausgelöst habe.

Dies nimmt ihr der Vorsitzende sogar ab. Aber er hakt nach: Die Baroness habe danach doch eine weitere Erklärung gegeben? Nämlich, dass Gräfin Mathilde sich in ihrer Anwesenheit selbst getötet habe, aus tiefem Hass gegen sie und ihren Ehemann, den Grafen Chorinsky, und mit dem Ziel, sie und ihn zu vernichten. War dies auch noch Folge ihrer Schockiertheit?

Höhnisches Gelächter wogt durch den Gerichtssaal. Der Vorsitzende mahnt zur Ruhe. Der Verteidiger bittet um kurze Unterbrechung, um sich mit seiner Mandantin zu beraten. Als der Prozess fortgesetzt wird, kündigt der Anwalt eine Erklärung seiner Mandantin an.

Julie besteht nun nicht mehr darauf, dass die Gräfin Mathilde in ihrem Beisein Selbstmord verübte. Man möge ihr ihre Verwirrtheit nachsehen, aber alle diese Aussagen habe sie nur gemacht, um die wahre Täterin nicht ins Unglück zu stürzen.

»Wir hören«, sagt der Richter. »Ruhe!«, donnert er in den Saal.

Julie führt mit ruhiger Stimme aus, Ziel ihrer Reise nach München sei gewesen, die Gräfin persönlich kennen zu lernen und sie im fraulichen Gespräch dazu zu bewegen, in die Scheidung einzuwilligen. Um ihr näherzukommen, habe sie mit der Gräfin noch einen Theaterbesuch absolvieren wollen. Als sie deren Wohnung verlassen habe, um eine Droschke zu ordern – worum sie Gräfin Mathilde ihrer anfälligen Gesundheit wegen gebeten habe –, sei ihr im Treppenhaus die Victoria Horvàth begegnet, eine Seelenfreundin aus ihrer ungarischen Heimat, die damals in München lebte. Die Horvàth sei mit allen Anzeichen höchster Erregung die Treppen hinaufgestürzt, habe sich nicht über Zweck und Ziel ihrer Anwesenheit erklärt und im Vorüberlaufen Worte des Zornes gestammelt. Als Julie kurze Zeit später wieder zu Gräfin Mathilde zurückkehren wollte, sei deren Tür verschlossen gewesen, woraufhin sie wieder in ihr Hotel zurückgekehrt sei. Die Begebenheit habe sie jedoch beschäftigt, und sie habe zuletzt in

Erfahrung gebracht, dass die Horvath in tiefster Verzweiflung gewesen sein musste, weil ihr Verlobter ebenfalls Opfer der Verführungskünste Gräfin Mathildes geworden war. Als sie vom Unglück der Horvàth und, wenig später, vom Tod der Gräfin hörte, fühlte sie sich ihrer Seelenfreundin zutiefst verbunden, weshalb sie beschloss, über deren Anwesenheit Stillschweigen zu bewahren.

Das Kollegium berät sich. Die Verhandlung wird ausgesetzt und das Büro Kommissar Breitenfelds angewiesen, die Tatverdächtige dem Gericht vorzuführen. Dem Kommissar ist anzusehen, was er von diesem Auftrag hält. Das Ergebnis ist, wie er es erwartet hat: Von allen in Wien oder dem Komitat Eisenburg lebenden Damen mit Namen Horvàth kommt keine als Täterin in Betracht, keine hatte jemals zu Julie eine persönliche Beziehung, litt über das übliche Maß an der Untreue eines Verlobten oder Liebhabers, jede kann für die Tatzeit ein unwiderlegbares Alibi vorweisen.

Die Verhandlung wird wiederaufgenommen. Die Zeugen werden aufgerufen. Die Anwesenheit Julies in München am Tag vor und am Abend des Mordes bezeugen die Vermieterin Witwe Hartmann und die Hotelangestellten Stuhlreiter und Deininger. Die Beschreibung der Kleidung Julies beim Verlassen des Hotels – eine schwarze, weiß gesteppte Seidenrobe, ein blauseidenes Halstuch – deckt sich mit der Erinnerung der Münchner Vermieterin. Frau Hartmann kann zudem versichern, dass zur Stunde der Tat keine andere Besucherin als die Angeklagte im Zimmer der Gräfin war, die mysteriöse Victoria Horvàth hätte ihren Wohnbereich durchqueren müssen, um zur Gräfin zu gelangen, und dies hätte sie bemerken müssen.

Julie hält dagegen: Sie erinnere sich genau, dass sich zum fraglichen Zeitpunkt keine andere Person in der Wohnung aufgehalten hat, auch nicht die Vermieterin. Sie wolle dieser nicht unterstellen, die Unwahrheit zu sagen, aber vermutlich habe sie einfach vergessen, dass sie die Wohnung doch kurz verlassen hat, vielleicht, um eine alltägliche Besorgung zu erledigen.

Die Witwe ist indigniert. Wenn sie auch nicht mehr die Jüngste sei, so habe sie sehr wohl noch ein gutes Gedächtnis. Vor allem erinnere sie sich noch gut an die Peinlichkeit, dem Kutscher wieder absagen zu müssen, um den sie »Marie Berger« zuvor gebeten hatte.

Der Vorsitzende ruft den nächsten Zeugen auf.

Der Hoffotograf Angerer aus dem 1. Bezirk beschreibt, wie sich die Angeklagte etwa drei Wochen vor dem Mord bei ihm einfand, um Kaliumcyanid, das er zur Entwicklung seiner Aufnahmen verwende, zu erwerben. Sie habe ihm erklärt, die Chemikalie im Auftrag ihres Bruders, der ein passionierter Privatfotograf sei, kaufen zu wollen. Worauf er sie – das noble Auftreten der jungen Dame und die Plausibilität ihrer Begründung dabei abwägend – mit einer kleineren Menge bedachte, nicht ohne sie ernsthaft über die Gefährlichkeit dieses Stoffes zu belehren.

»Stimmt diese Darstellung, Baroness?«, fragt der Richter.

»Ja, sie ist richtig. Aber ich tat dies nicht, um diese schlimme Tat, deren man mich für fähig hält, zu begehen, sondern für meinen Bruder.«

Der Staatsanwalt zitiert aus dem Vernehmungsprotokoll: Julies Bruder bestätigt, sich ganz allgemein für diese neue Abbildungstechnik zu interessieren, bestreitet aber, jemals als aktiver Fotograf tätig gewesen zu sein. Er hätte mit dieser Chemikalie nichts anfangen können und folglich seine Schwester nie darum gebeten, sie ihm zu besorgen.

Ein Drogist aus dem 9. Bezirk sagt aus, die Angeklagte habe sich ihm als Modistin namens Marie Ernst vorgestellt und nach Rattengift verlangt. Dies habe er ihr jedoch abgeschlagen, weil ihn gewisse Umstände nachdenklich gemacht haben wollten. Vor allem jenes, dass die angebliche Modistin auf ihn sehr nobel wirkte, keinesfalls wie eine niedere Angestellte, die sich mit Unappetitlichkeiten wie der Vertilgung von Hausratten zu befassen hatte.

»Der Mann täuscht sich!«, fährt Julie dazwischen. »Ich kenne ihn nicht, ich habe ihn nie in seinem Laden besucht, schon gar nicht, um Rattengift zu kaufen!« Sie dreht sich zu den Tischen der Richter. »Sehen die Herren des Hohen Gerichts denn nicht, dass, seit ich von meinen Feinden in diesen Verdacht gesetzt wurde, die halbe Wiener Bürgerschaft zu halluzinieren beginnt, ich wäre einem von ihnen irgendwann einmal über den Weg gelaufen?«

»Ich leide weder unter Einbildungen noch bin ich ein Lügner!«, gibt der Drogist empört zurück. Er zeigt auf die Anklagebank. »Und es ist diese Dame gewesen, die mich um das Gift ersucht hat.«

Von Prozesstag zu Prozesstag, von Stunde zu Stunde wird es enger für Julie von Ebergenyi. Sie kämpft, häuft einen Aberwitz auf den nächsten, redet einmal unter Tränen, dann wieder in größter Ruhe, spricht immer wieder von der Horvàth. Es hieße doch nichts, wenn diese nicht mehr aufzufinden sei! Und, ja, jetzt erinnere sie sich: Die Horvàth habe angedeutet, das Land verlassen zu wollen.

Ein Brief trifft ein. Der Richter verliest ihn. Eine Victoria Horvàth schreibt, Baroness Julie von Ebergenyi sei unschuldig, sie habe die Gräfin getötet. Weil diese – in Wirklichkeit nicht die bemitleidenswerte Verlassene, als die sie sich ihrer gutgläubigen Umgebung präsentierte, sondern eine abgefeimte Verführerin – ihr den innigst geliebten Bräutigam abspenstig gemacht habe.

Wieder Gelächter im Saal.

»Bedauerlicherweise hat die Dame keine Adresse hinterlassen«, sagt der Richter, den mokanten Unterton nicht verbergend.

In der Folge kommen weitere anonyme Briefe an. Man kenne die Horvàth sehr wohl, sie sei eine feine, sehr empfindsame Person... Man bestätige hiermit, Frau Horvàth persönlich auf einer Reise nach Paris getroffen zu haben, diese habe tiefes Bedauern über ihre Tat, wie auch über die ungerechten Anschuldigungen gegen Baroness Julie geäußert... man kenne den Unhold, der alles nur aus Neid und Niedertracht eingefädelt hat, um Baroness Julie von Ebergenyi und Graf Gustav zu schaden...

Der Richter verzieht halb verächtlich, halb mitleidig das Gesicht, legt die Briefe zu den Akten und setzt die Verhandlung fort.

XV.

Das Wiener Publikum wohnt in diesen Tagen einer Vernichtung bei, nur wenig gnädiger als die öffentlichen Marterungen und Hinrichtungen früherer Zeiten. Die Verhandlung ergibt das Porträt einer Möchtegern-Pompadour, im Umgang mit anderen gefühlsarm und verantwortungslos, ein dummdreist exaltiertes Huhn, prahlerisch und verschwendungssüchtig. Unter höhnischem Gelächter werden nicht nur jene Briefe verlesen, in denen sich beide in erschreckend dummer Eindeutigkeit über die Ausführung des Mordes beraten, sondern auch intimste Ergüsse aus ihrer Liebeskorrespondenz mit Gustav. Genussvoll werden ihre erotische Sprunghaftigkeit und sinnliche Versessenheit, ihre Vorlieben und die Frequenz ihrer Abenteuer aufgelistet, der Schmalz ihrer unfreiwillig komischen, kitschtriefenden Ausdrucksweise ausgewalzt. Das Publikum wiehert, als der Staatsanwalt zitiert: »Mein mehr als abgöttisch angebetetes, schönstes, einziges Weiberl! Meine kleine, allerliebste, erhabenste Jützi! Meine Gottheit! In Tränen gebadet, sitze ich vor Deinem lieben Bilde, ringe die Hände vor Sehnsucht nach Dir, mein Abgott! Ich kann Deinen Brief nicht mehr erwarten, ich liege heute in Deinem Betterl und weine, weine, weine ...«

Die Richter tun nur das Nötigste, um die Ausbrüche von Häme und Hass zu unterbinden. Sie wissen, welche Aufgabe sie in diesen Zeiten haben. Die alte Ordnung muss demonstrieren, dass sie gewillt ist, Gerechtigkeit ohne Ansehen des Standes walten zu lassen. Sie muss ein Exempel statuieren, um den kritischen Stimmen in der Öffentlichkeit Wind aus den Segeln zu nehmen. Julie und Graf Gustav eignen sich für diese Demonstration bestens, der alte Graf Chorinsky hat längst seinen Einfluss und seine Reputation verloren, er schlurft als gebrochener Greis durch die Stätten seiner früheren Macht. Die Befindlichkeit einer unbedeutenden Baronie aus der Provinz zählt erst recht wenig.

Doch nicht nur deshalb hat es etwas von einem Theater, was die Obrigkeit im Gerichtssaal zelebriert. Ein öffentliches Spektakel ist es geworden, bei dem der rechtschaffene Bürger erschauert, sich Frömmler und Spießer an den schlüpfrigen Einzelheiten aus dem Leben dieses wahntrunkenen Pärchens weiden. Und aus dessen Schlussakt die Erkenntnis spricht: Ins Verderben führt es, wenn der Christenmensch seiner Sinnlichkeit nachgibt, anstatt sie immer wieder zu bezähmen.

# XVI.

Nach drei Tagen sind die Vorträge der Wiener und Münchner Kriminalbeamten und der Gutachter beendet. Der Staatsanwalt gibt sich von der Schuld der Angeklagten überzeugt, er fordert die Höchststrafe.

Nach ihm erhält Julies Verteidiger das Wort. Dr. Neuda weiß, dass er auf verlorenem Posten kämpft. Er bietet dennoch alles auf, was seine Mandantin noch retten könnte. Sogar seine Gegner müssen ihm zugestehen, dass er sich bewundernswert ins Zeug legt und dem scharfen Gegenwind der aufgepeitschten Öffentlichkeit trotzt, die Julie längst am Galgen baumeln sieht.

Er gibt zu bedenken, dass es nach wie vor keinen Tatzeugen gibt, zupft an einigen Zeugenaussagen noch herum, bevor er auf die Strategie einschwenkt, die ihm die einzige Rettung scheint. Nämlich die, Julie als Opfer der heimtückischen Manipulation ihres Geliebten darzustellen.

Seine Mandantin habe kein wirkliches Tatmotiv gehabt, führt er aus. Baroness Julie habe zwar nicht in Reichtum geschwelgt, hätte aber nach dem Tod ihres Vaters mit einem erheblichen Vermögen rechnen können. Bei dem verabscheuungswürdigen Anstifter hingegen sähe die Sache anders aus, denn mit seinen kärglichen Einkünften konnte Graf Gustav seinen aufwendigen Lebenswandel und seine Spielsucht nicht dauerhaft finanzieren. Aus diesem Grund sei er an der beträchtlichen Heiratskaution interessiert gewesen, die nach dem Tod seiner Gattin frei geworden wäre. Es sei gewiss nicht abzustreiten, dass zu Baroness Julies Charakterzügen eine gewisse Leichtfertigkeit zählte, doch sie sei auch gutgläubig und vertrauensselig. In Graf Gustav glaubte sie den Mann ihres Lebens gefunden zu haben. Sie habe sich vollständig mit der vorgeblichen Not ihres Geliebten identifiziert und die Tat in einem Zustand nahe der Unzurechnungsfähigkeit verübt.

Julie hört wie abwesend zu, gibt weder Zeichen der Zustimmung noch des Widerspruchs.

Mit seinem Plädoyer, mit klugen Schlussfolgerungen und beeindruckender Überzeugtheit vorgetragen, erreicht Dr. Neuda, was er längst als einzig möglichen Erfolg erkannt hat. Es gelingt ihm, die Todesstrafe abzuwenden. Viel mehr aber auch nicht. Julie wird des heimtückischen Mordes schuldig gesprochen, zur Aberkennung der Adelszugehörigkeit und aller Titel und zu 30 Jahren Zuchthaus verurteilt, abzusitzen in der »Weiber-Strafanstalt« in Wiener-Neudorf.

Sie erhält das letzte Wort.

»Ich kann nur sagen, Gustav ist der edelste Mensch, den ich liebe.«

XVII.

Vier Wochen später eröffnet Gerichtspräsident Schauß die Verhandlung gegen Gustav Graf Chorinsky vor dem Münchner Schwurgericht.

Der Verteidiger steht vor einer schwierigen Aufgabe. Die Bewertung des Wiener Gerichts und dessen Urteil stehen im Raum, und darin war dem Grafen die Rolle des Anstifters und Beihelfers zugewiesen, Julie dagegen die des liebesblinden Werkzeugs seiner Niedertracht.

Der Staatsanwalt zeigt sich davon überzeugt, dass der Angeklagte von zwei Motiven getrieben war: Er habe frei sein wollen, um seine ausschweifenden Leidenschaften mit Julie von Ebergenyi und anderen ausleben zu können. Seine Gattin blockierte aber nicht nur den Zugang zu einem standesgemäßen Einkommen, sondern hätte ihn nach einer Scheidung mit Unterhaltszahlungen belastet, denen er sich zu entziehen suchte.

Der Verteidiger, auch er einer der besten und teuersten seiner Zeit, erhebt Einspruch: Er tue es höchst ungern, aber der Ernst der Lage zwinge ihn, auf einen Fakt hinweisen zu müssen, der die Verstorbene in einem wahrheitsnäheren Licht zeige. Die gewiss verwerfliche Handlungsweise des Grafen beruhe auch darauf, dass er auf Beweise der Untreue seiner Gattin gestoßen sei. Nachweislich habe diese nach der Trennung und nachdem sie im Hause seiner Eltern eingezogen war, eine intime Beziehung zu einem jungen Hauslehrer aufgenommen. Dieser sei ihr sogar nach München gefolgt, wo die Gräfin – noch immer mit Graf Gustav verheiratet, wohlgemerkt! – dieses ehebrecherische Verhältnis fortführte. Diese Unverfrorenheit habe einen heftigen, die Sinne nachhaltig trübenden Affekt in seinem Mandanten ausgelöst!

Auch wenn der Anwalt bei seinem Plädoyer gegen das Murren des Publikums zu kämpfen hat, es ist ein kluger Schachzug, denn ein Verbrechen aus verletztem Ehrgefühl lässt die Schuld eines Angeklagten in milderem Licht erscheinen.

Doch Graf Gustav macht ihn zunichte. Man hatte ihm hinterbracht, dass Julies Verteidiger sie vor dem Wiener Gericht als bedauernswertes Opfer seiner Manipulationen dargestellt hat.

Gustav könnte jetzt seine wahre Liebe unter Beweis stellen und diese Sichtweise bestätigen, seiner Geliebten damit einen Grund für eine Revisionsverhandlung liefern, die ihre Strafe deutlich lindern und ihre Haftzeit verkürzen würde.

Doch so weit geht der Edelmut des Grafen nicht mehr. Er versteht nicht, dass Julies Anwalt damit nur die letzte Chance wahrgenommen hatte, um seine Mandantin vor dem Schafott zu bewahren, und er hört auch nicht mehr hin, als man ihm versichert, dass Julie sich bis zum Ende vor ihn stellte. Er glaubt sich von ihr verraten, rast, tobt. Vergeblich bemüht sich sein Verteidiger, seine mit ordinären Beschimpfungen versetzten Tiraden zu stoppen, mit denen er jetzt seinerseits jede Verantwortung auf Julie abwälzt. Ja! *Er* sei das wahre Opfer! Julie habe ihn mit ihrer animalischen Triebhaftigkeit so hypnotisiert, dass er der Dämonie des weiblichen Geschlechts schließlich erliegen musste! Damit, dass sie in sein Leben trat, habe sein Verderben begonnen! Sie allein habe ihn erst auf die Idee zu dieser Wahnsinnstat gebracht! Oh, hätte man ihm doch nur schon früher die Augen geöffnet, welche Natter er da an seinem Busen nährte!

Der Vorsitzende greift ein. Wie passe dann dazu, dass er, wie mittlerweile bekannt, neben Julie bereits mit einer hochstehenden Dame namens Hotovy intimen Kontakt aufgenommen und dieser sogar die Ehe versprochen habe?

Der Graf verstummt.

Der Verteidiger greift zum letzten Mittel. Er stellt den Antrag, seinen Mandanten auf seinen Geisteszustand untersuchen zu lassen. Das Gericht stimmt zu.

Die Ärzte konstatieren hochgradige nervliche Gereiztheit, mäßige Intelligenz und charakterliche Unreife. Jedoch keine Schuldunfähigkeit.

Der Gerichtspräsident verkündet das Urteil. Graf Gustav Chorinsky ist der Anstiftung zum Mord und der tätlichen Beihilfe überführt und wird zu 20 Jahren strenger Festungshaft und anschließendem lebenslangem Landesverweis verurteilt.

## XVIII.

Graf Gustav Chorinsky wird in die Festung Rosenberg bei Kronach überführt. Einige Jahre vergehen, da geht im Justizministerium ein Rapport ein, der vom zunehmend befremdlichen Verhalten des Häftlings berichtet. Der Graf ergehe sich in stundenlangen, von Lachen und hysterischen Ausbrüchen unterbrochenen Monologen, schreibe inhaltsleere Briefe an alle Welt, kränkele besorgniserregend.

Das Gericht will sich bei diesem Gefangenen nichts vorwerfen lassen. Die ärztliche Untersuchung stellt Lymphknotenschwellungen, Schleimhautgeschwüre und eine rasch fortschreitende Paralyse oder Neuro-Degeneration fest. Die Diagnose lautet: Neurolues, kurz: Der Patient befindet sich im Endstadium einer Syphilis.

Der unterzeichnende Mediziner kann sich den Hinweis auf den offenkundig blamablen Zustand der bayerischen Psychiatrie, im Besonderen der forensischen, nicht verkneifen. Sorgfalt und erforderliches Wissen vorausgesetzt, hätte diese Erkrankung mit Leichtigkeit erkannt werden können.

Im fünften Haftjahr stirbt Graf Gustav Chorinsky in völliger geistiger Umnachtung.

Als Julie, mittlerweile 31 Jahre alt, davon erfährt, verfällt sie in dumpfe Starre. Sie wird aus dem Zuchthaus in die Landesirrenanstalt »Am Brünndlfeld« in Wien-Alsergrund überwiesen.

In der Stadt grassiert zu dieser Zeit die Cholera. Unter den Insassen der Anstalt, die ihr zum Opfer fallen, ist auch Julie von Ebergenyi. Man vermeidet Aufsehen, als sie zu Grabe getragen wird.

# Krankheit der Jugend
(1919)

Seit dem Ende von Krieg und Revolution sind erst einige Monate vergangen. Doch jetzt, im drückend heißen Sommer des Jahres 1919, will man in München nichts mehr von alldem hören. Nichts mehr von Krieg und Hungersnot, von stinkendem Dotschengemüse und Ersatzkaffee, erst recht nichts davon, wie man in den ersten Maitagen hatte zusehen müssen, wie wehrlose Räte-Anhänger in Giesing, in der Haidhauser »Grube« und am Monopteros ohne Wimpernzucken abgeschlachtet wurden. Ein fiebriger Hunger nach Vergnügungen hat die Stadt erfasst, die Gasthäuser und Biergärten platzen aus allen Nähten, in den Tanzsälen fliegen die Röcke, Varietés und Volkssängerbühnen ziehen die Massen an, und wenn der Volkstroubadour Weiß Ferdl auf der Bühne des »Platzl« zu später Stunde sein Spottlied auf die Münchner Revolution singt, schlagen sich angetrunkene Freicorps-Offiziere auf die Schenkel.

Mehr, scheint es, ist von Krieg und den Münchner Tagen der Commune nicht geblieben.

Es ist Ende Juli, frühabends. Seit Tagen dampft die Stadt vor Hitze. Durch die noch immer belebten Straßen, über die Ludwigsbrücke in die Haidhauser Vorstadt hinauf, läuft der Apfelbeck-Bub. Josef ist sechzehn Jahre alt, blond und blass, ein schmächtiger, schmalschultriger Vorstadtschlaks mit weiten, hungrigen Augen.

Mit denen er nichts sieht.

Nicht die humpelnden Kriegsbeschädigten in den Gassen und auf den Boulevards, nicht die Schlangen vor den Läden und vor dem Wohlfahrtsamt, nicht Arbeitslosigkeit und Hunger, nicht die von Kummer und Krankheit Gebeugten, nicht Verbrechen und Prostitution, nicht die Not in den überfüllten Wohnungen der Mietskasernen, nur Wohnküche und Schlafzimmer, Wasser im Treppenhaus und stinkende Gemeinschaftsaborte, in denen sich die Mieter ihre Nerven blank scheuerten, weil sie sich nicht ausweichen konnten und es nicht selten zu Missbrauch und Inzucht in den bizarrsten Konstellationen kam, Bruder mit Schwester, Vater mit Tochter, Tagmieter mit Gastgeberkind.

Die Augen weit geöffnet, träumt der Apfelbeck-Bub.

Filmschauspieler, das wäre es. Josef verbringt jede Minute in den neuen Kintopp-Palästen. Er ist davon überzeugt, dass er das Zeug dazu hat. Man brauchte dafür doch bloß ein wenig vor der Kamera posieren? Was er bisher gesehen hatte – expressive Gesten, bedeutungsschwangere Posen, dazu die Augen dramatisch gerollt –, das könnte er auch. Spielend.

Ja, das wäre es. Viel und leicht verdientes Geld, schöne Frauen, die einen bewundern...

Wären da nicht seine Eltern. Sie legen sich quer, wann immer er ihnen damit kommt. Erst gestern hatte ihm Mutter wieder die Ohren zugekeift. Ob Josef nicht sähe, dass ihr die Sorgen über die Kopf wuchsen? Und da käme er mit diesen Spinnereien daher? Wann bringe er endlich einmal etwas Ordentliches zustande? Alles, was er bisher angefangen hätte, sei schiefgegangen!

Josef hatte dagegengehalten. Kinos seien die Zukunft, an jeder Ecke schießen die Lichtspielhäuser aus dem Boden, auch in Haidhausen, das Astoria, die Gasteig-Lichtspiele, das Thalia, die Ostbahnhof-Lichtspiele, das Franziskaner.

Sie hatte sich nicht überzeugen lassen. Ach was, Kino! Da würden nur Räubergeschichten gezeigt, schöne Vorbilder! Und überhaupt, wovon wolle er in nächster Zeit leben? Andere in seinem Alter hätten längst eine feste Stelle oder wenigstens eine Lehrplatz!

Josef fühlte sich ungerecht behandelt. Konnte er etwas dafür, dass die Allgemeine Elektrizitäts-Baugesellschaft in der Häberlstraße, bei der er eine Lehre angefangen hatte, während des Krieges in Konkurs gegangen ist?

In den Streit war Vater geplatzt, ausgemergelt, erschöpft von kräftezehrender Tagelöhnerei im Perlacher Forst. Mutter stürzte sich sofort auf ihn. Der Bub habe nichts als Flausen im Kopf! Immer wieder rede er davon, Filmschauspieler zu werden! Der Vater solle endlich einmal durchgreifen!

Der Vater, seit einem schweren Arbeitsunfall jähzornig und überfordert, denkt wie seine Frau, kann den Unsinn nicht mehr hören, brüllt los. Der Bub solle sich diese Spinnereien endlich aus dem Kopf schlagen und sich eine ordentliche Arbeit suchen, sonst würden andere Saiten aufgezogen. Er sei schon sechzehn! Wie lange wolle er den Eltern noch auf der Tasche liegen? Jetzt, wo er bald keine Unterstützung mehr bekäme, sollten sie ihn auch noch durchfüttern? Wo sie selber kaum über die Runden kämen?

Der Vater hatte noch eine Weile getobt, dann war er wieder in sich zusammengefallen, hatte den Kopf geschüttelt und gemurmelt: Der Bub tut kein Gut…

Er hatte sich aus dem Stuhl gestemmt und sich zur Gaststätte im Vorderhaus aufgemacht. Die Mutter weinte leise vor sich hin.

Josef hatte gedacht: Warum versteht sie mich nicht? Sie hat mir doch früher jeden Gefallen getan? Am besten wäre, wenn ich auszöge. Dann gäbe es niemanden mehr, der mir Vorschriften macht. Darüber, was ich mit meinem Leben anstellen möchte.

Josef war entschlossen, sich nicht von seinem Plan abbringen zu lassen. Die Adresse des Stadtbüros der »Münchner Lichtspielkunst« hatte er längst ausgemacht. Immer wieder war er um das Haus am Stachus geschlichen und hatte die Ein- und Herausgehenden beobachtet, einige Gesichter waren ihm sogar bekannt vorgekommen. Und heute hatte er sich endlich ein Herz gefasst und sich dort vorgestellt. Der Zellner-Beppi, anhänglicher Freund aus dem Block, hatte ihn bis vor die Tür begleitet und ihm Mut zugesprochen. Doch man fertigte ihn ab. Kein Interesse, zu jung, von der Kunst des Schauspielens keine Ahnung, man lässt durchklingen, dass auch kein auffallendes Talent ersichtlich sei.

Ignoranten, sagte Josef, sie werden schon sehen! Beppi, solidarisch niedergeschlagen, hatte ihn zu trösten versucht. Josef wies es gereizt zurück, er wollte vermeiden, dass sich seine Niederlage herumsprach, und Beppi schwatzte viel und gerne im Viertel herum. Endlich allein, ließ er seine Schultern fallen. Mutlos schlenderte er noch eine Weile in der Stadt herum, begaffte benommen Läden und Kinoplakate, dann trat er den Heimweg an.

Und jetzt ist ihm noch immer zum Heulen zumute. Es ist bereits dunkel, als er nach Hause kommt.

Im trostlosen Hinterhof der Lothringerstraße steht die Luft. Im Treppenhaus des Rückgebäudes riecht es nach gekochtem Kohl. Haidhausen, wo er wohnt, ist kein armer Stadtteil, vor allem das neue Franzosenviertel ist ein modernes Quartier mit schmucken, Barock und Klassizismus zitierenden Stuckfassaden. In den Vorderhäusern wohnen wohlhabende Handwerker, Geschäftsleute und angesehene Beamte, in den Wohnungen der unverputzten Hinterhäuser das ärmere Volk.

Die Mutter, längst wieder besänftigt, stellt ihm die Abendsuppe auf den Tisch. Er löffelt sie stumm aus. Sie sieht ihm an, dass er niedergeschlagen ist.

Er druckst herum, ist noch etwas bockig, aber er ist jetzt schwach, und Mutter ist hartnäckig. Sie zieht es ihm schließlich aus der Nase, was er an diesem Nachmittag erlebt hatte.

»Siehst du. Das ist nichts für unsereinen, dafür haben wir den Arsch zu weit unten, das ist was für die Parfümierten. Dass das nicht in deinen dummen Schädel geht?«

Er versteht, was sie damit sagen will. Wir Apfelbecks sind kleine, unbedeutende Leute, in der Glanzwelt, bei den Reichen und schön Gekleideten hat unsereins nichts verloren.

Sein Trotz regt sich wieder. »Ich möcht zum Kino«, sagt er. »Wenn schon nicht als Filmschauspieler, dann... dann wenigstens als Filmvorführer.«

Die Mutter, eben noch besorgt und liebevoll, ist sofort wieder auf Touren.

»Nein!«, kreischt sie. »Für so was vielleicht auch noch Lehrgeld ausgeben? Du gehst mir nicht zu diesen Leuten! Da werden nur Verbrecher großgezogen.«

»Was redest du bloß für einen Schmarren«, mault er.

»Das ist kein Schmarren, Josef! Man siehts doch schon an dir!«

Josef sieht sie verblüfft an. »Was?«

»Tu nicht so! Ich hab sie schon gefunden, deine Dreckfackl-Fotografien, deine sündigen, mit den nackerten Weibern! Dass du dich nicht schämst?«

Josef spürt, wie ihm das Blut ins Gesicht steigt. Sein Herz

klopft. Mit diesen Bildern macht er kleine Tauschgeschäfte im Block, zuletzt hatte er für drei Bilder sogar eine kleine Flobert erstehen können, die aufregendste Aufnahme (»Blick in den Harem«) hatte er für sich reserviert und vor ihr onaniert, eine Freundin hat er nicht, noch nie, den Mädchen seines Alters ist er zu jung, die jüngeren sind ihm zu kindisch.

»Was hast du mit ihnen gemacht?«, stottert er.

»Was wohl? Verheizt hab ichs! Solche Fackeleien duld ich nicht bei mir!«

Sein Gesicht brennt vor Scham.

Aufhören!, denkt er, sie soll aufhören!

Sie denkt nicht daran, legt erst recht los.

Er greift in seine Jackentasche, zieht die Flobert hervor, zielt, schießt ihr in die Brust, er hört einen lächerlichen, matten Knall. Mutter starrt ihn ungläubig an, aus ihrer Miene sprechen Schmerz und Trauer, dann wankt sie und fällt mit dumpfem Aufprall auf das Linoleum.

Ein leichter Schwindel erfasst ihn. Es ist nicht wirklich, denkt er. Es ist wie im Kino. Aber etwas ist anders, es spielt keine Musik, kein dramatischer Akkord ertönt, es ist nur lächerlich. So also stirbt man? So klein, so nebenbei, so erbärmlich? Mit dünnem Winseln und blödem Blick? Und jetzt weitet sich auch noch ein feuchter Fleck auf dem Stoff ihres Rocks, stiehlt sich zwischen ihren Beinen ein dünnes Rinnsal hervor, es wandert über das Linoleum und versickert in einer abgewetzten Stelle vor dem Herd.

Er sieht auf sie hinab. Er kniet sich nieder, öffnet Brustschürze und Hemd, glotzt auf ihre welken Brüste. Die Wunde ist nicht groß, Blut dringt draus hervor, fließt über die kalkweiße Haut und sickert in den Stoff der Unterwäsche. Sie atmet noch, den Blick unverwandt auf ihn gerichtet, dann schließt sie die Augen und stirbt.

Noch immer ist er wie betäubt. In seinen Ohren wummert sein Herzschlag. Er sieht sich, wie er sie unter den Schultern packt, in das Schlafzimmer schleift und hinter dem Bett ablegt. Er geht wieder in die Küche zurück, wischt Blut und Urin auf und lässt sich auf den Stuhl fallen. Ihn friert mit einem Mal. Es ist nicht wirklich, denkt er.

Langsam dringen wieder Geräusche an sein Ohr. Jetzt fällt ihm ein, dass Vater bald von seiner Arbeit zurückkehren müsste. Er würde ihn totschlagen, wenn er die Bescherung sieht. Josef muss sich etwas einfallen lassen. Er muss die Leiche fortschaffen. Aber wie? Es ist erst zehn Uhr, auf dem Flur könnte er auf Nachbarn treffen, und auf den Gassen im Franzosenviertel sind noch Menschen unterwegs.

Besser, er verschwindet, bevor Vater kommt. Aber wohin? Er durchsucht den Küchenschrank. Wo nur haben seine Eltern ihr Bargeld versteckt? Bevor er seine Gedanken ordnen kann, kommt der Vater an. Sein Schritt ist schwer, er ist erschöpft. Mit einem Ächzen lässt er sich auf den Diwan fallen. Josef beobachtet ihn stumm. Vater ist klein geworden, schießt ihm durch den Kopf.

Der Alte ist hungrig. Er will wissen, wo seine Frau ist. Kraftlos nickt er, als ihm Josef sagt, sie sei... sei... zu einer kranken Schwägerin im Schlachthofviertel gerufen worden, wollte aber bald wieder zurück sein. Der Vater gibt einen mürrischen Ton von sich, holt sich einen Teller, schöpft aus dem Topf am Herd lauwarme Suppe und nimmt am Tisch Platz. Er befiehlt seinem Sohn, ihm einen Krug Bier aus der Gastwirtschaft im Vorderhaus zu holen. »Gern«, sagt Josef. Der Vater wirft ihm einen erstaunten Blick zu, grunzt zufrieden und beugt sich über den Teller.

Als Josef zurückkommt, hat der Vater seine Suppe ausgelöffelt. Er seufzt, lehnt sich zurück, greift zum Krug, trinkt das Bier in langen, tiefen Zügen. Dann steht er auf, um nach dem Hasen zu sehen, den er wie andere Nachbarn auf dem Balkon hält.

Als er wieder in die Wohnküche zurückkehrt, hat sein Sohn die Waffe auf ihn gerichtet. Josefs Hand zittert, er zielt schlecht, drückt ab und trifft den Vater im Unterleib. Dieser erstarrt, dann wankt er stöhnend auf den Schützen zu.

Josef macht einen Satz zurück, blickt hilfesuchend um sich, sieht ein Küchenmesser auf dem Büfett, packt es und sticht blind zu. Der Vater sinkt zu Boden, röchelt, stirbt.

Josef schleppt ihn in das Schlafzimmer und legt ihn an die Seite der Mutter. Dann durchwühlt er seine Taschen nach Geld. Er findet nur eine Handvoll Münzen, den Tageslohn. Jetzt erinnert er sich, dass er seine Mutter einmal beobachtet hatte, wo sie den Schlüssel zur Kommode versteckt hatte. Er öffnet sie, kramt die Geldschatulle hervor, klappt den Deckel zurück.

Etwas über fünfzig Mark, mehr enthält die Kasse nicht. Josef ist enttäuscht, damit kommt er nicht weit, erwartet hatte er das Zehnfache.

Er schnieft, wieder fröstelt ihn. Lähmende Ratlosigkeit überfällt ihn. Nie würde es ihm gelingen, die Leichen unbemerkt aus dem Haus zu schaffen, er kennt die gehässige Neugier der Nachbarn in Haus und Stadtviertel, jeder Schritt wurde beäugt.

Er schließt die Schlafzimmertür ab, löscht das Licht, legt sich angekleidet auf das Küchensofa, wickelt sich in die Überwurfdecke. Er starrt noch eine Weile auf den Plafond, dann fallen ihm die Augen zu.

Am nächsten Morgen geht er früh aus dem Haus, streift in der Stadt umher, geht ins Kino an der Franziskanerstraße, sieht sich einen Wildwestfilm an. Spätabends kehrt er wieder in die Wohnung zurück. Im Brotkasten findet er noch den Rest eines Brotlaibes, er isst ihn stehend auf, tapert dabei unschlüssig in der Küche umher, öffnet die Balkontür, geht hinaus, wieder zurück, blättert in einem Kriminalroman, kann sich aber nicht darauf konzentrieren. Dann löscht er wieder das Licht und legt sich zum Schlafen.

Am nächsten Morgen begegnet ihm auf dem Treppenabsatz eine Nachbarin. Sie grüßt ihn, er geht schnell an ihr vorbei. Wieder schlendert er ziellos durch die Stadt. Sich noch einmal bei einer Filmgesellschaft zu bewerben, verwirft er. Auch wenn er Erfolg hätte – jetzt kann er erst recht keine Einwilligung seiner Eltern vorlegen.

Ich muss irgendwas unternehmen, denkt er. Doch immer wieder schiebt sich ein anderer Gedanke in sein Gehirn, verknotet sich mit einem nächsten. Dann überfällt ihn rasender Hunger. Seine Knie sind weich vor Schwäche, als er an die Tür von Tante Maria in der Weißenburger Straße anklopft und sie um Essen bittet. Sie kommt seinem Wunsch gerne nach, sie mag ihn, in seinen ersten Lebensjahren hatten ihn seine Eltern zu ihr in Pflege gegeben, da sie beide berufstätig waren, aber sie ist erstaunt. »Wo sind Papa und Mama, Josef?«

»Zur Ernte nach Niederbayern gefahren«, sagt Josef.

»Und dich lassen sie einfach so allein da?«, sagt die Tante tadelnd. »Na, die sind gut.«

»Sie brauchen halt Geld«, erzählt Josef mampfend, »sie möchten sich einen kleinen Bauernhof im Gäuboden kaufen.«

»Davon haben sie ja noch nie was gesagt.«

Sieht ihnen eigentlich nicht ähnlich, denkt Tante Maria. Besonders seiner Mutter. Erst verzieht und verschmust sie den Buben, dass es fast gar nimmer zum Anschauen ist, und dann lässt sie ihn tagelang allein?

Josef zuckt mit den Schultern. Zufrieden beobachtet die

Tante, wie Josef immer noch einen Schöpfer ihres Eintopfs vertilgt. »Eigentlich möchten sie ja auswandern«, sagt Josef mampfend: »Auf Argentinien oder so.«

»Na, was denn jetzt?«, bemerkt die Tante. »Wollen sie jetzt auf Amerika oder in den Gäuboden? Schon ein bissl ein Unterschied, meinst nicht?«

Ein wenig fahrig ist der Bub schon, denkt die Tante. Mit dem Kopf immer woanders. Kommt bestimmt von diesen Schundbücherln, die er allweil liest, diesen Sherlock-Holmes-Geschichten und all dem Krampfzeugs, was die jungen Leut bloß durcheinanderbringt. Grad kommt einem vor, als wüsst der Bub gar nicht mehr, was wirklich ist und was ein Traum.

»Kannst gern wieder vorbeikommen«, sagt sie zum Abschied. Sie tätschelt seine Wange. »Ich lass dich nicht verhungern, gell?«

Er nickt ihr mit schüchternem Lächeln zu und geht.

Still ist er, der Bub, denkt die Tante, so still. Aber ein bisserl seltsam ist er ja schon immer gewesen.

Wieder stromert Josef ziellos umher. Erst nur in der Stadt, dann durchstreift er die Wälder im Süden. Wieder im Kino, stellt er fest, dass ihn das Gezeigte unberührt lässt. Eigentlich interessiert es mich doch nicht, denkt er. Schon komisch.

Hin und wieder trifft er auf einen seiner Freunde. Bei ihnen hat sich herumgesprochen, dass Josefs Eltern für einige Zeit abwesend sind. Eine Wohnung ohne das Gemecker der Alten, das Geschrei von Geschwistern oder Verwandten, wunderbar. Der Zelmer-Beppi besucht ihn. Sie nehmen die Krüge aus der Anrichte und lassen sich in der Gaststätte im Vorderhaus Bier abzapfen. Beppi hat Zigaretten besorgt, sie paffen und trinken, bis ihnen schwindelig wird. Josef holt seine Flobert heraus, sie kritzeln eine Schießscheibe auf ein Brett und schießen darauf. Dann wird es Beppi plötzlich schlecht. Es ist nicht das Bier und der schlechte Tabak.

»Bei dir stinkt es«, sagt er. Josef öffnet die Balkontür.

»Ich weiß«, sagt er. »Es kommt von den Hasenfellen, mit denen der Vater ab und zu Geschäfte macht.«

Aber Beppi interessiert das nicht mehr, er muss raus, zum Abort. Dort kotzt er. Dann verabschiedet er sich eilig.

Es stinkt wirklich, denkt Josef. Aber ich kann nichts machen.

Die Tür zum Raum nebenan hat er zugenagelt. Er existiert nicht mehr für ihn.

Dort haben die Leichen längst zu verwesen begonnen. Bald ist der Geruch nicht mehr allein in der Apfelbeck-Wohnung wahrzunehmen, der süßliche Gestank wabert nun auch durch das Hinterhaus in der Lothringer Straße. Täglich wird er penetranter.

Schon beschwert sich eine Nachbarin auf der Etage.

»Bei dir stinkts ja wie die Pest, das ist ja nicht mehr auszuhalten! Wird Zeit, dass deine Eltern wiederkommen und deinen Saustall ausmisten. Woher kommt das eigentlich? Es riecht ja fast, als wenn man stirbt!«

Josef sagt: »Vater hat den Hasen geschlachtet und das Eingeweide liegen gelassen, ich tus weg, Frau Hierl, ich versprechs, es vergeht schon wieder.«

Der Gestank nimmt zu, wird unerträglich. Die Nachbarn drohen mit dem Schutzmann.

»Es vergeht schon wieder«, sagt Josef. »Ich tus weg, ich versprechs.«

Die Nachbarn ziehen murrend ab. Josef verrammelt die Türe hinter ihnen. Sein Herz rast. Er ist wie gelähmt. Ich kann nichts tun, denkt er.

In der Nacht wacht Josef auf, ringt nach Luft, erbricht sich. Er nimmt seine Decke, geht auf den Balkon hinaus und versucht dort zu schlafen.

Was geschieht hier eigentlich?, denkt er.

Die Nachbarn werden rabiat. Der Gestank ist nicht mehr nur im Treppenhaus zu riechen, sondern zieht schon durch die anderen Wohnungen. Die zornentbrannte Frau Hierl hämmert an seine Tür, linst über seine Schultern in die Wohnung, versucht ihn beiseitezuschieben. Er bleibt im Türrahmen stehen, stemmt sich ein, lässt sie nicht hinein. Niemand hat hier was verloren, brüllt er, das ist Einbruch! Er drückt das Türblatt gegen die Frau, knallt die Tür ins Schloss und sperrt ab.

Er lässt sich auf den Diwan plumpsen und starrt ins Nichts.

Seit Tagen wäscht er sich nicht mehr. Seine Bewegungen sind schlaff geworden, sein Blick wie erloschen, der unerträgliche Fäulnisgeruch betäubt ihn. Er denkt an Selbstmord, doch eine maßlose Trägheit lähmt ihn. Wie ein Schlafwandler tappt er nächtens in der kleinen Wohnküche herum. Als ihn wieder Übelkeit zu würgen beginnt, geht er auf den Balkon, stützt sich auf das Geländer, atmet durch und starrt nah oben, zum milchig grauen Nachthimmel über der Vorstadt.

Mama, denkt er. Hilf mir halt.

Ich muss fort, torkelt es durch sein Gehirn. Doch wohin? Ins Ausland?

Das Geld seiner Eltern hat er längst ausgegeben. Jetzt besucht er Tante Maria beinahe jeden Tag. Er ist ruhig und freundlich wie immer. Sie merkt nichts.

Still ist er, der Bub, denkt sie.

»Du kannst mir ruhig auch einmal deine Wäsche vorbeibringen«, bietet sie an. »Und du selber, wäscht du dich schon ab und zu? Das muss man, sonst kann man nicht mehr unter die Leut gehen.«

Der arme Bub, denkt sie. Er kennt sich noch mit gar nichts aus. Wo bloß seine Eltern so lange bleiben? Eine Unverantwortlichkeit ist das schon. Welche Ernte dauert eigentlich so lange? Nein, das sieht den beiden gar nicht ähnlich.

Nicht nur die Bewohner des Rückgebäudes werden immer wütender. Auch zwei seiner Freunde aus der Nachbarschaft, der Zelmer-Beppi und der Holmer-Sepp, sind jetzt beunruhigt. Sie klopfen an seine Tür. Josef öffnet die Tür nur einen Spalt. Sie sehen sein fahles Gesicht, er starrt sie wie Fremde an, abweisend und argwöhnisch.

»Was ist in der Kammer bei dir, was so stinkt, Josef?«

»Nichts. Lasst mir meine Ruhe, haut ab.«

»Wir wollen es endlich wissen!« Beppi wird heftig. »Lass uns rein! Sonst gehen wir auf die Polizei!«

»Hauts ab!«, schreit Josef. Er schlägt ihnen die Tür vor der Nase zu. Sie hämmern noch einmal vergeblich dagegen, dann gehen sie.

Das Wachjournal der Schutzmannschaft am Weißenburger Platz vermerkt für den Morgen des Sonntag, den 17. August 1919, das Erscheinen des Josef Holmer, 15 Jahre alt, lediger Schneiderlehrling aus dem Vorderhaus Lothringer Straße 11, sowie des Josef Zelmer, gleichen Alters, Konditorlehrling, wohnhaft Weißenburger Platz. Am späten Vormittag machen sich die Schupo-Wachtmeister Wieninger und Adam auf den Weg. Bereits im Erdgeschoss des Hinterhauses dringt betäubend süßlicher Geruch an ihre Nase. In der Apfelbeck-Wohnung öffnet niemand. Die Beamten brechen dir Tür auf. Der

Gestank ist bestialisch. Die Küche starrt vor Schmutz, auf Töpfen, Tellern, auf der Anrichte und dem Boden schimmeln Essensreste. Die Tür zum Schlafzimmer ist vernagelt. Einer der Beamten nimmt Anlauf und wirft sich dagegen. Sie gibt nach. Das ohrenbetäubende Sirren eines Schwarms schwarzer Fliegen erfüllt den Raum. Die Beamten wedeln sie ab, halten sich Tücher vor Mund und Nase und betreten das Schlafzimmer. Als sie einen Blick auf den Boden hinter dem Bett werfen, prallen sie zurück.

Die Verwesung ist fast abgeschlossen. Aus den Körpern quillt weißliches Gewürm, die Leichen sind versaftet, die Flüssigkeit hat sich über die Holzbohlen ausgebreitet und war in die Ritzen eingedrungen. Die Beamten müssen ihre Augen abwenden. Fluchtartig verlassen sie die Wohnung.

Kurz darauf erscheint die Kripo. Vorschriftsgemäß wird der Zustand der Leichen protokolliert: *Das Gesicht und der ganze Schädel sind größtenteils mumifiziert, die Augen sind total zu Verlust gegangen, die Lippen größtenteils abgefressen, der Rest zu schwarzen harten Häuten eingetrocknet. Die Körper sind vollständig durchsetzt von Maden.*

Verwandte werden ausfindig gemacht. Einen von ihnen finden die Kriminalbeamten nur einige Häuser entfernt in der Weißenburger Straße. In der Gerichtsmedizin identifiziert der erschütterte Karl Apfelbeck die Leiche seines Bruders und seiner Schwägerin. Josef wird zur Fahndung ausgeschrieben.

Im Münchner Osten spricht sich die Entdeckung in Windeseile herum. Am frühen Abend strömen Hunderte von Schaulustigen vor das Haus in der Lothringer Straße. Die Schutzleute können die erregte Menge nur mit Mühe davon abhalten, in den abgesperrten Innenhof einzudringen. Bis lange nach

Mitternacht stehen die Gaffer dichtgedrängt in der schmalen Straße, wild gestikulierend und nach dem Henker rufend.

Schon am nächsten Vormittag kann die Kripo Vollzug melden. Josef hatte die letzten Tage unter freiem Himmel im Perlacher Forst verbracht, sich ausgehungert und entkräftet im Morgengrauen bei seinem Onkel eingefunden und ihn um Hilfe angefleht. Er sei kein Mörder, beteuert er, der Vater habe die Mutter und danach sich selbst erschossen. Er habe es mitansehen müssen, es habe ihn so verwirrt, dass er danach wie gelähmt gewesen sei.

Dann könne ihm nicht viel passieren, hatte ihm Onkel Karl versichert. Gemeinsam waren sie zur Wache am Weißenburger Platz gegangen. Josef wurde sofort festgenommen, die Kripo übernahm und verhörte ihn. Eine Weile versuchte er noch, sein Märchen aufrechtzuerhalten. Doch die Beamten nahmen es ihm nicht mehr ab, längst wussten sie aus dem Obduktionsbericht, dass Josefs Vater nicht durch einen Pistolenschuss, sondern durch einen Stich ins Herz getötet worden war.

Josef gab auf. Die Kriminalbeamten befragten ihn nach dem Motiv für seine Tat. Er verstehe selbst nicht, wie er sich dazu hinreißen lassen konnte, gab er zu Protokoll. »Meine Ruhe wollte ich halt haben.«

Hatte sich die Presse schon kurz nach der Entdeckung des Doppelmordes genüsslich in makabren Ausmalungen ergangen, so melden sich jetzt auch jene zu Wort, für die diese Tat nichts als der Ausdruck zivilisatorischer Verkommenheit ist.

Die modernen Kinematographen mit ihren verführerischen, die Phantasie erhitzenden Fiktionen, die Schundliteratur, die ausschweifenden Vergnügungen der Jugend, sie seien die Verursacher und Ausdruck zunehmender Entsittlichung.

Die Bürgerpresse weiß es genauer: *Ein besonders grelles Licht wirft der Fall auf die Gefahren, denen insbesondere jener Teil unserer Großstadtjugend ausgesetzt ist, der gewissermaßen in der Schwüle der nervenaufreibenden Kino-Atmosphäre heranwächst. Die volle sittliche Verwahrlosung war der Boden, auf dem diese Tat gewachsen ist.* Woher diese rührt, erklärt ein katholisches Blatt: *Was der sozialistische Staat unserem Volke bis jetzt gebracht hat, ist in rechtem Lichte besehen nichts als Niedergang nach innen und außen.*

In den Chor der Eiferer stimmen dieselben Moralhüter ein, die nur wenige Monate zuvor Beifall geklatscht hatten, als gefangene Rotarmisten und als Räte-Anhänger denunzierte Bürger in einem wahren Blutrausch wie am Fließband hingerichtet wurden, und die mit einem Achselzucken darüber hinweg gegangen waren, wenn gegen Freikorps-Söldner, gegen die pro forma wegen erwiesener, besonderer Grausamkeit ermittelt werden musste, nur lächerliche Bewährungsstrafen und kleinere Geldbußen verhängt wurden.

Im Spätherbst wird die Verhandlung vor dem Volksgericht am Mariahilfplatz eröffnet. Staatsanwalt und Richter sind sich zunächst noch nicht darüber einig, wie die Tat gewertet werden soll. Hatte Josef seine Eltern aus Habgier getötet, weil er nach der Tat nach Geld gesucht hatte? Oder handelte es sich nur bei der Tötung des Vaters um Mord, im Falle der Mutter aber um eine Tat in Affekt und nervlicher Überreizung, weil er ihre Vorwürfe nicht mehr ertrug?

Der Verteidiger plädiert auf Unzurechnungsfähigkeit.

Professor Stertz, Oberarzt der Psychiatrischen Universitätsklinik, wird mit einem Gutachten beauftragt.

Sein Fazit: *Der Angeklagte ist innerlich abgetötet, er zeigt keine Gemütsreaktionen, keine Ausbrüche von Verzweiflung, geschweige der Reue. Er nimmt weder Lob noch Tadel wahr, zeigt keine Emotion für seine Eltern. Zu konstatieren ist somit ethische Stumpfheit, gepaart mit durchschnittlichen intellektuellen Anlagen, Mangel an Streben und Interesse, unverbesserliche Trägheit, Verlogenheit und Unehrlichkeit, es ist kein gesteigertes Triebleben erkennbar. Er finde jedoch keine Symptome einer geistigen Erkrankung oder Störung im Sinne des § 51. Auch die erforderliche Einsicht in das Strafbare der Handlungen liegt vor.*

Nach seiner Meinung zum Motiv der Tat befragt, muss der Professor gestehen, dass ihm der Junge letztlich ein Rätsel geblieben ist. Man könne an ein sogenanntes »Jugendliches Irresein« – eine Krise, ausgelöst von den körperlich-hormonellen Umstellungen beim Heranwachsen – denken, doch dazu seien seine Handlungen, vor allem seine, wenn auch unzulänglichen, Versuche der Tatverschleierung wiederum zu sehr von prinzipiell logischen Folgerungen geprägt. Alles weise auf innerfamiliäre Spannungen hin, die Ehe der Eltern sei von Konflikten geprägt gewesen, der Vater jähzornig, sehr streng und häufig gewalttätig. Die Mutter dagegen, von schlichter Geistesart und, nebenbei, auch bereits einmal wegen Diebstahls vor Gericht, habe ihren einzigen Sohn in einer Weise verhätschelt, die zumindest als fragwürdig bezeichnet werden darf.

Der Prozess geht seinem Ende zu. Der Staatsanwalt fordert die Höchststrafe. Josef hört ihm mit unbewegter Miene zu, die Lippen aufeinandergepresst. Dann aber spricht sein Körper. Er krümmt sich in einem heftigen Krampf, bricht stöhnend zusammen. Er wird aus dem Saal getragen und ärztlich behandelt. Als er wieder an der Verhandlung teilnehmen kann, verkündet der Richter das Urteil. Das Gericht erkennt auf Doppelmord und verhängt 15 Jahre Gefängnis. Der Vorsitzende Richter fügt der Begründung hinzu, dass die Tat zwar unfassbar, aber erklärlich sei, *auf Grund der allgemeinen durch den Krieg und seine Folgeereignisse hervorgerufene Entsittlichung, durch die sittliche Verwahrlosung des Täters insbesonders, der ein träger, verschlossener und verschlagener, habsüchtiger, verschwenderischer, unwahrhaftiger und diebischer Charakter, ein Mensch ohne Reue und Gewissen genannt werden muss und dessen Phantasie durch die Verbrecherstücke des Kinos und Schund- und Schauergeschichten aller Art vollständig verderbt worden ist.* Er bedaure, fügt er hinzu, dass ihm das Jugendstrafrecht nicht erlaube, eine höhere Strafe zu verhängen, für diese unvorstellbare, in der Kriminalitätsgeschichte wahrscheinlich einzigartige Tat sei es ein armseliges und unzureichendes Gesetz.

Durch den Gerichtssaal rauscht Beifall.

»Ruhe!«, mahnt der Richter. »Die Verhandlung ist hiermit geschlossen.«

Josef sitzt die Haftzeit fast vollständig ab. Nach seiner Entlassung nimmt ihn sein Onkel auf und hilft ihm, eine Arbeit zu finden. Schließlich erhält er eine Anstellung bei den Bayerischen Motorenwerken, wo er als geachteter Mitarbeiter bis zum Ende eines langen Arbeitslebens bleiben wird. Zwei Jahre nach seiner Haftentlassung heiratet er und gründet eine Familie. Seine Frau und seine Kinder lieben ihn. In späteren Jahren danach befragt, beteuern sie, dass er »der beste Vater ist, den man sich vorstellen kann«.

# Alles, was Recht ist
(1918–34)

## PROLOG

Im Sommer des Jahres 1934 tritt ein älterer Mann aus dem Portal des Münchner Zentralbahnhofs. Er ist nicht groß, ein breitschultriger bäuerlicher Mensch, bekleidet mit einem ältlich geschnittenen dunklen Anzug aus schwerem Stoff. Unter dem Arm trägt er ein mit Papier umwickeltes, geschnürtes Paket. Es ist heiß an diesem Tag, seine Stirn glänzt. Seine Augen sind geweitet, er zwinkert, muss sich erst orientieren. Es ist lange her, dass er zum letzten Mal hier war. Die Stadt hatte sich verändert. Unentwegter Verkehr, der einen tosenden Lärm verursacht, und überall flatternde Fahnen.

Ein Droschkenfahrer auf dem Bahnhofsvorplatz, den er nach einigem Zögern anspricht, erklärt ihm den Weg. Der Mann bedankt sich und geht mit breit ausgestelltem, ein wenig tapsig wirkendem Schritt in die gezeigte Richtung. Er weicht den Menschen aus, die ihm auf dem breiten Boulevard entgegenströmen. Ein junger Mann in gut sitzender Uniform rempelt ihn an, dreht sich kurz zu ihm um, mustert ihn von oben nach unten und geht weiter, ohne ein Wort der Entschuldigung.

In der Briennner Straße angekommen, zieht der Mann ein

Blatt Papier aus der Innentasche seiner Jacke, faltet es auseinander, vergewissert sich der Adresse, sieht wieder auf und lässt seinen Blick über die Fassaden schweifen. Vor einem hohen, mit dicken Scheinquadern protzenden Gebäude bleibt er stehen. Er sucht die glänzenden Messingschilder mehrerer Anwaltskanzleien und Firmenbüros ab, die neben dem Portal angebracht sind, beugt sich näher, kneift die Lider zusammen. Wieder muss er den Brief zu Hilfe nehmen.

Seine Miene hellt sich auf.

Der Name des Gesuchten findet sich zwar nicht auf den Schildern, dafür aber ein anderer, der ebenfalls auf dem Briefkopf zu lesen ist. Natürlich, der Herr Doktor war ja in einer Sozietät!

Er betritt das Haus und steigt die Stufen hinauf in die erste Etage, klingelt. Eine junge Frau öffnet ihm. Ein kurzer, ein wenig herablassender Blick taxiert ihn. Womit könne man dem Herrn dienen? Der Mann zieht den Hut und stellt sich vor und sagt, dass er gern den Herrn Doktor Hirschberg sprechen möchte.

Ein befremdeter Blick streift ihn. »Der Herr Doktor ist unter dieser Adresse nicht mehr zu erreichen. Er ist aus unserer Kanzlei ausgeschieden.«

»Ja... aber... auf seinem Brief...?«

Die Stimme der jungen Frau klingt jetzt, als fühle sie sich belästigt. »Ich sagte es Ihnen doch. Herr Hirschberg ist nicht mehr Mitglied unserer Sozietät.«

»In was für einer denn dann?«

»Es tut mir leid, mein Herr.«

Bevor sich die Tür vor ihm schließt, tönt aus dem Hintergrund, für den Besucher nicht zu sehen, die Stimme eines älteren Mannes. Der Herr solle es in einer Kanzlei in der Bayerstraße versuchen.

Der Mann befolgt den Rat. Aber auch an der angegebenen Adresse gibt man sich verschlossen. Wo sich Doktor Hirschberg jetzt aufhalte, entziehe sich der Kenntnis. Vermutlich im Ausland, eine weitere Nachforschung in München könne der Herr sich jedenfalls sparen. Und jetzt, bitte – man habe zu tun.

Die Tür schließt sich.

Der Mann wirft einen Blick auf das Paket unter seinem Arm, zuckt ratlos die Schultern. Dann tritt er die Rückreise an.

Der Name des Mannes ist Lorenz Rettenbeck. Er ist erst vor wenigen Tagen aus dem Straubinger Gefängnis entlassen worden, in dem er fast fünfzehn Jahre eingekerkert war. Vor sechs Jahren hatte er an Rechtsanwalt Dr. Max Hirschberg geschrieben und ihn um Hilfe gebeten, nachdem alle seine Versuche, wieder in Freiheit zu kommen, fehlgeschlagen waren. Der Münchner Anwalt ist zu dieser Zeit bereits einer der bekanntesten Strafverteidiger Deutschlands. Obwohl damit kein Renommee zu gewinnen war – der Fall war ohne Glanz, beim Bittsteller handelte es sich nicht um einen Prominenten, sondern nur um einen einfachen Landwirt aus einem abgelegenen Weiler im Bezirk Dingolfing –, hatte der Anwalt sich die Akten bringen lassen. Bereits nach kurzer Lektüre war er auf eine Reihe hanebüchener Schlussfolgerungen und Ermittlungsfehler gestoßen und zu der Überzeugung gelangt, dass die Richter falsch geurteilt hatten. Von da an kämpfte er beinahe sechs Jahre unermüdlich für die Freilassung seines Mandanten.

Als das Urteil endlich aufgehoben wurde, befand der Anwalt sich längst im Exil. Kurz nach der Machtübernahme der Nationalsozialisten war er festgenommen und für mehrere Monate in »Schutzhaft« genommen worden. Der Fürsprache einer adeligen Mandantin, der er vor einigen Jahren zum Sieg vor Gericht verholfen hatte, verdankte er, dass er zunächst wieder in Freiheit kam. Als eine erneute Verhaftung drohte, floh er ins Ausland. Eines seiner »Verbrechen« bestand darin, den ehemaligen Sekretär Ministerpräsident Eisners gegen eine unsinnige Hochverratsanklage erfolgreich verteidigt und dabei Richter und Staatsanwälte lächerlich gemacht zu haben. Und darin, dass er Jude war.

## I.

Der Mord, für den Lorenz Rettenbeck zunächst zum Tod verurteilt, dann zu lebenslänglicher Zuchthausstrafe begnadigt worden war, geschah am frühen Abend des 1. Dezember 1918.

Auf dem Rettenbeck-Hof, einem der Anwesen des Weilers Edenthal, knapp eine Fußstunde vom Dorf Griesbach entfernt, leben in dieser Zeit neben dem 38-jährigen Bauern seine nur um wenige Jahre jüngere Frau Johanna sowie – seit einigen Monaten – die Dienstmagd Anna Nöbauer. Deren Ehemann befindet sich noch immer in französischer Kriegsgefangenschaft. Die junge Frau hatte bei Dienstantritt darum gebeten, ihre 12-jährige Tochter bei sich wohnen lassen zu dürfen, wogegen die Bauersleute nichts einzuwenden hatten.

Am späten Nachmittag des Vortages erhält die Magd Besuch. Sie stellt den 20-Jährigen als Schorsch Schickaneder vor. Er sei ein entfernter Cousin aus ihrem Geburtsort, vor nicht allzu langer Zeit aus dem Heer entlassen worden und nun dabei, sich wieder im Leben zurechtzufinden, sei gelernter Schuster, aber derzeit ohne Stellung.

Die engherzige und geizige Bäuerin ist abweisend. Sie argwöhnt, der junge Mann wolle sich von ihr nur durchfüttern lassen. Doch der Bauer, dem der Ankömmling nicht unsympathisch ist, gebietet ihr Einhalt. Da es draußen schon dunkel geworden ist, bietet er ihm an, in einer unbewohnten Kammer zu übernachten. Dann gehen er und seine Frau zu Bett. Die Magd und ihr Cousin sitzen noch lange in der Stube und unterhalten sich.

Als die Bauersleute am nächsten Tag vom Kirchgang zurückkehren, ist Schorsch Schickaneder noch immer da. Er nimmt am Mittagstisch Platz. Danach kommen er und der Bauer miteinander ins Gespräch, der junge Mann zeigt sich am Hof und an der Arbeit des Bauern interessiert. Lorenz Rettenbeck ist von seiner Neugierde angetan, führt ihn herum, zeigt ihm den Stall. Schorsch lobt ihn. Gut sähe das Vieh aus.

»Das verdanke ich schon auch deiner Cousine«, meint der Bauer. »Wenn ich sie nicht hätt, sähs ganz anders aus.«

Schorsch nickt. »Ja, tüchtig ist sie immer gewesen, die Anna, da hat sich nie was gefehlt.«

Am späten Nachmittag kann die Bäuerin nicht mehr an sich halten. Wolle der Besucher etwa noch länger bleiben? Hätte sie Geld zu verschenken?

Der Bauer weist sie zurecht. Die paar Schöpfer Suppe zusätzlich, das mache doch niemand arm. Außerdem sei der Schorsch immerhin ein Verwandter von der Anna, er möchte sich nicht nachsagen lassen, auf seinem Hof sei man ungastlich.

Die Bäuerin lässt sich nicht besänftigen. Die Stimmung wird gereizt. Der Bauer herrscht sie an, den Mund zu halten. Wann hole sie endlich bei den Leuten im benachbarten Weiler den Lohn, den er von ihnen noch zu erhalten hatte? Bevor sie ihm noch länger mit ihrer Nörgelei auf die Nerven gehe, solle sie das lieber endlich erledigen.

Die Bäuerin weigert sich zuerst. Erst vor ein paar Tagen

habe sie nach einer Grippe das Bett verlassen! Und jetzt schicke er sie in die Kälte hinaus?

Dann aber denkt sie daran, dass sie sich bei diesen Nachbarn immer wohl gefühlt hat. Stets hört man ihr dort mitfühlend zu, wenn sie darüber klagt, was sie unter diesem Grobian von Ehemann zu leiden hat. Sie macht sich auf den Weg.

Lorenz' Blick fällt auf die Wanduhr. Vier Uhr. Zeit für die Stallarbeit.

Schorsch steht ebenfalls auf und greift nach Hut und Jacke. Auch für ihn sei es Zeit aufzubrechen, sagt er, er bedanke sich für die freundliche Aufnahme, aber er müsse den Zug nach Mühldorf noch erreichen, der in einer Stunde vom Griesbacher Bahnhof abfahre. Lorenz wehrt den Dank ab, verabschiedet sich von ihm und geht in den Stall.

Etwa eine Viertelstunde nach fünf Uhr betritt er aufgebracht die Küche. Sollen sich die Kühe vielleicht gegenseitig melken?, poltert er. Wo bliebe seine Frau? Sei sie etwa immer noch nicht da? Hatte er sie nicht ausdrücklich ermahnt, sofort wieder zurückzukommen?

Anna zuckt die Schultern.

Lorenz wandert in der Stube herum, sieht aus dem Fenster. Draußen ist die Dämmerung hereingebrochen. Auf den Feldern steht Nebel. Er kehrt zu Anna zurück. Er habe ein ungutes Gefühl, sagt er. Die Bäuerin brauche für den Weg doch höchstens eine Viertelstunde, und zurück genauso lang. Auch wenn sie bei den Nachbarn ein Schwätzchen gehalten hat, müsse sie doch längst zurück sein.

»Stimmt«, meint Anna. »Das müsst sie eigentlich.«

»Die Hanni ist so schwächlich in letzter Zeit«, sagt der Bauer. »Andauernd liegt sie im Bett, mit irgendwas.«

Anna sagt nichts dazu.

Die Dunkelheit ist angebrochen.

»Hat sie die Lampe mitgenommen?«, fragt der Bauer.
»Nein«, sagt Anna und weist mit einer Kopfbewegung zu einem Regalbrett. »Siehst doch. Die steht noch da.«
Lorenz überlegt einen Moment. Dann sagt er: »Ich hol sie. Und dann werd ich ihr was erzählen!«
Anna zuckt die Schultern.
»Gescheiter wirds sein«, meint sie. »Vielleicht ist sie ja auch hingefallen und hat sich wehgetan. Sie ist halt manchmal ein bissl schusslig.« Lorenz nickt grimmig. »Aber wehe, wenn sie sich bloß wieder verratscht hat! Dann kann sie was erleben.«
»Sei nicht so grob zu ihr«, ruft ihm Anna hinterher.
Der Bauer erwidert nichts darauf. Fluchend verlässt er den Hof. Natürlich, sie hat sich wieder mit den Weibern im benachbarten Weiler verplaudert, was sonst! Oder sie hat wieder einmal ihre Augen nicht aufgemacht, ist über eine Wurzel gefallen und liegt jetzt mit verstauchtem Knöchel im Dreck. Und ihn lässt sie mit der Stallarbeit allein, diese ungeschickte Urschl. Aber suchen muss er nach ihr, die Nächte sind bereits bitterkalt, dass sie ihm jetzt schon wieder krank wird, darauf kann er verzichten. Wütend stiefelt er voran.

Er befindet sich inmitten des kleinen Waldstücks und hat noch nicht die Hälfte des Weges zurückgelegt, als sein Herz einen Ruck macht. Hanni! Sie liegt einige Schritte abseits des Weges auf dem Rücken. Er stürzt auf sie zu. Ihr Körper ist noch warm. An ihrer Schläfe klafft eine Wunde, aus ihrem Mundwinkel ist Blut gesickert, es schimmert schwarz, ist noch nicht geronnen. Mit einem Blick erfasst Lorenz die Lage. Hanni ist ermordet worden.

Er gerät in Panik. Alle Welt wusste, dass er mit ihr seit Jahren in Streit lebte. Wollte ihm jemand übel, würde er ihn als Ersten verdächtigen. Man bräuchte nur eins und eins zusammenzuzählen: Er war zornentbrannt aus dem Haus gestürzt, hatte den Weg eingeschlagen, auf dem sie zurückkehren und, hier im Wald, auf ihn treffen musste. Alles spräche gegen ihn.

Er hetzt auf den Hof zurück, holt eine Sturmlaterne und entzündet sie.

»Was ist?«, fragt Anna.

»Schlimm!«, keucht Lorenz, während er mit zitternden Fingern die Sturmlaterne entzündet. »Schlimm!«

»Jesus Maria«, sagt Anna leise.

Er läuft zum Nachbarhof.

Der Brunnerbauer sitzt mit seiner Familie beim Abendessen. Er ist erstaunt. Die Hanni sei noch nicht heimgekommen? Lorenz solle sich doch keine Sorgen machen. »Sie hat sich bestimmt wieder verratscht, mit der Pünktlichkeit hat sies ja nie gehabt, deine Frau, sind wir mal ehrlich.«

Lorenz lässt sich nicht beruhigen. »Bitte geh mit«, fleht er. »Ich hab kein gutes Gefühl.«

Wozu braucht er mich dazu, denkt der Nachbar, er kann ihr doch auch alleine entgegengehen? Merkwürdig.

Der Brunnerbauer lässt sich überreden. Gemeinsam brechen sie auf. Es ist stockdunkel. Der Nachbar kann mit Lorenz kaum Schritt halten. Kopfschüttelnd folgt er ihm. Was soll das Theater? Lorenz und seine Frau streiten fast jeden Tag, schmeißen sich die gröbsten Schimpfwörter und wer weiß was noch alles an den Kopf, und auf einmal spielt er den treusorgenden Ehemann?

Er sieht, dass Rettenbeck plötzlich seinen Schritt verlangsamt und schließlich stehen bleibt, um dann zielsicher eine Stelle im Unterholz anzusteuern.

»Hanni!«, schreit der Bauer. »Sie ist tot!«

Der Nachbar stürzt hinzu. Im Schein der Sturmlampe sieht er, dass die Augen der Bäuerin weit geöffnet sind. Ein Schauder läuft ihm über den Rücken.

»Um Himmels willen«, flüstert er.

Lorenz bricht in Tränen aus. »So ein Unglück«, schluchzt er, »was soll jetzt bloß werden?«

Der Brunnerbauer fasst sich als Erster. »Wir müssen sie ins Haus tragen«, sagt er. »Bleib du solang bei ihr, ich hol derweil die anderen.«

Lorenz schüttelt den Kopf. »Ich bleib nicht allein da heraußen!«

»Aber es könnten Tiere an die Leiche gehen, Lenz!«

»Nein! Ich geh mit dir!«, heult Lorenz.

Der Brunner versteht es nicht, dringt aber nicht mehr weiter in ihn. Ein Schock, denkt er. In so einem Zustand handelt eins nicht mehr vernünftig, ich muss die Sache in die Hand nehmen, der Lorenz weiß ja nicht mehr ein und aus.

»Meinetwegen«, sagt der Brunner, »dann geh du heim und richt schon mal eine Trage her, ich hol derweil noch ein paar Nachbarn.«

Sie brechen auf. Vor dem Hof Rettenbecks trennen sie sich.

Die Magd hat beunruhigt auf Lorenz' Rückkehr gewartet. Als er zu ihr in die Stube stürmt, geben seine Knie nach. Er sinkt auf einen Stuhl und schlägt die Hände vor sein Gesicht. Stockend berichtet er.

»Jessas Maria«, sagt Anna. »So ein Unglück.«

»Man wird es mir anhängen«, schluchzt er.

»Wieso denn dir, Lenz?«

»Wieso! Frag noch blöder! Weil ein jeder in der Gemeinde weiß, dass es mit mir und der Hanni immer wieder bös hergegangen ist! Und ich der Einzige war, der in der Näh gewesen ist.«

Sie wirft ihm einen verstehenden Blick zu.

»Also deswegen bist du noch mal mit dem Brunnerbauern in den Wald?«

Er nickt gepeinigt.

»Ich werds keinem sagen«, verspricht Anna. »Du brauchst dir keine Sorgen zu machen. Ich kann jedem bestätigen, dass du die ganze Zeit im Stall gewesen bist.«

Er wischt sich mit dem Handrücken über die Augen und wirft ihr einen dankbaren Blick zu. Er fasst sich ein wenig, schüttelt den Kopf.

»Aber... wer könnt es bloß getan haben?«

»Es läuft viel Gesindel herum«, sagt Anna. »Bettler oder andere Spitzbuben.«

»Hab aber weit und breit keinen gesehen, der nicht hergehört. Es ist bloß dein Cousin da gewesen, sonst keiner.«

»Stimmt«, sagt sie. »Aber der Schorsch kanns nicht gewesen sein, der ist ja um kurz nach vier schon weg. Er hat auf den Zug müssen, weißt doch.«

»Weiß ich *nicht*! Um vier hab ich doch schon im Stall drüben mit der Arbeit angefangen!«

»Aber ich weiß es, Lenz. Dem Schorsch sein Zug ist um fünf abgefahren, und zum Bahnhof braucht er zu Fuß eine Dreiviertelstunde. Schon allein deswegen kann ers nicht gewesen sein. Außerdem ist er ein anständiger Kerl. Wir sollten der Polizei nichts von ihm sagen. Ziehen wir ihn da nicht auch noch rein.«

»Meinst?«

»Ja. Der Schorsch ist ein rechtschaffener Mensch. Tu mir den Gefallen, Lenz. Er und seine Leut habens schwer genug im Leben.«

»Aber... das Nannerl hat ihn doch auch gesehen!«

»Meine Tochter wird tun, was ich ihr sag. Verlass dich drauf.«

Rettenbeck lässt sich überzeugen.

»Aber ich hab trotzdem Angst, dass es mir angehängt wird. Die Leut können so boshaft sein.«

»Ich sag doch, dass ich für dich zeugen werd, Lenz. Kannst mir vertrauen.«

»Aber – aber wenn die meine Pistole finden?«

»Sag das noch mal! Du hast eine?!«

»Freilich.«

»Bist aber auch ein Aff.« Anna klingt besorgt.

»Ist doch bloß so ein altes Ding!«

»Aber gehen tut sie noch?«

»Was weiß ich. Habs doch nie gebraucht, zu was auch!«

Die Magd überlegt.

»Vielleicht wärs gescheiter, wenn du sie wegschaffst. Man muss ja keinen auf dumme Ideen bringen.«

»Ja«, sagt Rettenbeck. »Du hast recht.«

Er hastet in die Kammer, wo er seine Waffen aufbewahrt, nimmt die Pistole, schabt unter einem Futterbarren Erde beiseite, versteckt sie in der Höhlung und deckt sie mit Erde und Heu zu.

Er kehrt in die Stube zurück, gerade noch rechtzeitig zum Eintreffen des Brunnerbauern, der von seinem Sohn, zwei weiteren Nachbarn und zwei Bäuerinnen aus den umliegenden Höfen begleitet wird. Sie haben Nannerl, Annas Tochter, mitgebracht, sie hatte bei den Nachbarskindern gespielt. Anna nimmt sie sofort beiseite und geht mit ihr in die Kammer.

Der Brunner sieht sich erstaunt um. Rettenbeck hatte die Bahre noch nicht vorbereitet. Er hatte dafür doch genügend Zeit?

Ich bin ganz durch durcheinander, entschuldigt sich Lorenz stotternd. Er eilt in die Scheune, um die Trage zu holen.

Dann brechen die Männer auf. Kurze Zeit später kehren sie zurück und bahren den Leichnam der Bäuerin in einer Kammer im ersten Stock auf. Einer der Männer greift sich ein Fahrrad und fährt ins Dorf, um die Gendarmerie zu benachrichtigen. Die wiederum informiert sofort das Landshuter Kriminalkommissariat. Noch am selben Abend treffen die vierköpfige Kommission und ein Arzt in Edenthal ein. Bereits auf der Hinfahrt hatte der Ermittlungsleiter in der Dorfgendarmerie kurz Halt gemacht und sich erste Informationen geben lassen.

Der Arzt stellt die Todesursache fest. Schuss in die Schläfe. Die Frau sei noch nicht lange tot, die Leichenstarre habe noch nicht eingesetzt, Todeszeitpunkt demnach zwischen vier und halb sechs Uhr.

II.

Die Ermittler nehmen die Arbeit auf. Der Tatort wird inspiziert. Die Beamten finden keine wahrnehmbaren Spuren und beschließen, die Stelle bei Tageslicht noch einmal aufzusuchen.

Unbestreitbar ist aber bereits, dass kein Raubmord vorliegen kann – das Opfer trug das Geld noch bei sich, auch ein wenig Gemüse, das sie von den Nachbarn erhalten hatte. Da die Tote beim Auffinden vollständig und geordnet bekleidet war, kann auch ein Sexualdelikt ausgeschlossen werden.

Lorenz Rettenbeck hat mit Entsetzen wahrgenommen, dass die Nachbarn seinem Blick ausweichen. Er wirkt verwirrt.

Auch der leitende Kommissar hat es bemerkt es, er ist erfahren, hat dafür ein Auge.

Er nimmt Rettenbeck zur Seite und erkundigt sich nach dessen Alibi.

»Ich bins nicht gewesen, Herr Kommissär!«

»Ich hab gefragt, wo Sie sich zwischen vier und halb sechs aufgehalten haben, Herr Rettenbeck.«

»Im Stall war ich, wie jeden Tag um diese Zeit. Wo hätt ich denn sonst sein sollen, die Arbeit muss doch getan werden. Der Dienstbot kanns auch bezeugen.«

»Sie meinen Ihre Magd, die Frau Nöbauer?«

»Die Anna, ja!«

»War noch jemand um diese Zeit auf Ihrem Hof oder in der Nähe?«

»Bloß die Tochter von der Anna, das Nannerl.«

»Von der wir allerdings hören, dass sie um diese Zeit bei Nachbarskindern war und mit ihnen Bilderbücher angeschaut hat.«

»So? Dann wirds allein hingegangen sein. Kann sein. Ich bin jedenfalls ab vier im Stall gewesen.«

»Also noch mal: Es waren nur Sie und Frau Nöbauer auf dem Hof anwesend? Niemand anders?«

»Nein.«

»Ihre Nachbarn aber erzählen, dass Sie an diesem Tag Besuch hatten. Er soll den ganzen Nachmittag bis zum Abend bei Ihnen gewesen sein.«

»Davon weiß ich nichts.«

»Wie. Sie haben nicht mitbekommen, dass sich eine fremde Person über Stunden auf Ihrem Hof aufgehalten hat?«

»Ich sag doch, dass ich im Stall gewesen bin. Die Arbeit tut sich nicht von selbst!«

Freilich, denkt der Ermittler. War ja auch Sonntag, da ist man bekanntlich von früh bis spät im Stall. Für wie blöd hält der Mann mich?

»Sind Sie eigentlich vorbestraft, Herr Rettenbeck?«

Der Bauer windet sich.

»Schon lang her. Vor dem Krieg einmal...«

»Geht es genauer, Herr Rettenbeck?«

»Ich bin einmal verurteilt worden«, gesteht der Bauer. »We-

gen gefährlicher Körperverletzung. Eine Rauferei unter einem Kammerfenster. So Dummheiten halt, wenn eins jung ist.«
»Und was gabs dafür?«
»Acht Monate.«
Wenn du dafür acht Monate kassiert hast, wird das keine harmlose Rangelei gewesen sein, denkt der Ermittler.
»Sind Sie im Besitz einer Waffe, Herr Rettenbeck?«
»Ja«, sagt der Bauer. »Ein Gewehr hab ich. Für die Jagd.«
»Keine Pistole?«
»Nein.«
»Nie eine gehabt?«
Verdammt! Rettenbeck fällt siedend heiß ein, dass er sie vor ein paar Jahren dem Förster im Dorf angeboten hatte!
»Also, was jetzt?«
»Doch...«
»Ich will sie sehen, Herr Rettenbeck.«
»Ich... ich hab sie nimmer. Sie... ist weg.«
»Weg? Was haben sie mit ihr gemacht? Verkauft? An wen?«
»Ich... ich hab sie in den Bach geschmissen, schon vor dem Krieg, wie ich zu einer Militärübung müssen hab. Hab Angst gehabt, dass Kinder während meiner Abwesenheit Dummheiten damit machen.«

»Waren denn damals Kinder im Haus, Herr Rettenbeck? Soweit ich informiert bin, war Ihre Ehe kinderlos.«

»Manchmal kommen doch welche aus der Nachbarschaft.«

»Da hätte doch ausgereicht, wenn Sie einfach die Munition sicher verwahrt hätten? Wozu Sie im Übrigen auch verpflichtet gewesen wären.«

»Ja... entschuldigen Sie, ich bin ganz durcheinander, es ist ja alles schon länger her. Mir fällt ein, dass ich die Pistole nicht wegen der Kinder weggeworfen hab, sondern weil sie nicht mehr funktioniert hat.«

»Also nicht, weil irgendwelche Kinder damit Unheil anrichten könnten.«

»Nein. Weil sie hin war.«

»Dann erklären Sie mir, wieso Sie die Pistole ins Wasser und nicht einfach zum Alteisen werfen, wie es üblich ist?«

»Ich weiß nicht mehr, warum ich das getan hab.«

Nur weiter so, denkt der Ermittler. Für dumm verkaufen kannst du andere.

»Sagen Sie – Ihre Magd wohnt doch bei Ihnen, wie es üblich ist, oder?«

Der Bauer bejaht es.

»Ich habe aber noch nichts von ihr gesehen. Wo ist sie?«

»In ihrer Kammer droben.«

»Wie? Sie schläft?«

»Nein, sie hat sich mit ihrer Tochter, dem Nannerl, hingelegt. Es hat sie alles mitgenommen, hat sie mir gesagt.«

»Holen Sie sie. Sofort.«

Rettenbeck gehorcht. Kurz darauf kehrt er mit seiner Magd zurück.

Der Kommissar schickt den Bauern hinaus. Er betrachtet die Eintretende. Anfang bis höchstens Mitte dreißig, schätzt er, genau kann man das bei den Bauersleuten ja nie sagen. Eher klein, rundliches Gesicht, voller Busen, breite Hüften. Ihre Miene drückt jene abwartende, wachsame Zurückhaltung aus, auf die er immer wieder stößt, wenn er bei eher einfacheren Leuten ermittelt.

Er vergewissert sich des Namens, erkundigt sich nach ihrem Familienstand.

»Ich bin verheiratet und hab eine Tochter.«

»Aber Ihr Gatte – ?«

»Ist noch in Gefangenschaft. Bei den Franzosen.«

»Das tut mir leid«, sagt der Kommissar.

Sie zuckt die Schultern. »So ists halt.«

»Frau Nöbauer, ich möchte von Ihnen wissen, wo Sie und der Herr Rettenbeck sich zwischen fünf und halb sechs aufgehalten haben.«

Die Magd muss nicht lange nachdenken. »Ich bin wie immer in der Küche gewesen, der Lorenz bei der Arbeit im Stall. Auch wie jeden Tag.«

»Wann ist der Bauer in den Stall gegangen?«

»Meistens geht er so um vier. Gestern auch.«

»Und zurück kam er wann?«

»Kurz nach fünf.«

»War die Arbeit im Stall da bereits erledigt?«

»Die seine schon.«

»Er war also eine gute Stunde im Viehstall«, folgert der Kommissar. »Woraus bestand seine Arbeit eigentlich?«

»Ausmisten, vor allem das Vieh füttern. Das Melken wär die Sach von der Bäuerin gewesen.«

»Braucht er für diese Arbeiten immer so lange?«

Die Magd nickt mit Bestimmtheit. »Mindestens«, sagt sie. »Oft dauerts sogar noch länger. Kürzer gehts nicht. Jedenfalls nicht bei uns.«

III.

Während die Leiche zum Abtransport vorbereitet wird und der leitende Ermittler Rettenbeck und die Magd vernimmt, sprechen seine Kollegen die Nachbarn an, die vor dem Hof zusammengeströmt waren.

Sie hören, dass Lorenz Rettenbeck und seine Frau alles andere als gut verheiratet waren. Dauernd sei Unfriede auf dem Hof gewesen, oft habe man das Geschrei bis zu den Nachbarn hören können. Im Wirtshaus zu Griesbach habe der Lorenz sogar einmal gesagt, dass er seine Frau am liebsten erschlagen würde, weil sie so ein ungeschicktes und giftiges Weib sei. Wenn er sie bloß los wäre, soll er ein anderes Mal ausgerufen haben, das Geld für einen teuren Grabstein tät ihn da nicht reuen.

Nachdem sie sich mit flinken Blicken vergewissert hatte, dass kein Umstehender sie hören konnte, flüstert eine Magd des Nachbarhofs einem der Kommissare zu: »Der Lorenz und sein Dienstbot, die Anna... ich habs im Sommer einmal gesehn, wies in den Wald raus sind. Verstehens, was ich mein, Herr Kommissär?«

»Glaub schon«, sagt der Angesprochene.

### IV.

Die Kommission berät sich. Obwohl der Brunnerbauer der Überzeugung ist, dass Fütterung und Stallreinigung in gemeinhin üblicher Sorgfalt ausgeführt worden waren, was auch nach seiner Schätzung bei dieser Stallgröße mindestens eine Stunde Arbeit erfordere, hat keiner der Kommissare noch einen Zweifel. Die Sache ist klar. Ein Ehedrama. Das alte traurige, erbärmliche Lied.

»Holt ihn her«, sagt der leitende Kommissar.

Mit ungläubiger Miene hört Lorenz Rettenbeck, dass er festgenommen ist.

Die Nacht verbringt er bereits im Gerichtsgefängnis in Landshut. Am nächsten Morgen beginnen die Verhöre, nur von kurzen Pausen unterbrochen, in denen der Festgenommene etwas zu essen und die Erlaubnis erhält, eine Zigarette zu rauchen.

Der Verdächtige leugnet die Tat, notiert das Protokoll.

Diese Hartnäckigkeit ist für einen Affekttäter eher unüblich, sinniert der Ermittler. Wenn deren Aufwallung verraucht ist und sie wieder halbwegs zu Vernunft gekommen sind, brechen sie normalerweise schnell zusammen. Könnte doch noch etwas anderes hinter der Sache stecken?

Rettenbeck wird wieder in die Zelle zurückgebracht.

Wir brauchen mehr, überlegt der leitende Ermittler. Mit dem, was ich bisher habe, brauche ich dem Staatsanwalt noch nicht zu kommen. Rettenbecks Alibi ist schwer zu widerlegen. Und seine Magd macht nicht den Eindruck, als würde sie ihm in den Rücken fallen wollen.

Überhaupt, diese Anna Nöbauer... Eine energische Person. Etwas Herausforderndes geht von ihr aus. Und sie sieht, legt man ländliche Maßstäbe an, gar nicht so übel aus. Sie und Rettenbeck scheinen jedenfalls ein gutes Auskommen miteinander gehabt zu haben, mit Sicherheit besser als das, das er mit seiner Ehefrau hatte. Schon am Abend zuvor hatte er sich dazu den Bauern noch einmal allein vorgeknöpft.

»Hatten Sie mit Ihrer Dienstmagd geschlechtlichen Verkehr, Herr Rettenbeck?«

»Nein.«

»Uns wird berichtet, dass man Sie und Frau Nöbauer einmal im Wald in einer verfänglichen Situation beobachtet hat.«

»Was für eine verlogene Drecksau behauptet so was?«

»Ich habe Sie gefragt, ob Sie eine unerlaubte geschlechtliche Beziehung zu Frau Nöbauer hatten!«

»Nein! Das ist eine hinterfotzige Verleumdung. Den wenn ich erwisch, der das gesagt hat!«

## V.

Der Verdacht gegen Lorenz Rettenbeck wächst. Zwei Buben vom Nachbaranwesen, die am späten Nachmittag auf der Wiese spielten, geben an, um etwa fünf Uhr beobachtet zu haben, wie sich von der Rückseite des Rettenbeck-Anwesens ein Mann in schwarzem Mantel auf den Weg in den Wald gemacht hat. Kurze Zeit danach hatten sie einen schwachen Schuss aus dieser Richtung gehört, dem aber zunächst keine Bedeutung beigemessen.

Der Ermittler hakt nach: »Habt Ihr den Mann erkannt?«

Die Buben zögern mit der Antwort, wechseln ratlose Blicke.

»War es Euer Nachbar, der Herr Rettenbeck?«, bohrt der Kommissar weiter.

»Weiß nicht«, sagt einer der beiden. »Es kann schon sein. Er hat halt so einen schwarzen Mantel gehabt, wie ihn auch der Lorenz manchmal anhat. Drum haben wir gemeint, dass er es gewesen ist. Wer solls auch sonst gewesen sein?«

»Ein anderer Mann wohnt ja nicht bei ihm«, ergänzt sein Bruder.

Die Altbäuerin des Nachbarhofs bestätigt die Beobachtung der Jungen. Auch sie hat eine Person um die fragliche Zeit vom Hof in Richtung Wald gehen sehen. Aber der Lorenz könne es nicht gewesen sein. Auf keinen Fall!

»Warum schließt du das aus, Bäuerin?«

»Weil der Lorenz eine ganz andere Gangweise hat. Er geht breit, und dabei wiegt er die Schultern. Der Mann aber, den ich gesehen hab, ist anderes gegangen. Mit kleinen Schritten, hastig, nach vorn gebeugt, die Schultern steif.«

Sie kann sich nicht vorstellen, dass Rettenbeck ein Mörder ist, und sie will ihn nicht unnötig belasten, denkt der Ermittler. Unter Nachbarn tut man das nicht. Wenn die Leut auf den abgelegenen Weilern klug sind, dann wissen sie, dass sie zusammenhalten müssen. Und dumm war diese Frau nicht.

Nachbar Brunner sagt: »Ich will dem Lorenz nichts nachsagen. Aber gewundert hab ich mich schon, dass er mich dazu braucht, um seiner Frau entgegenzugehen. Wie hat er denn wissen können, dass was Schlimmes passiert ist? Und obwohl es schon stockfinster gewesen ist, ist er direkt auf die Stelle zugegangen, wo die Hanni gelegen hat. Gewusst hat er auch gleich, dass sie umgebracht worden ist, obwohl man in der Dunkelheit erst mal nicht viel mehr gesehen hat als ein bisserl Blut, das ihr aus dem Mund gelaufen ist. Auch von Mitleid für sein armes Weib hab ich nicht viel spüren können, er hat immer nur darüber gejammert, dass er jetzt ruiniert wär.«

VI.

Die Ermittler waren weiter ausgeschwärmt, in die Höfe der Umgebung, im Pfarrdorf, in den Nachbargemeinden. Das Bild rundet sich.

Zu uns müssten sie mal herkommen, denkt der leitende Ermittler, der Herr Thoma und der Herr Ganghofer oder wie die Herrschaften alle heißen. Zu uns, nach Niederbayern. Aber ob sie große Lust hätten, über diese trostlosen Geschichten zu schreiben?

Er schlägt den Rapport auf.

Lorenz Rettenbeck wird 1880 geboren und wächst unter ärmlichen Verhältnissen auf. Nach der Schule bringt er sich das Maurerhandwerk und die Korbmacherei selbst bei, da seine Familie das Lehrgeld dafür nicht aufbringen kann. Er gilt bald als fleißiger und gewissenhafter Arbeiter. Im 1912er

Jahr heiratet er Johanna, die Erbin eines Anwesens im Weiler Edenthal. Ein eher kleiner Hof ist es, zu dem nur sechzehn Tagwerk an Acker- und Weideland und ein kleineres Waldstück gehören; man gehört damit nicht zu den Großen, kann aber passabel überleben – wenn die Familie nicht zu groß ist und die Bauersleute gut und sparsam wirtschafteten.

Lorenz Rettenbeck kann es, er ist kein Träumer, ist kräftig, mag die Arbeit, hat Ideen für die Zukunft. Johanna dagegen ist von Beginn an überfordert. Mit der Arbeit, mit seiner Energie, seinen Ansprüchen.

Sie spürt, dass er mit ihr unzufrieden ist. Nicht zu Unrecht, wie Nachbarn und Bekannte andeuten. Aber man müsse der Wahrheit die Ehre geben, Johanna habe zur Bauernarbeit wenig getaugt, habe Geld verschwendet, sich oft dumm angestellt, war nicht umsichtig, konnte nicht gut kochen, ging nicht sparsam mit den Vorräten um, immer wieder gingen Töpfe zu Bruch. Lorenz murrt, nimmt bald kein Blatt mehr vor den Mund, wird grober. Als wieder einmal eine wertvolle Stockmilchschüssel auf dem Steinboden der Speisekammer zerschellt, gibt er ihr eine Ohrfeige.

Ihr erstes und einziges Kind stirbt wenige Wochen nach der Geburt. Johanna beginnt zu kränkeln. Kaum ein Tag vergeht mehr, ohne dass sie aneinandergeraten. Sie klagt bei den Nachbarn darüber. Diese trösten sie, so gut es geht. Sie wissen aber auch um ihre Unfähigkeit. Und man mischt sich nicht ein.

Wer dies aber immer wieder tut, ist Johannas Mutter, die noch in einer Austragswohnung auf dem Hof lebt. Auch von Gutmeinenden wird sie als grundböse und zänkisch geschildert. Sie hasst Lorenz, verdächtigt ihn der Hofschleicherei, streut aus, dieser habe ihre Tochter nur geheiratet, um in den Besitz des Hofs zu kommen.

Die Ehe der beiden wird zur Hölle. Die Leute sagen: Johanna und Lorenz sind nicht gut verheiratet.

Als der Krieg ausbricht, hat er Glück. Wegen einer alten Beinverletzung wird er nicht eingezogen. Doch die Zeiten werden schwer. Die Generäle hatten einen kurzen Waffengang gegen verlauste Iwans und verweichlichte Franzmänner versprochen, dass er länger dauern würde, hatten sie nicht für möglich gehalten. Schon ab dem zweiten Kriegsjahr werden die Abgaben für die Bevölkerung lastender. Die Armee verbraucht alle Ressourcen, die Ernährung in den Städten gerät ins Stocken. Wer nicht zu den Begüterten gehörte, muss bald mit minderwertigem Rübengemüse und Ersatzkaffe vorliebnehmen. Zuletzt mangelt es auch daran. Und die Zahl der Gefallenen steigt stetig. Um die jungen Männer, die mit abgetrennten Gliedmaßen und anderen schweren Verwundungen entlassen werden, kümmert sich niemand, den äußerlich unverletzten, aber nervlich geschädigten »Kriegszitterern« wird Simulation und Arbeitsscheu unterstellt. Längst hat sich anfängliche Siegeszuversicht in Depression gewandelt. Und in Wut. Der Zusammenbruch kündigt sich an, doch bei den Herrschenden paart sich ein Zuviel an Selbstgewissheit mit mangelnder Phantasie, um eine Niederlage, gar einen Aufstand des Volkes für möglich zu halten.

Lorenz schuftet in diesen Jahren wie ein Besessener, um den Hof über Wasser zu halten. Johanna aber muss sich immer öfter ins Bett legen. Sie schaffe alles nicht mehr, heult sie sich bei den Nachbarn aus. Ihrem Mann käme gar nicht in den Sinn, auf ihre schwache Gesundheit Rücksicht zu nehmen, nur seine Arbeit kenne er, und sonst nichts. Etwas Liebes habe sie von ihm auch schon lange nicht mehr gehört. Nur Vorwürfe.

Johanna ahnt, dass diese nicht unbegründet sind, sie fühlt

sich unfähig und minderwertig. Ihre Klagen wechseln mit gehässigen Sticheleien und Anwürfen gegen Nachbarn. Deren Verständnis hat Grenzen, alles können sie sich nicht gefallen lassen. Sie wird angezeigt, wegen böswilliger Verleumdung verurteilt, Rettenbeck muss die Geldstrafe für sie bezahlen. Er beklagt sich im Dorf über seine Frau, macht seinem Zorn mit groben Worten Luft. Kaum jemand nimmt es ihm mehr übel.

Nach fünf Jahren stellt ihn Johanna vor vollendete Tatsachen. Sie war ohne sein Wissen und seine Zustimmung zu einem entfernten Verwandten marschiert, hat sich dort nach einer Haushaltshilfe erkundigt und kurz entschlossen eine Magd eingestellt. Lorenz tobt, er will sich das Geld dafür eigentlich sparen, gibt aber am Ende nach.

Er kennt Anna Nöbauer. In seiner Jugend hatte er einmal ein kurzes Techtelmechtel mit ihr gehabt, aber so überwältigend war diese Liebe nicht gewesen, die Zeitläufte hatten sie bald an andere Orte verschlagen, sie hatten es hingenommen und sich über die Jahre vergessen.

Auch sie ist seit längerem verheiratet, hat ein Kind, ihr Mann ist Soldat an der Westfront. Auch Anna ist froh, ein Dach über dem Kopf und Arbeit zu haben.

Ende 1918 ist sie schon ein Jahr auf dem Hof. Die Nachbarn, die tratschsüchtigen wie die ehrlich besorgten, haben die Zustände auf dem Rettenbeck-Hof schon seit langem im Auge. Aber auch sie erkennen an, dass die neue Magd für den Rettenbeck-Hof ein Gewinn ist. Anna ist sich für keine Arbeit zu schade, kann den Bauern gut nehmen, sie packt kräftig mit an, hält umsichtig und sparsam Haus, kocht ordentlich. Der Bauer ist zufrieden.

Und es geht wieder aufwärts. Auch die Bäuerin ist erleichtert, die Frauenarbeit auf dem Hof lastet jetzt nicht mehr allein auf ihren Schultern. Aber gleichzeitig regt sich in ihr der Verdacht, dass Anna ihr überlegen sein könnte. An Jugend, an weiblicher Attraktivität, an praktischer Intelligenz, an Energie. Johanna wittert Konkurrenz.

Sie hat Grund dazu. Die Liebe des Bauern zu seiner Frau ist längst erkaltet. Im Sommer werden Anna und er dabei beobachtet, wie sie in trauter Haltung im Wald verschwinden. Lorenz legt es nicht gerade drauf an, mit ihr zu schlafen, aber Anna ist nicht spröde, sie braucht es hin und wieder, und wann ihr Mann zurückkommt, und ob überhaupt, das weiß sie nicht.

So einfältig Johanna auch ist, so genau spürt sie doch, dass sich etwas entwickelt, was ihr gefährlich werden könnte. In flagranti hat sie die Beiden noch nicht ertappen können, dazu sind diese zu vorsichtig, und dazu kommt es zu selten vor. Was das heilige Sakrament der Ehe betrifft, ist Lorenz altmodisch, und er fürchtet eine Verurteilung durch die Menschen in seiner Umgebung. Doch schon die Vorstellung, betrogen zu werden, verletzt die Bäuerin zutiefst. Sie geht auf Anna los, bricht immer häufiger Streit vom Zaun. Der Bauer kann das Gekeife schließlich nicht mehr ertragen und will Anna entlassen. Aber dagegen stemmt sich Johanna wieder. Schließlich war es eine ihrer wenigen vernünftigen und erfolgreichen Initiativen gewesen, Anna auf den Hof zu holen. Ein weiteres Mal würde es ihr nicht gelingen, den Bauern damit zu überrumpeln. Und solle sie jetzt wieder allein die ganze Arbeit machen?

Anna hatte sich bereits auf den Weg zu ihrem Elternhaus aufgemacht, als Johanna sie wieder zurückruft und auf Knien bittet zu bleiben.

Doch nichts wird besser. Kaum hat Johanna ihren Willen durchgesetzt, fordert sie schon wieder das Gegenteil. Anna solle nun endgültig den Hof verlassen. Dieses Sodom und Gomorra nehme sie nicht länger hin. Ihre Mutter schürt eifrig nach.

Die Hanni spinnt, sagt Rettenbeck im Dorf. Komplett. Ich weiß mir langsam nimmer zu helfen. Manchmal regt mich die Frau so auf, dass ich sie glatt erschlagen könnt. Und die Alte dazu.

So kann es nicht mehr weitergehen. Beide denken über eine Scheidung nach. Doch sie müssen erkennen, dass dies ihr Ruin wäre. Würde der Hof zerschlagen oder verkauft, käme für beide zu wenig heraus, um sich mit dem Erlös eine neue Existenz schaffen zu können.

Kurz vor dem Mord spitzt sich die Lage zu. Schließlich streicht sogar die Schwiegermutter die Segel, sie zieht zu Verwandten. Jetzt will auch Anna Nöbauer endgültig gehen, sie hält das alles nicht mehr aus, sie will es auch ihrer Tochter nicht mehr zumuten, weiter in diesem Irrenhaus zu leben. Wieder rennt die Bäuerin jammernd hinter ihr her. Bitte geh nicht, hört eine Nachbarin sie schreien, ich komm doch allein nicht zurecht.

Dieselbe Nachbarin sagt auch: Der Lorenz ist uns immer ein eher gutmütiger, vor allem ein verlässlicher und hilfsbereiter Nachbar gewesen. Der Hof ist zum Zeitpunkt seiner Übernahme in miserablem Zustand gewesen, durch sein Zupacken ist die Wirtschaft überhaupt wieder auf die Höhe gekommen. Die Verhältnisse auf dem Hof allerdings sind für ihn immer unerträglicher geworden. Wie die Anna dann gekommen ist, hats einige Zeit ausgeschaut, als ob doch wieder ein bissl Vernunft bei den Rotterischen eingekehrt wär. Aber das war bald vorbei. Das Zusammenleben ist zuletzt so schlimm geworden, dass eins direkt fast Mitleid mit dem Lorenz hätt kriegen können.

Der leitende Kommissar muss eine Pause machen. Er fühlt sich unbehaglich. Fast hätte er Mitleid mit dem Bauern gehabt. Er fasst sich. Es passt alles, denkt er. Du kommst mir nicht mehr aus, Rettenbeck.

Er blättert weiter. Und hält inne. Von Anna Nöbauer gibt es mehrere polizeiliche und gerichtliche Rapports. In der Vorkriegszeit stand sie zweimal wegen Diebstahls und je einmal wegen Unterschlagung und Betrugs vor Gericht. Ihren Mann hatte sie erst nach der Geburt ihrer Tochter geheiratet.

Eine der Nachbarinnen in Edenthal, von deren Aussage er den Eindruck vernünftiger Abgewogenheit gewonnen hatte, sagt über sie: Die Anna lügt, wenn sie bloß das Maul aufmacht.

Der Kommissar liest die Abschrift ihrer Aussage erneut durch. Dann befiehlt er seinem Untergebenen, Anna Nöbauer noch einmal einzubestellen, und zwar unverzüglich.

VII.

Sie erscheint pünktlich. Sie hat mittlerweile eine Stelle in Peissenberg als Bedienung angenommen, ist besser gekleidet als auf dem Rettenbeckhof und jetzt beinahe das, was man als herbe Schönheit bezeichnen könnte. Sie wirkt unaufgeregt, mit halb geöffnetem Mund und etwas schläfrigem Blick hört sie dem Kommissar zu. Jetzt, da er von ihren Vorstrafen weiß, packt der Kommissar sie schärfer an.

Dazu aufgefordert, noch einmal ihre Erinnerung an die Geschehnisse am Tag des Mordes zu berichten, wiederholt sie ihre Angaben. Sie fügt einige Details hinzu, die ihr, wie sie sagt, im Nachhinein doch noch eingefallen sind.

Was sie zum Ablauf des Tages sagt, deckt sich mit Rettenbecks Aussage. Der Kommissar kommt ohne Umschweife auf ihre Beziehung zu ihm. Ihre Miene bleibt ausdruckslos.

»Was meinens denn damit, Herr Kommissär?«

»Fragen Sie nicht so dumm, ja? Sie wissen genau, was ich meine! Hatten sie geschlechtliche Beziehungen zu Herrn Rettenbeck?«

Sie streitet ab. Der Ermittler wird laut, macht Druck, droht ihr mit Gefängnis, wenn sie die Unwahrheit sage.

Ja gut, sagt Anna schließlich, ein- oder zweimal sei es doch passiert. Es sei sich halt so ausgegangen. Sie habe den Lorenz ja von früher her gekannt, sei lange vor dem Krieg kurz einmal mit ihm zusammen gewesen. Verschweigen habe sie es wollen, weil sie sich dafür schämte.

»Nur deshalb?«, setzt der Kommissar nach. »Nicht vielleicht auch, weil diese Tatsache den Verdacht nahelegt, Rettenbeck habe seine Frau ermordet, um mit Ihnen zusammen sein zu können?«

»Auch, ein bisschen, ja. Es wird ja so schon schlecht genug über ihn und mich geredet.« Sie senkt den Kopf. »Hab nie geglaubt, dass es so viel Hinterfotzigkeit gibt auf der Welt.«

Der Kommissar ist jetzt endgültig in Fahrt. »Frau Nöbauer, nun einmal heraus mit der Wahrheit: Hat Ihnen der Rettenbeck in Aussicht gestellt, im Falle des Ablebens seiner Gattin, sei es auf natürliche oder unnatürliche Weise, könnten Sie seine Bäuerin werden?«

»So ein Schmarren!«, braust sie auf. »Was für eine verlogene Sau behauptet so was?!«

»Benehmen Sie sich gefälligst, ja? Ich habe Sie etwas gefragt!«

»Aber wenns so ist, Herr Kommissär! Der Lorenz hat so was nie versprochen. Es hat ihm schon gefallen, aus Holz, hat er gesagt, ist er ja auch nicht. Aber er hat mir immer gesagt, dass er verheiratet ist und es deswegen mit uns nichts werden kann. Auf die Nachred von den Nachbarn kann er verzichten, hat er mir gesagt. Und außerdem, wie hätt so was auch gehen sollen? Ich bin doch selber noch verheiratet, das wissens doch, Herr Kommissär!«

»Sie rechnen also noch mit der Rückkehr Ihres Ehemannes?«

»Freilich! Wir schreiben uns ja.«

»Das Gebot der ehelichen Treue aber nehmen Sie eher auf die leichte Schulter, nicht wahr?«

Sie antwortet nichts darauf. Dann zuckt sie die Schultern. »Mei... wenn eins halt so lang allein sein muss... und ich genier mich ja eh dafür. Aber manchmal überkommt einen halt die Natur.«

Die Natur, wiederholt der Kommissar in Gedanken. Als hätte sie ein schmutziges Wort gebraucht, steigt ein plötzlicher Widerwillen in ihm auf. Um Beherrschung bemüht, entlässt er sie, weist sie aber darauf hin, sich weiterhin zur Verfügung zu halten.

VIII.

Die Ermittler sind sich einig: Da Raub oder versuchte Vergewaltigung als Tatmotive ausscheiden, gibt es nur noch einen Beteiligten, der vom Tod der Bäuerin profitieren könnte: ihren Ehemann. Der Staatsanwalt bereitet die Anklage vor, das Gericht beginnt mit seiner Untersuchung. Am 19. April 1920 beginnt die Verhandlung vor dem Landshuter Schwurgericht.

Doch kaum ist die Anklage verlesen, gerät die Verhandlung ins Stocken. Rettenbeck bestreitet lautstark, seine Frau ermordet zu haben. Seinem Verteidiger gelingt es, den Wert der Indizien und der belastenden Zeugenaussagen in Frage zu stellen, weist auf Widersprüche und Entlastungsmomente hin, die bei den Ermittlungen unberücksichtigt geblieben seien. Er fordert, weitere Zeugen zu vernehmen.

Die Verhandlung wird vertagt, die Kripo mit neuen Befragungen beauftragt. Rettenbecks Verteidiger stellt Antrag auf Aussetzung des Haftbefehls, auf dem Hof seines Mandanten sei dessen Arbeitskraft dringend benötigt, Fluchtgefahr bestehe nicht. Der Staatsanwalt hat keine Einwände. Rettenbeck wird entlassen und geht wieder an die Arbeit, es ist viel liegengeblieben während seiner Abwesenheit. Er denkt keine Minute an Flucht.

Neun Wochen später wird die Verhandlung wiedereröffnet. Erneut streitet Rettenbeck die Tat ab, wieder marschieren Ermittler, Zeugen und Gutachter auf. Eine Nachbarin sagt aus, dass Johanna Rettenbeck Wochen vor der Tat aufgelöst bei ihr erschienen sei und sich über Prügel und schlechte Behandlung beklagt habe. Ein Gasthausbesucher, dass er aus dem Mund Rettenbecks gehört habe, er würde seiner Frau liebend gerne einen teuren Grabstein stiften, wenn er sie nur endlich los wäre. Ein weiterer Zeuge, dass der Bauer in seiner Anwesenheit gesagt habe, er würde seine Frau am liebsten erschlagen.

»Ein Tötungsplan!«, fasst der Ankläger zusammen.

Andere Zeugen aber widersprechen. Gewiss, bei den Rettenbecks sei der Haussegen mehr als schief gehangen, und das seit Jahren, aber daran hätte auch die Schwiegermutter gehörige Schuld getragen, die gegen ihn einen regelrechten Krieg geführt und ihre Tochter gegen ihn aufgehetzt haben soll. Der Lorenz sei eigentlich ein fleißiger, umgänglicher, sogar eher gutmütiger Tropf. Und was die Streitereien betrifft, so dürfe man seine Worte nicht so sehr auf die Goldwaage legen, auf dem Lande gehe es halt einmal etwas grober zu, in manch anderen Familien sei es oft auch nicht viel besser.

Hat sich die Stimmung dadurch ein wenig zu Rettenbecks Gunsten gewendet, so sorgt er selbst dafür, dass sie gleich wieder kippt. Als er das Elend seiner Ehe schildern soll, bricht alle Not der vergangenen Jahre aus ihm heraus. Er lässt am Charakter und den Fähigkeiten seiner verstorbenen Frau kein gutes Haar. Darauf angesprochen und zurechtgewiesen, zuckt er ratlos die Achseln: »Aber wenns halt einmal die Wahrheit ist?«

Der Staatsanwalt holt seine Trümpfe aus dem Ärmel. »Und was war mit Ihrer Wahrheitsliebe, Angeklagter, als Sie aussagten, am Tag der Tat seien nur Sie, das Opfer, Ihre Magd und deren Tochter anwesend gewesen? Warum haben Sie verschwiegen, dass sich, wie mittlerweile bekannt, doch noch eine weitere Person auf Ihrem Hof aufgehalten hat. Nämlich der Georg Schickaneder? Können Sie das dem Gericht bitte erklären?«

Rettenbeck kommt ins Stottern.

Er habe in dem Moment einfach nicht mehr dran gedacht. Und als es ihm wieder eingefallen sei, habe er der Sache keine Bedeutung mehr beigemessen, schließlich sei der Schickaneder ja schon lange vor der Tat wieder gegangen. Der Mann sei ihm außerdem nicht unsympathisch gewesen, weshalb er vermeiden wollte, dass dieser in diese Sache hineingezogen, womöglich auch noch verdächtigt werde.

»Das mag ja ein schöner Zug von Ihnen sein, Herr Rettenbeck«, ätzt der Staatsanwalt. »Dennoch darf ich feststellen, dass Sie nicht nur unvollständige, sondern auch wahrheitswidrige Angaben gemacht haben. Sie haben in puncto Waffenbesitz mehr als widersprüchliche und unglaubwürdige Ausflüchte gebraucht, haben Ihre eheliche Untreue erst nach strengsten Vorhaltungen zugegeben! Und Ihnen soll das Gericht noch Glauben schenken?«

Rettenbeck windet sich, er spürt, dass sich die Schlinge um seinen Hals enger zieht. Er wird fahrig, verliert sich wortreich in Einzelheiten, beschimpft und bedroht die Zeugen, die von seinen Ausfällen gegen seine Frau berichteten, redet sich um Kopf und Kragen. »Ich bins nicht gewesen!«, brüllt er. »Die Anna kann doch bestätigen, dass ich im Stall gewesen bin. Warum wird sie nicht als Zeugin gerufen? Ich bestehe darauf!«

»Frau Anna Nöbauer nimmt nicht an der Verhandlung teil, weil sie ein ärztliches Attest eingereicht hat«, erklärt der Richter kühl. »Abgesehen davon, dass die Nöbauer Ihnen offenkundig zugetan ist und ihre Aussage daher minderen Wertes sein würde, ist ihr Erscheinen auch nicht mehr nötig.«

Der Staatsanwalt wendet sich in den Saal. »Ich fasse zusammen: Der Angeklagte hat das Gericht belogen, als er nach dem Besitz einer Waffe befragt wurde. Er hat wider besseres Wissen verschwiegen, dass sich am Tag der Tat noch eine weitere Person auf seinem Hof aufhielt. Er hat die Unwahrheit gesagt, als er geschlechtliche Beziehungen zu seiner Dienstmagd ableugnete. Er hat mehrmals und vor Zeugen erklärt, den Tod seiner Gattin zu wünschen. Und er ist der einzige Tatbeteiligte, der vom Tod seiner Gattin hätte profitieren können.«

Der Verteidiger wirbt um Verständnis für die Verwirrtheit seines Mandanten. Dessen Erregung sei nachvollziehbar, es gehe schließlich um seine Ehre, nicht zuletzt um sein Leben. Was aber die Beweise für Rettenbecks Schuld angehe, habe die Anklage nach wie vor nur vage Zeugenaussagen, die zu weiten Teilen als fragwürdiges Geschwätz zu werten seien, sowie einige Indizien, die zudem unterschiedlich interpretiert werden könnten. Richter und Geschworene ziehen sich zurück. Dann trägt der Vorsitzende das Urteil vor: Der Angeklagte Lorenz Rettenbeck ist des heimtückischen Mordes an seiner Ehefrau Johanna schuldig. Er wird hiermit zum Tode verurteilt.

Rettenbeck ist wie vom Donner gerührt. Er bringt kein Wort heraus.

Vergeblich sucht der Anwalt den Blick seines Mandanten. Dann verkündet er: »Wir nehmen dieses Urteil nicht hin.«

»Das ist Ihnen selbstverständlich unbenommen, Herr Justizrat«, erwidert der Vorsitzende nüchtern. »Die Verhandlung ist hiermit geschlossen.«

IX.

Zunächst hat nur das Gnadengesuch Erfolg. Die Prüfer müssen einräumen, dass die Verurteilung tatsächlich nur auf Indizien beruht. Wie auch, dass wegen der Nicht-Einvernahme wichtiger Zeugen einer möglichen Revision durchaus Erfolg beschieden sein könnte. Wenn nicht gar einer Wiederaufnahme, denn in mindestens einem Fall habe die Verteidigung nachweisen können, dass eine der angeblichen Todesdrohungen vom Zeugen unmöglich persönlich gehört werden konnte.

Das Urteil wird in Lebenslänglich umgewandelt.

Der Antrag auf Revision geht einige Wochen später ein. Die Prüfer machen sich an die Arbeit. Sie arbeiten gründlich. Über 500 Aktenseiten werden erstellt, um die neuen, von der Verteidigung beigebrachten Erkenntnisse zu bewerten.

Doch der Antrag wird abgeschmettert. Er verspräche keinen Erfolg. In der Summe, so das Gericht, würde eine neue Verhandlung zu keinem anderen Urteil kommen.

Der Anwalt legt dagegen Beschwerde ein. Die Einwände

seien nicht ausreichend berücksichtig worden. Auch die Beschwerde wird geprüft. Und verworfen.

Rettenbeck ist verzweifelt. Immerhin hält seine Familie zu ihm. Man trägt ihm Neuigkeiten zu: Anna Nöbauer bestätige zwar noch immer sein Alibi, soll aber gegenüber Bekannten geäußert haben, den wahren Täter zu kennen.

Es dämmert Rettenbeck, dass sie ein falsches Spiel gespielt haben könnte. Nach und nach fallen ihm eigentümliche Bemerkungen und Beobachtungen ein. Wieso hatte sie ihn damals gebeten, den Ermittlern zu verschweigen, dass ihr Cousin auf dem Hof gewesen war? Gewiss, sie wollte nicht, dass er verdächtigt wird. Aber wollte sie das nur deshalb nicht, weil es dann auch für sie gefährlich geworden wäre? Hatte sie Schickaneder vielleicht sogar zu der Tat angestiftet? Welchen Zweck könnte sie damit verfolgt haben? Dass er, Rettenbeck, für sie frei würde? Er hatte ihr doch nie Hoffnungen gemacht! Und sie selbst war doch auch noch verheiratet!

Und wieso macht sie nur in ihrem Bekanntenkreis Andeutungen, den Täter zu kennen? Warum erstattet sie gegen ihn keine Anzeige? Oder geht wenigstens zu seinem Anwalt?

Rettenbeck findet keine Erklärung. Anna reagiert nicht mehr auf seine Briefe. Sein Anwalt verschickt noch einige weitere Eingaben und Beschwerden, dann gibt er auf. Er glaubt nicht mehr an einen Erfolg. Auch nagen Zweifel an ihm, ob der Bauer nicht doch der Täter sein könnte, sein Verhalten am Abend der Tat, seine Ausflüchte über den Verbleib seiner Pistole irritieren auch ihn.

Lorenz Rettenbeck ist nahe dran aufzugeben. Er weiß nicht mehr weiter. Er weiß nur, dass er für eine Tat büßt, die er nicht begangen hat.

## X.

Mehr als acht Jahre vergehen. Dann schreibt Rettenbeck an Dr. Max Hirschberg. Er ist seine letzte Hoffnung.

Der Anwalt prüft die Ermittlungs- und Gerichtsakten. Er liest die Zeugenaussagen gründlich, er weiß nur zu gut, dass diese vom Protokollanten formuliert wurden, liest zwischen den Zeilen, markiert, was Behauptung der Befragten und was Interpretation des Beamten gewesen sein mussten. Er entdeckt Widersprüche, Verfahrensfehler, willkürliche Schlussfolgerungen, lässt sich von einem Professor der Technischen Universität die Sichtverhältnisse zum Zeitpunkt des Mordes berechnen und bekommt bestätigt, dass sämtliche Augenzeugen, die Rettenbeck beim Verlassen des Hofs gesehen haben wollen, einer Täuschung erlegen sein mussten. Er stellt fest, dass einige Zeugen die Morddrohungen des Bauern dramatisiert hatten, Rettenbeck sie keineswegs kurz vor dem Mord ausgestoßen hatte, sondern bereits vor Jahren und im Zusammenhang mit einer Geldstrafe, die gegen seine streitsüchtige Frau wegen einer ihrer Verleumdungen verhängt worden war und die er, ein bis zum Geiz sparsamer Wirtschafter, für sie zu zahlen hatte. Und dass Rettenbecks kopfloses Verhalten am Abend des Mordes und seine Ausflüchte vermutlich allein seiner Panik, der Tat bezichtigt zu werden, geschuldet gewesen sein mussten. Nicht minder erstaunt liest der Anwalt, dass der Stationsleiter der Griesbacher Bahnstation erklärt hatte, der zwielichtige Georg Schickaneder sei nicht schon kurz nach fünf Uhr – dem Zeitpunkt des Mordes an Johanna Rettenbeck – auf seinem Bahnhof eingetroffen, sondern erst eine Stunde später. Offenbar hatten die Ermittler und der Staatsanwalt diese Aussage nicht berücksichtigt, weil sie sich längst auf Rettenbeck als Täter eingeschossen und den Stationsleiter für einen Wichtigtuer gehalten hatten, der einem Erinnerungsirrtum zum Opfer gefallen sein musste. Zuletzt versucht der Anwalt sich ein Bild von Anna Nöbauer zu machen. Deren fragwürdige Vergangenheit lässt ihn stutzen.

Am Ende ist sich Dr. Herzberg sicher, dass er einen Justizirrtum vor sich hat. Lorenz Rettenbeck konnte die Tat nicht begangen haben. Zumindest hätte ihn das Gericht auf der Basis einer derart fadenscheinigen Beweislage nicht schuldig sprechen, geschweige zum Tode verurteilen dürfen. Niemals!

Er übernimmt den Fall. Sein erster Revisionsantrag wird abgelehnt. Die Prüfer gestehen zwar zu, dass die Einwände und die Kritik an Ermittlung und Verfahren in Teilen berechtigt sein könnten. Doch es sei nicht zu erwarten, dass das Gericht zu einem wesentlich anderen Urteilsspruch komme. Der Anwalt legt Beschwerde ein. Sie wird geprüft. Und verworfen. Erneute Beschwerde. Auch sie wird verworfen.

Aber Dr. Hirschberg lässt nicht mehr locker. Er findet neue Entlastungszeugen. Die Tochter Anna Nöbauers, mittlerweile volljährig und mit ihr entzweit, erklärt, von ihrer Mutter zu einer Falschaussage gedrängt worden zu sein. Und dass Mutter in ihrer Zeit als Magd bei Rettenbeck durchaus davon geträumt habe, bald Herrin auf dem Anwesen zu werden.

Immer mehr Zeugen fallen um, entpuppen sich als Schwätzer und müssen betreten gestehen, nur Vermutungen nachgeplappert zu haben.

Dr. Hirschberg stellt einen neuen Wiederaufnahmeantrag. Man belächelt ihn. Das Lächeln jedoch erstirbt, als er gleichzeitig eine Anzeige gegen Georg Schickaneder wegen Mordes und gegen Anna Nöbauer wegen Anstiftung macht.

Seine Strategie geht auf. Die Staatsanwaltschaft ist gezwungen, die Ermittlungen wiederaufzunehmen. Doch jetzt platzt den Prüfern des Obersten Gerichts der Kragen. Die Ermittlungen werden mit der Begründung eingestellt, die Ablehnung aller bisherigen Anträge hätte schließlich bewiesen, dass keine neuen Erkenntnisse zu erwarten seien. Und das neue Wiederaufnahmeverfahren wird abgeschmettert, weil die Ermittlungen gegen Schickaneder und Nöbauer eingestellt worden waren!

Doch statt sich geschlagen zu geben, läuft Dr. Hirschberg nun zur Hochform auf. »Diese Begründung ist eine Ungeheuerlichkeit!«, wettert er. In den folgenden Wochen geht eine Beschwerde nach der anderen im Justizpalast ein.

Längst ist die Öffentlichkeit auf Hirschbergs Kampf aufmerksam geworden. Bahnt sich ein Justizskandal an? Steht die Aufdeckung eines monströsen Fehlurteils bevor? Wurde ein Unschuldiger zum Tode verurteilt, weil nachlässig ermittelt wurde, die Kriminalbeamten sich von Vorverurteilungen leiten ließen? Saß ein Unschuldiger seit vielen Jahren im Zuchthaus, weil Gerichte ihre Arbeit nicht ordentlich machten? Alle Zeitungen berichten, der kämpferische Anwalt beherrscht die Klaviatur, regelmäßig versorgt er die Redaktionen mit Neuigkeiten. »Es ist ein Fall«, resümiert die »Nürnberger Zeitung«, »der zweifellos zu den interessantesten Kriminalfällen in ganz Bayern zählt und, um das vorwegzunehmen, einstmals vielleicht als Musterbeispiel eines Justizirrtums angeführt werden wird.«

Schließlich streckt der Generalstaatsanwalt die Waffen. Wieder wird der Landshuter Staatsanwalt zu Ermittlungen verdonnert. Doch dieser wartet, bis sich die Wogen geglättet haben, und lässt sie nach einer Anstandsfrist wieder einstellen. Es sei zwecklos, die Justiz mit dieser Angelegenheit noch länger zu belästigen, lässt er erklären, die Beweise gegen Georg Schickaneder und Anna Nöbauer reichten für eine Anklage einfach nicht aus.

Wieder legt Hirschberg Beschwerde ein. Gleichzeitig zieht er alle Register, aktiviert seine Verbindungen, führt Gespräche, munitioniert die Presse. Er überzeugt den Generalstaatsanwalt schließlich, sich der Beschwerde anzuschließen. Die Prozedur beginnt von vorne, wieder landet der Fall bei der Landshuter Staatsanwaltschaft.

Im Juni 1933 aber ist auch damit Schluss. Die Beschuldigten Schickaneder und Nöbauer werden endgültig außer Verfolgung gesetzt. Weitere Ermittlungen seien aussichtslos, es bestehe keine realistische Hoffnung mehr, die Wahrheit nach so langer Zeit noch zu ermitteln.

Doch die Grundlagen der ersten Verurteilung Rettenbecks sind mittlerweile pulverisiert. Eine Revision gegen die Verurteilung Rettenbecks muss zugelassen werden. Am 6. Juli 1934 gibt die Strafkammer Landshut dem Antrag auf Freisprechung statt, am selben Tag kommt das Gericht ohne neue Hauptverhandlung zum Schluss, dass von den für das damalige Todesurteil maßgeblichen Beweisen nichts mehr übriggeblieben ist. Lorenz Rettenbeck wird entlassen.

EPILOG

Einige Tage später reist Lorenz Rettenbeck nach München. Er will sich bei Dr. Hirschberg für seine Rettung bedanken. Im Paket unter seinem Arm befinden sich ein Schlegel guten Räucherschinkens und ein Dutzend würziger Dauerwürste, eine Spezialität aus seiner niederbayerischen Heimat. Der Herr Doktor war, das hatte er bemerkt, ein Feinschmecker.

# Das folgsame Mädchen
(1920)

## I.

Es gibt keinen Grund, dem Besucher die Auskunft zu verweigern. Er hat gute Manieren, ist ordentlich gekleidet, hat sein Anliegen in höflichem Ton vorgebracht, doch der Lehrer Mahl muss bedauern. Ein Fräulein Sandmann sei ihm nicht bekannt. Wie der Herr auf diesen Namen käme? Sei er sicher, dass sie von hier gebürtig sei, also von Odelzhausen?

Der junge Mann nickt. Graf Treuberg von Schloss Holzen habe ihm das Fräulein Sandmann als Köchin für seinen Vorgesetzten empfohlen.

Der Schneidermeister Heckenstaller hatte vom Nebentisch aus das Gespräch mitgehört. Er mischt sich ein. Schloss Holzen, sage der Herr?

»Genau.«

»Dann kann es sich nur um das Marerl handeln.«

»Marerl?«

»Die Tochter vom Sandmayr. Die ist auf Schloss Holzen in Dienst gewesen.«

»Sandmayr«, sagt der Fremde. »Ja, so könnte sie auch heißen.«

Der Lehrer wundert sich. Wenn der Graf dem Herrn das

Fräulein Sandmayr empfohlen habe, dann müsse der Herr doch den Namen wissen?

Der Fremde lächelt verständnisheischend. Was soll er dem Herrn Lehrer da sagen, manche Leute hätten eben eine Klaue, von Schönschrift keine Spur, auch manche Herrschaften sind da keine Ausnahme.

Das kann der Lehrer nur leidvoll bestätigen. Der Fremde lässt sich die Adresse geben, bedankt sich bei den Männern mit angedeuteter Verbeugung und entfernt sich.

In der nahe gelegenen Wohnung des Braugehilfen Xaver Sandmayr öffnet ihm eine Vierzehnjährige. Der Besucher hebt fragend die Brauen. »Fräulein Marie Sandmayr?«

Das Mädchen verneint. Die Schwester sei sie, die Resi. Der Vater sei leider gerade nicht da. Was der gnädige Herr denn wolle vom Marei?

Der Besucher wiederholt seinen Spruch. Das Fräulein Marie sei seiner Herrschaft als zuverlässige Köchin wärmstens empfohlen worden.

Vom Herrn Grafen?, wundert sich die Schwester insgeheim. Von ihrer Arbeit auf Schloss Holzen habe die Schwester doch immer eher reserviert berichtet. Was schließlich auch der Grund war, dass sie dort den Dienst quittierte. Das kühl und knapp gehaltene Zeugnis hatte Maria zusätzlich verärgert.

Der junge Mann schmunzelt nachsichtig. Bestimmt habe das Fräulein Schwester da was in den falschen Hals gekriegt. Wie käme Graf Treuberg denn sonst dazu, sie seinem Vorgesetzten zu empfehlen? Aber – wäre sie jetzt bittschön so freundlich, ihm zu sagen, wo er das Fräulein Schwester finden könne?

»Damit kann ich dem Herrn leider nicht dienen«, sagt die Schwester. »Die Maria ist in München in Stellung, aber wo, kann ich Ihnen nicht sagen. Bei recht nobligen Leuten halt, das hat sie uns geschrieben. Aber fragens doch in der

Schlosswirtschaft drüben nach, Herr. Da hat die Maria nach der Schulzeit gearbeitet, bevor sie auf Holzen gegangen ist. Die Wirtin und sie sind gut an. Sie wird bestimmt wissen, bei wem die Maria eingestanden ist.«

Der Besucher bedankt sich für den Rat und verabschiedet sich.

Die Wirtin der Schlosswirtschaft Odelzhausen lässt den Eintretenden spüren, dass sie zu tun hat. Sie misst ihn mit raschem Blick. Schneidiger Bursche, denkt sie. Und gut angezogen, keiner von den notigen Streunern, der sie anbetteln oder einen windigen Handel vorschlagen wird. Sie wird zugänglicher.

»Ob ich weiß, wo die Maria zu finden ist? Um was gehts denn?«

»Ich komm vom ›Hasenbräu‹ in Augsburg«, sagt der junge Mann. »Das Fräulein Sandmayr käm in Frage für eine Anstellung als Köchin bei uns. In ihrer Referenz hat sie auch Ihr Gasthaus angegeben. Und da ich grad zufällig geschäftlich in der Gegend bin, ist mir eingefallen, dass ich ja gleich bei Ihnen direkt nachfragen könnt, ob Sie für das Fräulein eine Empfehlung geben können.«

Die Wirtin muss nicht lange nachdenken.

»Aber jederzeit, Herr. Die Maria hat ja bei mir Kochen gelernt. Von mir kriegt sie das beste Zeugnis. Das Mädl ist arbeitsam und grundehrlich. Und mit den Leuten kann sie auch gut.«

»Na, das freut einen doch«, sagt der Besucher.

»Gut, ein bisserl eigensinnig hats schon sein können, die Maria, sie hat schon ihren eigenen Kopf. Sie ist zwar ein schmales Ding, wo eins meinen könnte, schon das leichteste Lüfterl bläst so was um. Aber wenn sie sich einmal was in den Kopf gesetzt hat, ist sie eisern. Aber sonst, Herr, kann ich bloß das Beste über sie sagen. Und allerweil sauber und adrett ist sie auch daher gekommen. Nicht so wie manche – entschuldigens – groben Bauerndotschen, mit denen sich eins manchmal herumärgern muss. Wenns bloß mehr von solchen gäb! Jedenfalls ists schad, dass sie von mir fortgegangen ist. Aber sie ist halt noch jung, da möcht man ja was sehen von der Welt, gell?«

»Das klingt doch bestens«, sagt der Besucher. Wisse die Frau Wirtin jetzt zufällig auch noch, wo er sie erreichen könne? Damit er alles Nähere gleich mit ihr direkt bereden könne?

»Aber freilich weiß ich das, die Maria hat doch keine Geheimnisse vor mir gehabt. Wegen was auch? Sie hats doch gut erwischt. Da, schauens, Herr – diese Postkarte hats mir neulich geschrieben.«

Der Besucher beugt sich vor und liest: Maria Sandmayr, bei Generalkonsul Kemmerich, München, Tengstraße 20.

»Muss ein mords nobler Haushalt sein«, sagt die Wirtin. »Na ja, wenn sie sich verbessern kann, vergönn ich es ihr. Sie hats ja momentan nicht leicht.« Die Wirtin blickt rasch in der Gaststube umher, bevor sie fortfährt: »Wissens, Herr, ihre Mutter ist schwermütig gewesen. Vor ein paar Wochen erst ist sie gestorben« – sie senkt die Stimme – »in der Psychiatrischen in München.«

»Traurig«, sagt der Besucher. Er bedankt sich, lüpft den Hut zum Abschied.

»Grüßen Sie mir die Maria recht schön«, ruft ihm die Wirtin nach. »Und sagens ihr, sie soll sich wieder bei uns sehen lassen, bei uns ist allweil die Tür für sie offen, gell?«

Der Fremde verspricht es, ohne sich noch einmal umzudrehen. Er hat es mit einem Mal eilig. Als er die Tür ins Freie öffnet, flattert im Windfang eine amtliche Verlautbarung. Er braucht sie nicht mehr zu lesen. Er kennt den Inhalt.

Gemäß Reichsentwaffnungsgesetz vom 7. August 1920 wird die Bevölkerung aufgefordert, alle Militärwaffen abzuliefern sowie geheime Waffenverstecke anzuzeigen. Bei Zuwiderhandlung droht eine Geldstrafe von 10 000 Mark oder eine Gefängnisstrafe bis zu einem Jahr.

Das Plakat ist am unteren Rand lädiert, die Partie, auf der Name von Verlag und Druckerei vermerkt sind, fehlt. Jemand hat sie abgerissen.

## II.

Als Generalkonsul Dr. Max Kemmerich am nächsten Morgen seinen Frühstücksraum betritt, muss er sich wundern. Hat er gerade recht gehört? Er mustert das Dienstmädchen unwillig. Was sage sie da? Das neue Mädchen sei heute Morgen nicht zum Dienst erschienen? »Kaum ein paar Tage in meinem Haus, und schon eine derartige Nachlässigkeit? Das fängt ja gut an.« Er nimmt einen Schluck Kaffee. Versöhnlicher fährt er fort: »Aber wollen wir noch ein wenig warten. Vielleicht hat sie schlicht verschlafen. Die Jugend...« Er hebt den Zeigefinger. »Aber wenn das künftig öfter vorkommt, müsste ich über Konsequenzen nachdenken, sag ihr das, ja?«

Das Kammermädchen nickt abwesend. »Ja, vielleicht hat sie verschlafen...«

Der Konsul betrachtet sie nachdenklich. Sie wirkt ernst. »Du meinst doch nicht, dass man sich Sorgen machen muss?«

»Ich weiß nicht«, sagt das Mädchen zögernd. »Weil... da ist nämlich gestern Abend, so gegen zehn, noch ein junger Herr zu ihr gekommen.«

»Ach! Das ist ja interessant!«, ruft der Konsul. »Habe ich nicht deutlich zum Ausdruck gebracht, dass es in meinem

Hause nicht erwünscht ist, wenn das Personal ihren Amants Einlass gewährt? Derartige Liederlichkeiten dulde ich nicht, verstanden?«

Das Kammermädchen wird rot. »Es war bestimmt kein Amant von ihr.«

»So? Was denn dann?«

»Weil... ich hab gehört, dass sie Sie zueinander gesagt haben. Er hat auch nicht ausgeschaut wie... wie irgend so ein Vorstadt-Lucki. Eher fesch. Wie ein Polizeikommissär. Oder einer vom Militär.«

»Wie? Er trug Uniform?«

Sie schüttelt den Kopf.

»Nicht? Woran willst du das dann erkannt haben?«

»Na, weil... so ein Lucki aus der Vorstadt, dem passt sein Gewand meistens nicht, auch wenn's ein sauberes ist, und... der geht immer so geduckt. So, als gings jeden Moment auf eine Rauferei. Der Herr aber hat was Kerzengerades gehabt in seinem Auftritt. Ich kann mich ja auch täuschen, aber –«

»Verstehe. Und was wollte der Mann von ihr, um diese späte Uhrzeit?«

»Weiß nicht genau. Sie haben im Gang draußen miteinander geredet. Er ist auch bald wieder gegangen. Hinterher aber ist die Maria ganz käsig im Gesicht gewesen. Ich hab sie gefragt, was der Herr von ihr gewollt hat. Sie hat erst nicht rauswollen damit, aber dann hat sie gesagt, dass er von einer Regierungskommission oder so was gewesen sei.«

Der Konsul sieht das Mädchen fragend an. »Von einer Regierungskommission? Bist du sicher?«

Sie nickt. »Die Maria hat gesagt, dass sie vor ein paar Tagen eine Meldung gemacht hat und dass er deswegen mit ihr hat reden wollen.«

»Eigenartig. Welche Meldung denn?«

»Genau hab ichs nicht verstanden. Sie hat von einer früheren Herrschaft auf einem Schloss erzählt, die wo so Gewehre versteckt hat. Und dass das streng verboten ist und die Pflicht von einem jeden, so was zu melden. Weil sie sonst selber gestraft wird, wenn sie was weiß und es nicht meldet, und –«

»Wie«, unterbricht der Konsul. »Höre ich recht? Ein Waffenversteck hat sie angezeigt? Bei ihrem früheren Dienstherrn? Zu deutsch: Sie denunziert ihn? Kein schöner Zug, muss ich sagen.«

»Aber wenn die Maria doch sonst eine Straf gekriegt hätt!«

»Ach was!«, blafft der Konsul. »So eine Narretei! – Und, was ist weitergeschehen? Was hast du noch mitbekommen? – Herrgott! So lass dir doch nicht alles aus der Nase ziehen!«

»Der... der Herr soll zur Maria gesagt haben, dass er ihre Meldung überprüft hat, aber dass an der Stelle, die sie angegeben hat, nichts gefunden worden ist. Und er deswegen noch mal nachfragen müsst, ob sie sich vielleicht mit dem Platz geirrt hat. Ein bisserl Angst hat er ihr wohl auch gemacht. Wenn sich nämlich rausstellen sollt, soll der Mann gesagt haben, dass sie bloß aus Boshaftigkeit einen ehrlichen Unschuldigen angezeigt hat, dann tät sie eine saftige Straf kriegen, das Amt tät da kein Pardon kennen.«

»Und«, bohrt der Konsul weiter. »Was ist danach geschehen?«

»Dann ist der Herr wieder gegangen, und auch die Maria wollt zu sich heim. Aber weil sie auf einmal so einen komischen Ausdruck im Gesicht gehabt hat –«

»Komischen Ausdruck?«

»Ja, so als – als hätt sie Angst. Drum bin ich noch mit rüber in die Elisabethstraße, wo sie ja ihre Kammer hat. Wir haben uns noch Gutnacht gesagt, und dann ist sie schnell ins Haus rein.«

Der Konsul überlegt. Wollte das Mädchen etwa so spät noch ausgehen? Sollte er sich so in ihr getäuscht haben?

»Hältst du es für möglich, dass sie danach noch bummeln gegangen ist? Oder weißt du etwas davon, dass sie sich nach ihrem Dienst noch in irgendwelchen Spelunken herumtreibt?«

»Glaub ich nicht, Herr Generalkonsul. Aber ich weiß es nicht, so lang kenn ich sie auch noch nicht. Ich hab dann ja auch schnell heimmüssen. Muss ja immer als Erste aufstehen.«

»Ihr fangt nicht zur gleichen Zeit an?«

»Schon. Aber ich steh allweil ein bisserl früher auf. Ich muss die Maria ja noch in alles einweisen, da präparier ich alles schon ein bisserl, damit alles nicht so lang dauert, wenn der gnä' Herr zum Dejeuner kommen. Aber die Maria kommt fast immer zur gleichen Zeit und auch ein bisserl früher und bringt die Milch rauf. Aber heut in der Früh eben nicht. Wo sie doch so eine Pünktliche ist und so akkurat in allem.«

Der Konsul nickte abwesend. Ein Regierungsbeamter suchte sein Hausmädchen zu später Stunde auf? Es war doch sie, die Anzeige erstattet hatte? Sie war doch keine Beschuldigte? Hätte es Nachfragen oder Unstimmigkeiten gegeben, so hätte doch genügt, sie einzubestellen? Und dann auch noch diese Waffensache. Heikel, denkt der Konsul, sehr heikel. Obwohl weitgereist und ein kultivierter Feingeist, verfolgte er dennoch aufmerksam, was sich in der Welt um ihn tat. Er wusste, dass die Politiker, die mit den verbotenen ehemaligen Einwohnerwehren und der Schwarzen Reichswehr sympathisierten, keinerlei Hehl daraus machten, dass sie die Beschränkung ihrer Macht als Verrat an den Interessen des deutschen Volkes betrachteten. Dass noch überall in Bayern Waffenverstecke existierten, in den Kellern von Burgen und Adelssitzen, in aufgelassenen Bierkellern und Bergwerken, in Klöstern –

das alles war kein Geheimnis. Die geheimen Verbände horteten sie für den Zeitpunkt, an dem man gegen die Regierung in Berlin ziehen würde, gegen die – wie ihre Führer krakeelten – Vaterlandsverräter und Sozi-Lumpen, denen das deutsche Volk die Schmach des Versailler Vertrags verdanke. Ihre hehren Ziele hinderten die mit der Verwaltung dieser Depots Beauftragten jedoch nicht, lukrative Geschäfte zu machen. Die österreichischen Faschisten gierten nach Bewaffnung und hatten gut gefüllte Kassen, Regierungsangestellte machten Doppelgeschäfte, indem sie Anzeigen über die Verstecke entgegennahmen und Informationen darüber, wie auch über die Anzeigenden an die Geheimbündler verkauften. Unter den Anzeigeerstattern waren nicht nur überzeugte Republikaner, sondern auch ehemalige, jetzt arbeitslose Soldaten, die an der Belohnung interessiert waren. – Und in dieses Hornissennest sticht dieses entsetzlich naive Ding vom Lande? Welch eine Narretei. Welch dumme, gefährliche Narretei.

Generalkonsul Kemmerich hat seinem Mädchen mit wachsendem Unbehagen zugehört. Macht die Neue jetzt schon Scherereien? Er will mit ihrem Unsinn nichts zu tun haben. Aber dennoch. Er mochte diese Maria Sandmayr. So jung, so frisch, so freundlich. Angenehm selbstbewusst, dabei aber nicht ungebührlich schnippisch. Und fleißig und umsichtig. Außerdem hatte sie schon am Tag ihres Einstands unter Beweis gestellt, dass sie hervorragend kochen konnte. Er würde sie nur ungern ziehen lassen.

Noch immer ruht der beunruhigte Blick des Hausmädchens auf ihm.

Der Konsul seufzt gequält auf.

»Nun, es wird sich klären«, sagt er. Verflucht, denkt er. Und heute ist so ein wunderbarer Tag.

Das Mädchen macht einen Knicks. »Ja«, sagt sie leise.

»Schön«, sagt der Konsul. »Hör zu: Du lässt mich erst einmal in Ruhe zu Ende frühstücken. Nachdem du abgeräumt hast, nimmst du dir den Sohn des Hausmeisters und siehst mit ihm in Marias Kammer nach, in Ordnung? Hoffen wir, dass sie nicht krank ist und Hilfe braucht. Mach mir übrigens noch einen Kaffee, ja? Dieser hier ist bereits lauwarm.«

Das Mädchen nickt stumm, macht einen Knicks und hastet in die Küche zurück.

III.

Vom Turm von St. Joseph dringt das Mittagsläuten, als Generalkonsul Dr. Kemmerich die Wache der Schutzmannschaft Schwabing-West betritt. Sein Dienstmädchen begleitet ihn.

»Verschwunden?«, fragt der Schutzmann. »Bei allem Respekt, Herr Generalkonsul. Aber übertreibens da jetzt nicht ein bisserl? Ich mein, wegen ein paar Stunden Zuspätkommen?« Er denkt: Gleich auf die Wache zu rennen und mir die Zeit stehlen, bloß weil ein faules Weibsbild nicht pünktlich zur Arbeit erscheint, ziemlich hysterisch ist das.

Der Konsul drückt sein Kreuz durch.

»Ich habe Anlass, die Sache einigermaßen ernst zu nehmen, ja? Wenn der Herr Wachtmeister anderer Meinung sein sollte und sich entgegen der Vorschrift weigert, sich unverzüglich meiner Sache anzunehmen, bestehe ich auf einem Gespräch mit Ihrem Vorgesetzten. Habe ich mich deutlich genug ausgedrückt?«

Der Wachhabende lenkt ein. Seufzend greift er nach dem Anzeigenformular und setzt seinen Stift an.

*Der auf der Wache erschienene Herr Generalkonsul Dr. Max Kemmerich zeigt das Verschwinden seiner Hausbediens-*

*teten Sandmayr Maria, Alter 19 Jahre, an. Genannte sei an diesem Morgen, dem 6. Oktober 1920, nicht wie üblich zu ihrem Dienst erschienen. Der Anzeigesteller erklärt, dass sich die S. bisher als äußerst zuverlässig erwiesen hat sowie dass gewisse verdächtige Umstände Anlass zur Sorge gäben, der S. könnte etwas zugestoßen sein. Die in Begleitung Herrn Generalkonsuls Dr. Max Kemmerich ebenfalls erschienene Kammerjungfer Schneidt Maria erklärt hierzu, gegen 9 Uhr des heutigen Tages auf Anweisung ihres Dienstherrn in der Wohnung der S. Nachschau gehalten zu haben, wobei sie durch einen Blick durch das Fenster feststellen konnte, dass das Bett der S. leer und unberührt war und das Licht noch brannte, was nicht die Gepflogenheit der Sandmayr gewesen sei.*

### IV.

Während der Wachhabende diese Angaben in das Wachbuch kritzelt, wandern zwei arbeitslose Handwerksburschen auf der Landstraße von Starnberg nach München. Das Wetter ist gut; nach verregneten Tagen scheint endlich wieder einmal die Sonne. Um sich nicht der prallen Sonne auszusetzen, verlassen die beiden jungen Männer die Chaussee und nehmen den Pfad zwischen Straße und dem Rand des Forstenrieder Waldes. Sie befinden sich nur noch wenige Kilometer vor dem kleinen Dorf Solln, als einer der beiden Männer stutzt. Er greift seinen Nebenmann am Ärmel und zeigt ins Dickicht.

»Was ist das?«

Sie biegen die Zweige beiseite, gehen einige Schritte in den Wald. Nach einigen Metern stockt ihnen der Atem. Vor ihnen, mit dem Kopf an den Stamm einer jungen Fichte lehnend, liegt eine junge Frau. Um ihren Hals ist ein Strick geschlungen, ihre Zunge hängt heraus, ihre Lippen sind blau. Über ihrem Kopf ist ein Zettel befestigt. In großen Lettern ist zu lesen: *Du Schandweib hast verraten dein Vaterland, du wurdest gerichtet von der Schwarzen Hand.*

Auf der Starnberger Chaussee radelt zur gleichen Zeit ein Schutzmann der Stadt zu. Er bemerkt zwei junge Burschen, die aus dem Gebüsch des Waldrandes rennen und, als sie ihn sehen, wild gestikulierend auf ihn zustürmen. Er steigt ab.

V.

Im Büro der Abteilung I in der Polizeidirektion München herrscht Geschäftigkeit. Kriminaloberinspektor Georg Reingruber hat gerade eine seiner regelmäßigen Besprechungen mit Staatsanwalt Dresse beendet, als ihm die Meldung überbracht wird. Er trommelt sofort alle verfügbaren Untergebenen zusammen, ordert eines der neuen Einsatzfahrzeuge und macht sich auf den Weg zum Tatort.

Am frühen Nachmittag treffen er und seine Mitarbeiter dort ein. Der Oberinspektor ordnet die Sicherung der Spuren an. Eine Schleifspur vom Leichenfundort zum Straßenrand fällt auf, außerdem ein deutlicher Ölfleck. Die Kleidung der Toten ist trocken, obwohl es bis weit nach Mitternacht geregnet hat, die Erde unter ihr noch feucht ist.

Tatort ist nicht mit Fundort identisch, notiert Reingruber in Gedanken. Die Leiche wurde erst in den frühen Morgenstunden an die Fundstelle verbracht. Wieder fällt sein Blick auf das Pappschild, das über der Toten baumelt. Fehlerfreie Rechtschreibung, denkt er, aber ein miserabler Reim.

Dann wird die Leiche abtransportiert. Die Obduktion bestätigt, was die Beamten schon mit bloßem Auge erkannt hatten. Die junge Frau wurde stranguliert, es gibt Hautabschürfungen an Ellbogen und Knöcheln, aber keine Kampfspuren an den Händen. Sie muss von ihrem Mörder überrascht worden sein.

## VI.

Oberinspektor Reingruber lässt bei den Schutzpolizeiwachen des Stadtgebiets nach als abgängig gemeldeten Personen forschen. Nur kurze Zeit danach ist die Identität der Toten geklärt. Ihr Äußeres deckt sich mit der Beschreibung, die der Beamte der Westschwabinger Wache übermittelt hatte. Der zur Identifizierung gerufene Konsul bestätigt bestürzt, dass es sich bei der Toten um sein Küchenmädchen handelt.

Der Oberinspektor lässt sich von ihm und seiner Hausangestellten berichten, was in der vergangenen Nacht geschah. Das Mädchen kann den späten Besucher gut beschreiben. Aber damit ist noch nicht viel gewonnen, junge Männer mit militärischem Habitus gibt es in der Stadt wie Sand am Meer.

Die Beamten der Kriminalabteilung schwärmen aus. In Odelzhausen befragen sie Familienmitglieder und Bekannte. Sie stoßen auf eine erste Spur.

Man erinnert sich an den Besuch des Unbekannten, der sich nach Marias Münchner Adresse erkundigt hatte. Dessen Beschreibung zeigt Ähnlichkeit mit jener, die Konsul Kemmerichs Hausangestellte über den Besucher in der Nacht zuvor abgegeben hatte. Doch beim »Hasenbräu« weiß man weder davon, dass sich ein Firmenreisender in der fraglichen Zeit in Odelzhausen oder Umgebung aufgehalten hat, noch, dass je eine Anstellung eines Fräulein Sandmayr in Erwägung gezogen worden war. Auch der Herr auf Schloss Holzen bestreitet, für das Mädchen eine Empfehlung ausgesprochen zu haben. Dazu habe es absolut keinen Anlass gegeben, fügt der Graf mit gerümpfter Nase hinzu, man sei mit ihren Leistungen nicht zufrieden gewesen, den Anforderungen eines hochherrschaftlichen Haushalts sei sie nur höchst ungenügend gewachsen gewesen.

Ein zweites Ermittler-Duo hat währenddessen damit begonnen, das Vorleben der Toten auszuforschen. Die Kommissare bringen in Erfahrung, dass es einen verflossenen Liebhaber namens Fritz Wenninger gibt, der ihr von Odelzhausen nach München gefolgt war. Von ihm wird berichtet, dass er sie heiraten wollte und nicht verkraftet hatte, dass ihm Maria vor noch nicht allzu langer Zeit den Laufpass gab, da sie sich in einen strebsamen jungen Gärtnermeister namens Fuchs verliebt hatte. Fritz Wenninger wird als rabiater Bursche beschrieben, der keiner ordentlichen Arbeit nachgeht und sich mit Vorliebe in zweifelhafter Umgebung aufhält. Dass er ihr nachgestellt und versucht haben soll, sie mit Liebesschwüren, aber auch mit Drohungen wieder zurückzugewinnen, sogar erst vor wenigen Tagen noch vor dem Haus ihres Dienstherren, macht die Beamten hellhörig.

Bei seiner Schlafstelle in Untergiesing finden die Beamten jedoch nur ein unbenutztes Bett. »Er ist seit einigen Tagen verschwunden«, berichtet die Hausfrau. »Keiner hat ihn mehr gesehen. Seine Habseligkeiten hat der Hungerleider auch mitgenommen, viel wars eh nicht, auf dem letzten Zins sind wir auch hockengeblieben, wo kann man so was anzeigen? Auf der Schupo-Wache im Viertel lachen die einen ja bloß aus.«

»Wann hat er das letzte Mal hier geschlafen?«, kürzt der Ermittler die Klagen ab.

Die Frau überlegt. »Am vierten muss es gewesen sein.«

Die Beamten wechseln einen bedeutungsvollen Blick. Maria

Sandmayr war in der Nacht vom 5. auf den 6. Oktober ermordet worden.

VII.

Oberinspektor Reingruber ruft die Abteilung I zur Lagebesprechung. Er hört sich die Berichte seiner Leute an. Dann ordnet er an, sich von Staatsanwalt Dresse einen Haftbefehl für Wenninger ausstellen und landesweit nach dem Flüchtigen fahnden zu lassen. Sein Verschwinden kurz nach der Tat mache ihn mehr als verdächtig, das Motiv – Eifersucht – passe ebenfalls.

»Aber das Schild? Das mit der ›schwarzen Hand‹?«, wendet einer der Kommissare ein.

»Könnte ein Ablenkungsmanöver sein«, gibt Reingruber zurück. »Kein gar nicht so dummes, übrigens. Wir müssen aber trotzdem herausfinden, ob dieser Wenninger irgendetwas mit der Schwarzen Reichswehr oder anderen Verbänden zu tun gehabt hat.«

»Und was ist mit dem Besucher in der Tengstraße?«, will einer der Ermittler wissen. »Immerhin könnte er einer der Letzten sein, die sie noch lebend gesehen haben. Die Sache mit ihrer angeblichen Anzeige ist doch ziemlich eigenartig.«

»Wieso angeblich?«, fragt ein Kollege.

»Weil wir alle Wachen in der Stadt befragt haben. In keiner ist aber eine Anzeige wegen eines illegalen Waffenlagers eingegangen.«

Der Frager nickt verstehend. Wahrscheinlich ist sie unter einen Tisch gefallen, denkt er, ganz versehentlich, natürlich.

Oberinspektor Reingruber hatte für einen Moment geschwiegen. Dann sagt er: »Ich möchte trotzdem wissen, wer dieser Besucher gewesen sein könnte.« Er sieht in die Runde: »Das Zimmermädl vom Konsul habt ihr ja befragt, ob es der Wenninger gewesen ist?«

»Selbstverständlich«, sagt einer der Kommissare, ein wenig indigniert. »Vorher aber haben wir noch mit der Gendarmerie in Odelzhausen telefoniert, die ihn ja kennt. Der Fremde, der sich dort nach ihr erkundigt hat, ist auf keinen Fall der Fritz Wenninger gewesen. Auch das Zimmermädl in der Tengstraße ist sich sicher, weil sie ihn schon einmal vor dem Haus gesehen hat. Der Besucher, sagt sie, hat völlig anders ausgesehen. Aber das hätten wir uns sparen können.«

Der Oberinspektor macht eine ärgerliche Handbewegung. Genauso, wie ich mir die Frage hätte sparen können, denkt er. Das Mädchen hatte schließlich klar und deutlich darauf hingewiesen, dass sich Maria Sandmayr und der Unbekannte gesiezt hatten. Werde ich langsam alt, oder macht mir die Sache doch mehr Kopfzerbrechen, als ich mir zugestehen möchte? Sie gefällt mir gar nicht.

Er richtet sich auf. »Das Innenministerium hat eine Belohnung von 3000 Mark ausgeschrieben«, verkündet er. »Und jetzt an die Arbeit, meine Herrschaften!«

Es klopft. Im Türrahmen steht ein Beamter des Wachdienstes. Er weist hinter sich.

»Da wär ein Herr, der eine Aussage zur Sache Sandmayr zu machen hätt. Hat grad wer Zeit, oder soll er später noch einmal kommen?«

Idiot, denkt Reingruber.

## VIII.

»Ich hab von dem Mord im Forstenrieder Wald in der Zeitung gelesen«, sagt Guido Ziegler.

Der Oberinspektor runzelt die Stirn. In der Zeitung? Wann?

Sein Gegenüber lächelt nachsichtig. »Ich bin Geschäftsführer der Druckerei Waldbaur in der Sendlinger Straße«, erklärt er. »Ich sehe die Druckmatern schon lange, bevor die Zeitungen an den Stand kommen.«

»Was haben Sie zur Sache auszusagen, Herr Ziegler?«

»Wird meine Aussage vertraulich behandelt, Herr Oberinspektor?«

»Wenn Sie darauf Wert legen, ja. Aber warum sollte sie das?«

»Weil ich nicht genau weiß, ob ich ... nun, ich möchte nicht in politische Sachen hineingezogen werden. Aber ich habe es für meine Pflicht gesehen, der Polizei mitzuteilen, dass eine junge Frau, auf die die Beschreibung, vor allem das Alter passt, vor ungefähr einer Woche in unsere Druckerei gekommen ist und gesagt hat, dass sie gern eine Anzeige machen möcht. Ich habe zuerst nicht genau verstanden, aber sie hat erklärt, dass sie unsere Adresse auf einem amtlichen Anschlag gelesen hat. Ich habe versucht, sie darauf hinzuweisen, dass wir bloß die Druckerei sind.«

»Und? Weiter?«

»Na ja, dann war sie erst ein bisschen ratlos. Ich wollt sie erst wegschicken, weil wir da ja nicht zuständig sind. Aber nachdem sie was von Waffen und dergleichen erwähnt hat, bin ich auf die Idee gekommen, sie mit ihrem Anliegen zur Bezirkszentrale unserer Einwohnerwehr in der Klenzestraße zu schicken. Ich hab gerade Zeit gehabt und hab sie dorthin gebracht, weil sie sich in München noch nicht recht auskannte. Dort hab ich Sie Herrn Zeller übergeben, dem Leiter der Bezirksstelle, der ein langjähriger Kunde unserer Firma ist und den ich als umgänglichen und verständigen Menschen kannte. Was sich auch bestätigte. Er ist sehr freundlich zu ihr gewesen und hat sich sofort ihrem Anliegen angenommen.«

Darf das wahr sein?, denkt der Oberinspektor.

»Und, weiter?«

»Nichts weiter, das Fräulein hat sich bei mir bedankt, und ich bin wieder an meine Arbeit gegangen, Herr Oberinspektor. Das ist alles. Ich hab halt gedacht, dass es vielleicht von Bedeutung sein könnte. Und habe es als meine Pflicht angesehen, es zu melden.«

Für wie blöd hältst du mich?, denkt Reingruber. Du hast bloß Angst, dass man dir einen Strick drehen könnte, wenn sich herausstellt, dass du ein naives Ding, das ein illegales Waffenlager anzeigen möchte, ausgerechnet zu den Leuten schickst, die es angelegt haben.

Er lässt sich nichts anmerken, lässt den Geschäftsführer das Protokoll unterzeichnen und verabschiedet ihn.

Er stapft geladen ins Nebenzimmer und befiehlt, den Kaufmann Alfred Zeller, Bezirksleiter der Bayerischen Einwohnerwehr, zur Vernehmung einzubestellen, und zwar unverzüglich. Dann ruft er seinen engsten Mitarbeiter zu sich. Er wartet ab, bis dieser die Tür hinter sich zu gemacht hat.

»Haben wir einen Informanten im ›Café Fürstenhof‹?«, fragt er. »Ich meine einen verlässlichen, keinen Märchenerzähler?«

»Im ›Fürstenhof‹?« Der Kommissar muss nicht lange überlegen. »Natürlich. Genauer gesagt: eine. Die allerdings auch die Hand aufhält. Kann ich ihr was zusagen?«

»Du kannst.«

»Es ist also wichtig? Für den Fall Sandmayr, oder –?«

»Für den Fall Sandmayr, was sonst«, kürzt Reingruber gereizt ab. »Im ›Fürstenhof‹ trifft sich halbseidenes Geschwerl mit Geldsäcken, es ist der Treffpunkt für höhere Einwohnerwehrleute, abgehalfterte Reichswehroffiziere, Waffenschieber, aber auch von Agenten der Regierung und Angestellten des Entwaffnungsbüros der Entente, unter ihnen einige ziemlich zwielichtige Herrschaften, die sich ihre Informationen über gefährdete Waffenlager versilbern lassen. Wir müssen wissen, ob dort über die Sandmayr geredet wird, und wie. Verstanden?«

Der Kommissar steht auf und führt die Hand zackig an die Schläfe.

»Wird erledigt, Herr Oberinspektor.«

Reingruber sieht ihm hinterher. Er fühlt sich unbehaglich.

### IX.

»Richtig, ich erinnere mich. Das Fräulein suchte mich in unserem Büro auf«, sagt Alfred Zeller gelassen. »Aber ich sah keinen Anlass, diese Begebenheit zu melden. Die Bayerische Einwohnerwehr hat mit diesem Mord nämlich nichts zu tun, das möchte ich in aller Entschiedenheit betonen. Wir lassen uns nicht verleumden.«

»Dafür habe ich Verständnis, Herr Zeller«, sagt der Oberinspektor. »Hat sich das Fräulein Sandmayr mit Namen vorgestellt?«

»Soweit ich mich entsinne, wollte sie zuerst unerkannt bleiben.«

»Dann aber nicht mehr?«

Wie locke ich so einem Hascherl ihren Namen raus?, denkt

der Oberinspektor. Indem ich sie für ihre Courage und ihr Pflichtbewusstsein lobe und ihr eine Belohnung in Aussicht stelle?

»Nein, am Schluss sagte sie doch noch ihren Namen.«

»Ihre Adresse auch?«

»Möglich, aber daran erinnere ich mich nicht mehr. Ich habe jedenfalls nur so getan, als würde ich ihre Angaben notieren. Sie können sich vorstellen, dass ich bei dieser Angelegenheit innerlich schmunzeln musste.«

»Nur schmunzeln, Herr Zeller? Ein offenes Wort: Es ist kein Geheimnis, dass Ihr Verband mit größter Vehemenz gegen das Entwaffnungsgesetz gekämpft hat, wie auch, dass er es als Verrat an der Wehrhaftigkeit des Volkes klassifiziert, wenn jemand ein illegales Lager angibt.«

»Sie haben recht, Herr Oberinspektor. Ich hätte eher empört sein müssen. Aber eine derartige Unbedarftheit – nun, die ganze Situation war eher komisch, fast rührend, verstehen Sie?«

»Ich verstehe«, sagt Reingruber. »Was unternahmen Sie danach in dieser Sache?«

Der Einwohnerwehrführer lächelt herablassend. »Nichts. Ich hielt die Angaben dieses beschränkten Dings für eine Einbildung.«

»Nichts? Unbedarft oder nicht – das Fräulein Sandmayr hat doch zu erkennen gegeben, dass sie entschlossen war, ein Waffendepot anzuzeigen. Wie konnten Sie sicher sein, dass sie diese Information nicht auch noch woanders zum Besten gibt, und sie am Ende an der richtigen Stelle landet?«

»Weil ich die Verhältnisse auf Schloss Holzen zufälligerweise gut kenne, Herr Oberinspektor. Graf Treuberg steht wie der gesamte bayerische Adel unserer Bewegung zwar geistig nahe und unterstützt sie nach Kräften, nicht aber in dieser

Form. Ich war mir daher sicher, dass eine Durchsuchung ohne jedes Ergebnis geblieben wäre. Wenn Ihre Frage also darauf zielte, ob ich Graf Treuberg informiert habe, ist meine Antwort: Nein. Dazu war die Sache zu lächerlich. Als Bezirksleiter der Einwohnerwehr und hauptberuflicher Kaufmann habe ich schließlich auch noch anderes zu tun.«

»Sie haben auch niemand anderem davon berichtet?«

»Jedenfalls sah ich keinen Anlass, diese Information an einen Agenten der Regierung oder der Entente weiterzuleiten, wenn Sie das meinen. Sie werden dafür Verständnis haben, dass ich als Bezirksleiter keinerlei Interesse daran habe, dass uns unterstellt wird, wir würden gegen Reichsgesetze verstoßen.«

Reingruber nickt gallig. »Dafür habe ich natürlich Verständnis. Aber haben Sie es vielleicht jemand anders mitgeteilt? Der Landesleitung vielleicht?«

»Daran erinnere ich mich nicht. Gut, vielleicht habe ich es in geselliger Runde zum Besten gegeben, etwa auf dem Landesschießen in Neufreimann in der vergangenen Woche. Die Sache ist ja auch wirklich ein köstlicher Witz. Dieses dumme Weibsstück!«

»Was bedeutet ›gesellige Runde‹, Herr Zeller?«

»Ich bitte Sie, Herr Oberinspektor. Es war spät, die Teilnehmer habe ich mir nun wirklich nicht notiert. Aber ein Landesschießen der Bayerischen Einwohnerwehr ist kein konspiratives Treffen, wenn Ihre Frage darauf abzielen sollte. Unsere Organisation ist fest im öffentlich Leben verankert, und höchste Kreise lassen sich die Gelegenheit nicht nehmen, sich auf unseren Veranstaltungen zu präsentieren.«

»Zum Beispiel?«

»Nun, ich darf unter vielen Baron Fürstenberg erwähnen. Auch Vertreter des Justizministeriums, wie etwa Ministerialreferent Dr. Gärtner, sind häufig anwesend. Nicht zuletzt Ihr Vorgesetzter, Herr Polizeipräsident Pöhner, nicht wahr?«

Reingruber nickt bedächtig. Er steht auf. »Ich danke Ihnen, dass Sie sich herbemüht haben, Herr Zeller.«

»Immer zu Diensten, Herr Oberinspektor. Ich hoffe, dass meine Ausführungen mit dazu beigetragen haben, bei Ihren Ermittlungen unnötige Umwege zu vermeiden.«

»Ja, danke«, wiederholt Reingruber. »Ich lasse Sie hinausbringen.«

Der Einwohnerwehrführer lächelt. »Keine Umstände, Herr Oberinspektor. Ich kenne mich im Hause aus.«

Der Oberinspektor bleibt nachdenklich zurück. Die Anzeige hatte also bereits am nächsten Tag innerhalb der Führungsspitze der Einwohnerwehr ihre Runde gemacht. Und drei Tage später tauchte ein Unbekannter in Odelzhausen auf und erkundigte sich nach dem Aufenthaltsort der Sandmayr. Und bei diesem Mann handelte es sich nicht um den flüchtigen Fritz Wenninger, ihren ehemaligen Bräutigam. Wenn dieser aber nichts mit dem Mord zu tun hatte, wieso machte er sich ausgerechnet in der Mordnacht aus dem Staub?

## X.

Vier, fünf Tage vergehen. Die Fahndung beginnt zu greifen, doch Fritz Wenningers Spur verliert sich in Straßburg.

Der Oberinspektor nimmt die Nachricht mit grimmiger Miene entgegen. Viel Spaß bei der Fremdenlegion, denkt er.

Endlich meldet auch der Spitzel aus dem Café Fürstenhof Vollzug. Ein Fritz Wenninger sei nie im Café gesichtet worden, die hohen Preise hätten einem einfachen Tagelöhner einen Besuch auch nur schwerlich erlaubt. Den Gästen sei ein

Mann dieses Namens ebenfalls kein Begriff. Über den Mord an Maria Sandmayr sei gesprochen worden, durchaus im Ton der Befriedigung darüber, dass einer Verräterin eine gerechte Strafe zuteilgeworden wäre. Jedoch sei nie in diesem Zusammenhang der Name eines Fritz Wenninger gefallen. Die Informantin bestätigt, dass die Bayerische Einwohnerwehr und die Schwarze Reichswehr sehr wohl verdeckt agierende Einheiten in Trupp-Größe unterhalten, die mit Waffenhandel und der Sicherung der vor Entente und Reichsregierung bedrohten illegalen Depots beschäftigt sind, aber offenbar war Wenninger in keinem dieser Trupps aktiv. Er könnte höchstens einmal während des Sturms auf München Mitglied einer Einheit der Einwohnerwehr gewesen sein, aber wenn, dann höchstens im Chargen-Bereich, er war sicher nie für wichtige Aktionen beigezogen worden.

Klar, denkt der Oberinspektor. Wenninger hatte schließlich nicht den Stallgeruch der alten militärischen Elite, sondern war nur ein landproletarischer Strizzi, bereits zweimal wegen Betrugs vorbestraft. Dass sich der Zeitpunkt seiner Flucht mit dem des Mordes an Maria Sandmayr deckte, könnte daher reiner Zufall sein. Seit längerem war er auf der Flucht vor seinen teils ziemlich rabiaten Gläubigern gewesen, und das, zusammen mit der Frustration über Marias Abweisung, trieb ihn möglicherweise zu diesem Schritt.

Reingruber nimmt seine Brille ab und massiert sich die Nasenwurzel. Diese Wendung passt ihm gar nicht. Ein normaler Mord wäre ihm lieber gewesen. Einer mit einem soliden Motiv, Habgier, Hass, Eifersucht. Ein schöner, einfacher Mord eben.

Er weiß, dass er sich Ärger einhandeln wird, wenn er in den Geschäften der Bayerischen Einwohnerwehr, der Rumpf-Wehrmacht und der Waffenschieber herumstochert. Es pfiffen die Spatzen von den Dächern, dass das Entwaffnungsgebot des Versailler Vertrags unterlaufen wurde, aber niemand störte sich groß daran, im Gegenteil, bis in höchste Regierungskreise wurde Verständnis für die »Selbstnothilfe des deutschen Volkes« signalisiert. Nicht einmal die Führer der Sozialdemokraten wollten riskieren, als vaterlandslose Gesellen dazustehen. Die Berichte in ihren Blättern über den Mord im Forstenrieder Wald waren verblüffend kurz gehalten, von keinem eifernden Kommentar gegen den rechten Untergrund begleitet.

Die Sache roch nach Ärger. Aber es hilft nichts, er ist Kriminalbeamter, hat sein Metier gelernt, mag seinen Beruf, ist darin erfahren und kann stolz auf seine Erfolge sein. Und wie es der Beruf des Bäcker ist, gutes Brot zu backen, und der des Schusters, haltbares Schuhwerk herzustellen, so besteht sein Beruf darin, für die öffentliche Sicherheit zu sorgen, indem er Verbrechen aufklärt und ihre Verursacher unschädlich macht.

Deshalb kann er die Spur nicht ignorieren, die der Mörder selbst gelegt hatte. Er hatte das Mädchen nicht beraubt oder vergewaltigt, sondern sie auf dem Pappschild als Verräterin gebrandmarkt. Und sie mit einer Todesart hingerichtet, die ehrlosen Delinquenten vorbehalten war. Vielleicht handelte es sich tatsächlich nur um ein raffiniertes Ablenkungsmanöver des Täters (wenngleich man sich nicht einmal sicher sein konnte, dass jemand wie Wenninger zu fehlerfreier Rechtschreibung fähig war, geschweige denn einen Reim zustande brächte), aber das muss er jetzt klären. Es geht nicht anders: Er muss die Regeln kriminalistischer Systematik einhalten, muss dem Verdacht nachgehen, dass Mitglieder der Bayerischen Einwohnerwehr oder der Schwarzen Reichswehr hinter dieser Tat stecken könnten. Und dass sie damit vielleicht sogar einen Befehl ausgeführt hatten. Er wird nicht nur einfachem Fußvolk der Einwohnerwehren auf den Pelz rücken müssen, sondern auch deren Führungsriege, dazu hohen Beamten des Landesregierung. Und nicht zuletzt seinen Vorgesetzten.

Der Oberinspektor flucht leise. Diese verdammte Politik. Dabei ist es nicht so, dass er zu alldem, was sich in dieser Zeit tat, keine Meinung gehabt hätte. Für die störrische Haltung der Bayerischen Einwohnerwehren und der mit ihnen verbündeten Kräfte aus der alten Armee hat er durchaus Verständnis. Er findet, dass sich ein Volk seiner Wehrhaftigkeit nicht berauben lassen darf. Aber wenn der bayerische Staat nun einmal Teil des Zweiten Reiches und einer deutschen Republik war und sich die großen Parteien darin einig waren, dass dies so bleiben sollte, dann waren auch die Gesetzesentscheidungen der Regierung dieses Reiches hinzunehmen. Es ging nicht an, dass nicht legitimierte Geheimgerichte das Befolgen eines Reichsgesetzes als Landesverrat qualifizieren und mit der Todesstrafe belegen. Wo käme man da hin? War jemand eines Verbrechens verdächtig, dann hatte gefälligst ordentlich Anklage zu erfolgen, ein den Vorschriften gemäßes Verfahren stattzufinden, ein Urteil zu ergehen und erst dann vollstreckt zu werden.

Der Oberinspektor zwirbelt gedankenverloren die Enden seines Schnurrbarts. Ein Klopfen an der Tür lenkt ihn ab.

Eine Schreibkraft steckt ihren Kopf durch die Türe.

»Der Herr Polizeipräsident bittet den Herrn Oberinspektor zu sich.«

»Jetzt gleich?«

»Sie kennen den Herrn Polizeipräsidenten doch, Herr Oberinspektor.«

Reingruber nickt. Ja, das tut er. Polizeipräsident Pöhner hat in der Direktion neue Saiten aufgezogen. Seit er im Mai

19 an diese Stelle berufen worden war, herrscht im Haus an der Ettstraße ein Kasernenton. Es werden keine Anweisungen mehr erteilt, sondern Befehle. Eine der ersten Amtshandlungen Pöhners war es gewesen, eine Politische Abteilung aufzubauen, und er hatte mit der Leitung einen wendigen Karrieristen namens Frick beauftragt. Worauf dessen Aktivität zielte, war unschwer vorauszusehen. Direktor Pöhner war ein Mann der Rechten, hatte als Mitglied der »Thule«-Gesellschaft gegen die Regierung Kurt Eisners gekämpft, hatte – obwohl als Beamter auf die Republik vereidigt – am Kapp-Putsch teilgenommen und an der Absetzung des sozialdemokratischen Ministerpräsidenten Hoffmann mitgewirkt.

Reingruber hat mehr als eine Vermutung, was sein Vorgesetzter von ihm wollen würde. Das Gespräch würde nicht erfreulich werden.

XI.

Als er nach einer gehörigen Wartezeit in das Büro des Polizeipräsidenten gerufen wird, sieht er Wilhelm Frick am Besprechungstisch sitzen, bräsig nickend. Dr. Pöhner wirkt wie immer aufgekratzt, mit einer herrischen Geste winkt er den Besucher auf einen Stuhl.

»Wir sind bereits im Tag sieben nach Auffinden der Leiche der Sandmayr, Herr Oberinspektor. Ich möchte über den Stand der Ermittlungen informiert werden. Wie ist er?«

Reingruber ist auf der Hut. »Nicht befriedigend. Wir verfolgen zwei Spuren. Eine führt zu einem ehemaligen Geliebten des Opfers, gegen den gestern Haftbefehl erlassen wurde. Bedauerlicherweise hat er sich unserem Zugriff nach Frankreich entziehen können.«

»Wieder einmal der alte Schlendrian?«, mischt sich Frick ein. »Und das bei einem Fall von derartiger Brisanz?«

Reingruber würdigt ihn keines Blickes. »Ich muss mich und meine Mitarbeiter in Schutz nehmen, Herr Polizeipräsident. Der Verdächtige hat das Land verlassen, lange bevor die Tat überhaupt zu unserer Kenntnis gelangte.«

»Sie deuteten noch eine weitere Spur an?«

»Nun, wie Ihnen bekannt, brachten der oder die Täter –«

»– am Opfer ein Pappschild an, bekannt«, sagt Frick. »Es kann nur ein Ablenkungsmanöver des Täters sein. Um seine Urheberschaft zu verschleiern als auch, um den politischen Gegner zu diskreditieren.«

»Ziehen Sie das in Erwägung, Herr Oberinspektor?«, fragt der Polizeipräsident.

Reingruber nickt. Selbstverständlich werde jede Hypothese eingehendst erörtert. Er schießt einen Blick auf Frick ab, um sich wieder dem Präsidenten zuzuwenden. »Wir sind um jede Anregung aus anderen Abteilungen dankbar, sind aber durchaus in der Lage, unser Handwerk ordentlich auszuüben.«

»Niemand bestreitet Ihre Kompetenz, Herr Oberinspektor«, sagt der Polizeipräsident gereizt. »Ich habe Sie zu mir gebeten, um Ihnen die Verantwortung zu verdeutlichen, deren sich unsere Behörde angesichts dieses Falles bewusst sein muss. Es könnte angesichts der augenblicklichen politischen Lage unerwünschte Auswirkungen haben, wenn hier nicht mit der nötigen Behutsamkeit vorgegangen wird. Um es deutlicher zu sagen: Sollte sich herausstellen, dass dieser Fall wie auch immer nationale Interessen touchiert, wünsche ich, dass engstens mit mir und der Politischen Abteilung zusammengearbeitet wird. Und zwar bevor – ja? bevor! – der Staatsanwalt von den Ergebnissen der Ermittlungen in Kenntnis gesetzt wird. Haben wir uns verstanden?«

»Eine Kooperation mit allen anderen Abteilungen innerhalb der Polizeidirektion ist seit je eine Selbstverständlichkeit«, erwidert Reingruber beherrscht. »Bisher stets zu allseitigem Gewinn.«

»Voll und ganz Ihrer Meinung, Herr Kollege«, fällt Frick lebhaft ein. »Weshalb ich gern schon einmal damit in Vorgabe gehe, dass sich bei vorliegendem Fall nach den Informationen meiner Abteilung kein Anhaltspunkt für eine Beteiligung der Bayerischen Einwohnerwehr findet. Kein einziger. Dieses ominöse Pappschild dient zu nichts als der Ablenkung und der Diskreditierung.«

Reingruber deutet eine höfliche Verneigung an. »Ich danke, Herr Kollege.«

»Schön, meine Herren«, sagt der Polizeipräsident. »Dann setzen Sie jetzt Ihre Arbeit fort, Herr Oberinspektor. Aber gehen Sie in diesem Fall mit angemessener Diskretion vor, verstanden? Sorgen Sie vor allem dafür, dass die sozialistische und kommunistische Presse und die Opposition kein Futter erhalten. Ich mache Sie persönlich verantwortlich, wenn sie durch Indiskretionen aus Ihren Reihen zu einer ihrer hysterischen Kampagnen instand gesetzt wird. Dass jede öffentliche Verlautbarung mit mir und Herrn Frick abgestimmt werden muss, brauche ich nicht eigens zu erwähnen.«

Eine ungeduldige Handbewegung signalisiert dem Oberinspektor, dass das Gespräch beendet ist.

Als er wieder sein Büro betritt, erwarten ihn zwei seiner Kommissare. Sie wirken nervös. Im Nebenzimmer warte ein Herr Herbst. »Er will eine Aussage zum Fall Sandmayr machen.«

»Könnt Ihr das nicht auch einmal ohne mich aufnehmen?«, pflaumt sie Reingruber an.

»Ohne dass du dabei bist, wollt er nichts sagen.«

## XII.

»Als Erstes«, sagt Matthias Herbst, »besteh ich auf absoluter Vertraulichkeit, bittschön, gell? Sonst bin ich gleich wieder raus bei der Tür.«

Der Oberinspektor lässt sich nicht anmerken, dass er den jungen Mann für einen Wichtigtuer hält. Er kennt das schon: Je mehr Wind gemacht wird, je mysteriöser die Andeutungen klingen, desto weniger sind diese Aussagen am Ende brauchbar.

»Die Vertraulichkeit kann ich Ihnen bloß zusagen, wenn Sie sich in der Sache nicht in irgendeiner Weise strafbar gemacht haben, Herr Herbst.«

»Hab ich garantiert nicht«, sagt der Informant.

Reingruber nickt. »Gut, dann haben Sie Ihre Vertraulichkeit.«

»Schreibens das auch ins Protokoll rein, bittschön, gell?«

Der Oberinspektor gibt dem Protokollführer einen Wink. Er wartet ab, bis dieser den Eintrag beendet hat. Dann wendet er sich wieder dem Besucher.

»Bittschön«, sagt er, ein aufmunterndes Nicken nachsendend.

Mathias Herbst holt Luft. »Wissens, Herr Oberinspektor, ich hab nämlich in der Zeitung von diesem Madl im Forstenrieder Wald gelesen, und dass das in der Nacht vom Fünften auf den Sechsten passiert sein sollt. Stimmt doch, oder?«

»Stimmt«, sagt Reingruber.

»Vielleicht ist ja gar nichts dran an dem, was ich zu sagen hab.«

Durchaus möglich, denkt Reingruber.

»Weil dann bin ich der Angeschmierte. Bloß weil ich mir nichts nachsagen lassen möcht, gell?«

Der Oberinspektor zwingt sich zu einem höflichen Lächeln. »Und das wär jetzt langsam was, Herr Herbst?«

»Na gut. Also, folgendermaßen. Ich bin nämlich beruflich Chauffeur, müssens wissen. Und zwar bei der Bayerischen Einwohnerwehr. Da bin ich zuständig für die Autos von der Landesleitung.«

Der Ölfleck auf der Landstraße, denkt Reingruber. »Ich höre?«, sagt er.

»Ja, und da möcht ich Folgendes sagen. Also, folgendermaßen: Vor acht Tag, das war der Fünfte, hab ich in der Garage in der Klenzestraß Dienst gehabt. Und da kommen um zirka halb vier vier junge Kameraden und sagen mir, dass sie dringend ein Auto brauchen. Für eine Kurierfahrt nach Traunstein. Na, denk ich mir, wieso brauchts für eine Kurierfahrt gleich vier Leut, einer tuts doch auch? Aber ist mich ja nichts angegangen. Ich hab den Berechtigungsschein gelesen, und der war in Ordnung, drum –«

»Augenblick! Von wem ist der unterzeichnet gewesen?«

»Vom Büro der Landesleitung, wie jedes Mal. Vom Stabschef Kriebel, der dafür auch zuständig ist.«

»Und die Unterschrift war echt?«

»Sinds mir net bös, Herr Oberinspektor, aber da drauf kann ich nicht auch noch achten. Und bisher ist noch nie was vorgekommen, die Kameraden waren mir außerdem bekannt. Alles anständige ehemalige Frontsoldaten, keine windigen Gefreiten, sondern Leutnants.«

»Die Namen?«

Mathias Herbst zieht einen Zettel aus seinem Aufnäher und liest ab: »Dabei waren der Schweighart Johann, der Berchtold Hermann, der Schneider Loisl und Uibeleisen Max.«

Der Oberinspektor wartet, bis der Protokollführer die Namen notiert hat.

»Und weiter, Herr Herbst?«

»Na, die vier Kameraden sind dann gegen halb vier mit unserm Fiat losgefahren, dem einzigen geschlossenen, den wir haben. Ausgemacht war, dass sie um sieben wieder da sind und mir den Wagen zurückgeben.«

»Nach Traunstein wollten sie?«

»Haben sie mir gesagt, ja. Wieso sollten sie mir was vorlügen?«

Weil sie stattdessen nach Odelzhausen gefahren sind, denkt der Oberinspektor.

»Und um sieben sind die vier dann wieder in die Garage gekommen?«

»Nein, erst um acht. Ich war nicht grad die Freundlichkeit in Person, könnens Ihnen ja vorstellen, ich hab ja auch meinen Plan, wenn das jeder so machen tät, käm auf Dauer alles durcheinander, und ich bin wieder der Depp, der dran schuld ist.«

»Jaja«, unterbricht Reingruber. »Sagens, Herr Herbst – und dass die Strecke nach Traunstein bei dem bekannt lausigen Straßenzustand hin und zurück auch vom schnellsten Rennfahrer in dieser Zeit nicht zu schaffen ist, das ist Ihnen nicht aufgefallen?«

»Doch! Aber erst hinterher, und das ist ja eine der Sachen, die mich ein bisserl misstrauisch gemacht haben, ob die Kameraden mir nicht doch einen Bären aufgebunden haben.«

»Gut. Aber deswegen und wegen einer Verspätung werdens ja nicht zu mir gekommen sein, Herr Herbst. Wie geht die Geschichte also weiter?«

»Also, wie ich gesagt hab: So um acht kommen sie zurück, sagen mir aber, dass sie den Wagen auch noch für die Nacht bräuchten.«

»Für was?«

»Für eine Privatfahrt, haben sie gesagt. Gegen Mitternacht

wolltens wieder da sein. Also gut, sag ich, vor mir aus nehmts ihn halt noch mal, hab mir die Genehmigung zeigen lassen, sie ist in Ordnung gewesen, der Herr Kriebel vom Stab hat selber unterschrieben, und dann sinds wieder fort. Ich hab noch bis zwölf gewartet, bin dann aber ins Bett. Wie ich dann um acht in der Früh wieder in die Garage komm, steht der Wagen wieder da. Aber Sie, Herr Oberinspektor – der hat vielleicht ausgeschaut! Der Schlag hat mich troffen, ich hab gleich gar nicht mehr gewusst, was ich noch sagen soll, so haben die mir das schöne Auto zuschand gerichtet gehabt! Die Scheinwerferlampen waren nach unten gebogen, die Kupplung war hin, innen an der Tür ist das Zugband abgerissen gewesen, auf den Polstern und auf dem Boden ist Zigarettenasche gelegen, das hintere Nummernschild ist mit einer schwarzen Teerfarb angeschmiert gewesen, eine Ölleitung angerissen, und alles war nass und hat gestunken wie in einem Pissoir. Einer von ihnen muss da direkt reingebieselt haben, Herr Oberinspektor. Jetzt sagens selber: Ist so was nicht eine Sauerei?«

»Hört sich danach an«, sagt Reingruber. »Was haben Sie dann getan?«

»Na, dass ich einen Zirkus gemacht hab, das könnens Ihnen ja wohl vorstellen. Ich hab auf der Steil bei der Stabsleitung angerufen und die Sauerei gemeldet. Das geht zu weit, hab ich gesagt, die Herrschaften tun allerweil so fein, und dann richtens so einen Saustall an, die sollen für den Schaden aufkommen. Aber was hör ich vom Herrn Stabsleiter Kriebel?« Ich soll mich nicht weiter aufregen, sagt er, es seien halt junge Kerle, er kümmert sich selber darum, und ich soll den Fiat sofort in unsere Werkstatt bringen und wieder herrichten lassen. Was fällt einem da noch ein? Hab ichs halt gemacht.«

Gut gemacht, du Trottel, denkt der Oberinspektor. Alle Spuren sind damit verwischt.

»Und vier Tag später hab ich ihn wiedergekriegt, alles repariert, auch innen alles picobello, neue Sitze, das Auto war fast schöner wie vorher.«

Herbst legt die Hände auf seine Oberschenkel. »Tja, und das wars, was ich sagen wollt, Herr Oberinspektor. Könnens was damit anfangen?«

»Werden wir sehen«, sagt Reingruber.

»Und es bleibt bei der Vertraulichkeit, gell? Ich sags Ihnen gleich: Wenn doch aufkommt, dass ich Ihnen das erzählt hab, dann leugne ich alles ab, gell?«

Reingrubers Stimme klingt ein wenig heiser, als er sein Versprechen erneuert, sich bedankt und den Chauffeur an der Tür verabschiedet. Dann ruft er seine Dienstgruppe, informiert sie und erteilt seine Befehle. Die Kommissare recherchieren in der Meldestelle die Adressen der Fahrer und machen sich auf den Weg, um sie zu befragen.

Am späten Nachmittag treffen sie wieder in der Ettstraße ein.

Uibeleisen, Berchtold und Schneider haben für die Tatzeit ein Alibi. Sie wollen in der Wohnung Schneiders in der Türkenstraße einen feuchtfröhlichen Herrenabend verbracht haben und am frühen Morgen einige sehr betrunkene Kameraden heimgefahren haben. Anwesend waren ein Dutzend Personen, keine Damen. Die an diesem Gelage Beteiligten geben einheitlich zu Protokoll, dass die vier Fahrer ununterbrochen auf dem Fest anwesend waren. Nur einer der Fahrer kann nicht befragt werden. Johann Schweighart.

Reingruber schaltet jetzt schnell. Er schickt zwei Ermittler mit einem Foto Schweigharts nach Odelzhausen, einen weiteren in die Tengstraße, zum Küchenmädchen Konsul Kemmerichs. Das Ergebnis überrascht ihn und seine Kommissare nicht mehr: Der Unbekannte, der sich nach Maria Sandmayrs

Adresse in Odelzhausen erkundigt hatte, wie auch jener junge Mann, der sie am letzten Abend ihres Lebens als vorgeblicher Regierungsbeamter aufgesucht hatte, ist Johann Schweighart.

Reingruber begibt sich im Laufschritt zu Staatsanwalt Dresse und beantragt einen Haftbefehl für Johann Schweighart. Dieser verspricht, seinem Ersuchen sofort nachzukommen. Von Seiten des Oberstaatsanwalts seien erfahrungsgemäß keine Einwände zu erwarten.

## XIII.

Unter Schweigharts Adresse finden die Ermittler nur noch ein seit vier Tagen verlassenes Zimmer vor. Seine Vermieterin gibt an, dass ihr reizender und allzeit höflicher Mieter von einer unvorhergesehenen Reise ins Ausland gesprochen und sie gebeten hat, noch ankommende Briefe an seinen Kameraden Berchtold weiterzuleiten, der sie ihm dann zukommen ließe.

Ins Ausland?, überlegen die Kommissare. Dazu bräuchte er doch einen Reisepass, den die Meldestelle in der Ettstraße ausstellen müsste? Sie forschen nach und erfahren, dass Schweighart vor vier Tagen einen Pass beantragt hatte und noch am gleichen Tag ausgestellt bekam. Der Meldebeamte, nach dem Grund für diese ungewöhnlich rasche Abwicklung eines Vorgangs befragt, der normalerweise mehrere Wochen beansprucht, sagt:»Ich habe eine persönliche Anweisung von Herrn Oberamtmann Frick erhalten, die Angelegenheit sofort zu erledigen.«

Interessant, was die Politische Abteilung unter Kooperation versteht, denkt Reingruber. Das wirst du mir erklären müssen, Kollege Frick.

Auch Kamerad Berchtold weiß nicht, wo sich Schweighart

aufhalten könnte. Er kenne ihn doch kaum, bestenfalls vom Sehen. Und seine ehemalige Vermieterin habe ausgesagt, er sollte an Schweighart Briefe nachsenden? Wohin überhaupt? »Lächerlich, meine Herren. Machen Sie mich doch bitte nicht für die Halluzinationen einer alten Schachtel verantwortlich, ja?«

Der Leiter der Politischen Abteilung kann sich erst nicht mehr daran erinnern, bei der Meldestelle interveniert zu haben. Er habe zu viel um die Ohren, sagt Frick, er könne sich nicht jedes Gespräch merken. Gut, vielleicht habe er einem guten Freund, der ihn um diesen Anruf gebeten habe, einen Gefallen getan – aber wie sollte er, bitte sehr, auf die Idee kommen, dass er damit Fluchthilfe leistet? Wo sei übrigens der Haftbefehl gegen diesen Mann?

»Ist unterwegs«, sagt Reingruber.

»Da wäre ich nicht so sicher, werter Herr Kollege. Wie mir zufällig zu Ohren gekommen ist, hat Herr Polizeidirektor Pöhner den Herrn Oberstaatsanwalt davon überzeugen können, dass die Gründe dafür noch nicht ausreichen. Und ich gebe zu, Herr Kollege, dass ich meinen Einwand schärfer formuliert hätte. Was sich Ihre Abteilung nämlich an Verdachtsgründen zusammengeschustert hat, ist von nichts als fragwürdigen Annahmen und unüberlegten Kurzschlüssen und nicht zuletzt von einem bedenklichen Mangel an Verantwortung in Bezug auf den politischen Kampf unseres Volkes geprägt.«


XIV.


Oberinspektor Reingruber kämpft seit einigen Tagen mit Magenschmerzen. Er hatte sich erkundigt und die Bestätigung erhalten, dass Polizeidirektor Pöhner über seinen Kopf hinweg Kontakt mit Staatsanwalt Dresses Vorgesetztem aufgenommen und die Ermittlungen der Kriminalabteilung lächerlich gemacht hatte. Zähneknirschend nimmt Reingruber die Anweisung entgegen, gefälligst gründlicher zu ermitteln.

Ja, er hätte gute Lust, den Büttel hinzuschmeißen, er will sich nicht zum Affen machen lassen, das hat er nicht nötig. Doch viele Kollegen in der Ettstraße wie auch die meisten seiner Kommissare halten zu ihm, und von bewährten Freunden in der Justiz wird ihm Unterstützung signalisiert. Er gibt nicht auf, lässt weiterermitteln, sichert die Ergebnisse ab, entdeckt Widersprüche in den Zeugenaussagen, ordnet das Material überzeugender, stellt erneut Antrag auf einen Haftbefehl. Staatsanwalt Dresse macht ihm Mut, nutzt seine Verbindungen, in der Münchner Justiz rumort es.

Bis der Haftbefehl endlich ausgestellt wird, lässt Reingruber alle verfügbaren Informationen über Schweighart zusammentragen.

## XV.

Johann Schweighart wird 1894 in der Nähe von München als Sohn eines Volksschullehrers geboren. Er bricht krankheitsbedingt das Gymnasium ab, tritt in die bayerische Armee ein und wird 1914 im Rang eines Unteroffiziers entlassen. Er will zunächst seine Hochschulreife nachholen und Medizin studieren, doch da bricht der Krieg aus. Er meldet sich freiwillig, zwei Jahre später wird er zum Leutnant der Reserve befördert. Nach Kriegsende findet er noch Beschäftigung in einer Heeres-Abwicklungsstelle, doch dann verkracht er sich mit den Soldatenräten. Am 1. Mai tritt er in das Freicorps Epp ein, danach in das Bayerische Schützenkorps 41, wird aber einige Monate später wegen des im Versailler Vertrag geforderten Offiziersabbaues entlassen. Er lässt sich für ein deutschnationales, im Baltikum kämpfendes Söldnerheer anwerben, legt sich aber schon bald mit dem Anführer des Corps an und wird gefeuert. Er schließt sich einem weiteren Freicorps an, gerät auch dort mit dem Brigadeführer aneinander und wird verwundet. Mehrere Monate liegt er in einem Lazarett im Osten, dann kehrt er im Mai 1920 in seine Heimatstadt München zurück. Da er keinen Schulabschluss und keine berufliche Ausbildung vorweisen kann, tut er sich schwer, wieder Fuß zu fassen. Er verrichtet einige Gelegenheitsarbeiten bei ehemaligen Regimentskameraden, nimmt schließlich Kontakt zum völkischen Ordnungsblock auf und schließt sich den Einwohnerwehren an. Hier eröffnen sich endlich wieder Perspektiven für ihn. Der Bayerische Ordnungsblock zahlt nur lausig, überlässt ihm aber die Leitung seines Referats für auswärtige Angelegenheiten. Mit den damit gewonnenen Verbindungen steigt er in das Waffengeschäft ein. Er verschiebt im Auftrag von Reichs- und Heimwehr Waffen und Munition ins Ausland und wieder zurück und macht dabei ein paar nicht unergiebige private Nebengeschäfte. Er hat öfters mit dem Gerätelager der Reichswehr zu tun, in dem ein Hauptmann Ernst Röhm das Kommando hat. Gleichzeitig übernimmt er für das Münchner Wehrkreiskommando Spitzeldienste, er berichtet über Versammlungen der völkischen Parteien, auch über jene im Sterneckerbräu, auf denen häufig ein Redner namens Adolf Hitler auftritt.

XVI.

Der Fall ruht. Aber in der Politik werden die Karten neu gemischt. Der Druck der Siegermächte auf die Reichsregierung nimmt zu, sie wollen nicht mehr hinnehmen, dass Deutschland mit seinen Einwohnerwehren eine verdeckte Remilitarisierung betreibt. Im April 1921 muss die Reichsregierung das Verbot der Einwohnerwehren aussprechen. Bayerns Ministerpräsident, ein bis ins Mark rechtskonservativer autoritärer Politiker, wehrte sich mit aller Kraft, wedelte dafür sogar mit der Drohung, Bayern könnte sich aus dem Reichsverband lösen und wieder selbstständig werden, muss zuletzt aber ebenfalls nachgeben. Drei Monate später werden auch die Bayerischen Verbände dazu gezwungen, ihre Tätigkeit einzustellen und sämtliche Waffen abzugeben. Doch allein von den Gewehren landet kaum mehr als ein Drittel in den Depots der Regierung, der Großteil davon verschwindet.

XVII.

Vier Monate vergehen. Noch immer besteht der Haftbefehl gegen Fritz Wenninger, den enttäuschten Verehrer Maria Sandmayrs. Da trifft in München die Nachricht ein, dass er in Algier festgenommen wurde. Er wird nach München überstellt und in Untersuchungshaft genommen. Bei den Verhören stellt sich endgültig heraus, dass er mit der Ermordung seiner ehemaligen Geliebten nichts zu tun haben kann. Andere Gründe hatten ihn zur Flucht bewogt, seine Gläubiger setzten ihm zu, er hatte einen Kumpel übers Ohr gehauen, dieser war rabiat geworden. Dass seine Flucht mit dem Mord an Maria Sandmayr zusammenfiel, war purer Zufall gewesen. Wenninger muss entlassen werden.

Damit, und mit den von Reingruber zwischenzeitlich gesammelten Indizien, ist nicht mehr zu widerlegen, dass nur noch Johann Schweighart als dringend tatverdächtig übrigbleibt. Auch bei seinem Kameraden Berchtold hat sich der

Verdacht verstärkt, dass er als Helfer fungiert haben könnte, einige seiner Kameraden hatten sich in Widersprüche über den Ablauf des Besäufnisses in der Mordnacht verwickelt und ihn belastet, um nicht selbst in Schwierigkeiten zu geraten. Auf der Leserbriefseite einer großen Zeitung geraten ein Funktionär der Königspartei und ein Führer der Einwohnerwehr aneinander. Anlass ist, dass der Monarchist auf eine Verleumdung seines Gegners mit der Enthüllung kontert, er selbst sei Zeuge eines Gesprächs gewesen, in dem einige Führer der Einwohnerwehr ihre Anhänger zur Ermordung von Waffenverrätern aufforderten und ihnen versicherten, die bayerische Justiz werde niemals gegen sie vorgehen. Beim anschließenden Prozess beteuern die Beteiligten dieses Gesprächs, dass eine derartige Aussage niemals gefallen ist. Der Monarchist wird wegen Verleumdung verurteilt und muss zahlen.

Staatsanwalt Dresse war nicht untätig geblieben. Er macht einen neuen Anlauf und hat endlich Erfolg. Im September 1921 wird Haftbefehl erlassen, zunächst nur gegen Johann Schweighart. Einer seiner früheren Regimentskameraden, der entdecken hatte müssen, dass Johann Schweighart seiner Verlobten zu nahegekommen war, gibt einen vertraulichen Tipp. Drei Wochen später wird der Gesuchte in Tirol festgenommen. Er ist im Besitz eines ungarischen Passes, der auf den Namen Janos Schmidt lautet. Sowie in Begleitung seines Kameraden Hermann Berchtold – jenes Mannes, der einst den Ermittlern versichert hatte, Schweighart lediglich vom Sehen her zu kennen. Kriminaldirektor Ramer, Staatsanwalt Dresse und Oberinspektor Reingruber reisen nach Schwaz, führen ein erstes Verhör und lassen den Festgenommenen nach München überstellen.

Schweighart wird verhört. Er streitet alles ab. Niemals sei er in Odelzhausen gewesen, er kenne diesen Ort überhaupt nicht. Auch ein Mädchen namens Maria Sandmayr sei ihm unbekannt, schon gar nicht habe er sie in der Wohnung des Konsuls besucht. Was er am Tatabend getan habe, könne er nicht mehr sagen, entfernt erinnere er sich aber an einen geselligen Abend. Er sei aus sehr persönlichen Gründen, die er nicht erörtert haben möchte, abgereist. Es sei aus erwähnten privaten Gründen eilig gewesen, weshalb er sich der Protektion eines ihm bekannten Behördenleiters bedient habe, um schnell an den Pass zu kommen. Da dies eine persönliche Gefälligkeit war, weigere er sich, den Namen seines Fürsprechers bei der Meldestelle anzugeben. Dass er des Mordes verdächtigt werde, habe er erst lange nach seiner Abreise aus der kommunistischen Presse erfahren. Man verstehe vielleicht, dass dies sein Bedürfnis, wieder in seine Heimat zurückzukehren, nicht gerade befördert habe. Um sich Schereien zu ersparen, habe er sich auch noch einen gefälschten Pass besorgt. Dass er keine Lust verspürt hat, sich wegen einer haltlosen Anschuldigung linker Verräter seine Geschäfte vermiesen zu lassen, sei doch ebenfalls verständlich, oder?

### XVIII.

Während Oberinspektor Reingruber den Odelzhausener Lehrer Mahl, Maria Sandmayrs Schwester Resi, die Wirtin der »Schlosswirtschaft« und Konsul Kemmerichs Küchenmädchen Maria Schneidt zur einer Gegenüberstellung herbeiordert und diese ihm bestätigen, dass es sich bei Schweighart mit hoher Wahrscheinlichkeit um den Unbekannten handelt, der sich nach Maria Sandmayrs Adresse erkundigt und sie anschließend in der Wohnung des Konsuls aufgesucht hat, betritt Rechtsanwalt Dr. Gademann das Büro des Staatsanwalts

Vetter im Münchner Justizpalast. Der Rechtsanwalt ist kein Unbekannter in München, er war bis zu deren Verbot juristischer Vertreter der Bayerischen Einwohnerwehr und verfügt über Beziehungen in höchste Regierungskreise.

Ein nachträglich angefertigtes stenografisches Protokoll hält fest, was er dem Staatsanwalt mitzuteilen hat: Dr. Gademann gibt an, in größter Sorge zu sein. Ein Kriminalbeamter namens Reingruber habe sich da offensichtlich in die absurde Idee verrannt, dass der Mord an Maria Sandmayr von höchsten Stellen der ehemaligen Einwohnerwehr veranlasst wurde. Wenn der bockige Kerl nicht, was befürchtet werden muss, davon abgebracht werden könne, könnten nicht nur hohe Staatsbeamte, sondern Mitglieder der Bayerischen Regierung kompromittiert werden, unter anderem der Bayerische Ministerpräsident höchstpersönlich, die ehemaligen und heutigen Justizminister Roth und Gürtner sowie Polizeipräsident Pöhner. Wenn allein der Verdacht die Runde mache, diese Persönlichkeiten könnten als Anstifter fungiert haben, sei ein politisches Erdbeben zu befürchten. Oberinspektor Reingruber sei zwar selbst keinerlei Nähe zur sozialistischen oder kommunistischen Opposition verdächtig, aber er scheine einfach nicht kapieren zu wollen, dass er an ungeeigneter Stelle auf sein Berufsethos poche und mit seiner Sturheit den Feinden der nationalen Sache in die Hände spiele. Leider sei gegen Reingrubers fachliche Qualifikation nichts einzuwenden, auch genieße er sowohl im Polizei- und Justizapparat und auch in der Bevölkerung höchstes Ansehen, weshalb er nicht ohne weiteres kaltgestellt werden könne. Wohl aber stehe die Staatsanwaltschaft in der Verantwortung, der von dieser Entwicklung ausgehenden Gefahr nach Möglichkeiten Rechnung zu tragen. Vor allem müsse Herrn Staatsanwalt Dresse, mit dem Oberinspektor Reingruber seit Jahren bestes Einvernehmen pflegt, die Konsequenzen seines Übereifers in aller Klarheit verdeutlicht werden.

Die Erwiderung Staatsanwalt Vetters ist im Stenogramm nicht enthalten.

## XIX.

Johann Schweighart bleibt noch einige Monate in Untersuchungshaft. Dann hebt das Volksgericht unter seinem Vorsitzenden Richter Neithart den Haftbefehl gegen ihn auf. Er wird entlassen, ist zunächst mittellos, findet aber sofort Unterstützer, die ihm eine Stelle in einem herzoglichen Gutshof am Tegernsee verschaffen. Staatsanwalt Dresse schäumt. Er drängt Reingruber, der gerade von einem mysteriösen Mehrfachmord in einem Weiler bei Schrobenhausen beansprucht wird, neue Beweise für Schweigharts Schuld ermitteln zu lassen.

Der Oberinspektor ist ein wenig müde geworden, die offenen Angriffe und kaum verhüllten Drohungen setzen ihm zu, er weiß, dass er sich nur die Finger verbrennen kann, wenn er Hinweisen auf die Kumpanei von Feinden der Republik und Mitgliedern der bayerischen Regierung nachgeht. Aber er packt noch einmal an. Und die Mauer des Schweigens bekommt erste Risse. Mehrere Offiziere, die bei den ersten Vernehmungen noch Schweigharts Alibi bestätigt hatten, versuchen sich herauszuwinden, nehmen ihre Angaben zurück, weisen mit dem Finger auf andere Kameraden, die in den Mord an Maria Sandmayr verwickelt sein könnten. Immer häufiger fallen die Namen hoher Führer der ehemaligen Einwohnerwehr, der Reichswehr, der bayerischen Regierung. Die Befragten sind nicht mehr bereit, ihre Karriere zu gefährden –

die deutschnationalen Kräfte hatten einen herben Rückschlag hinnehmen müssen, Hitlers Putschversuch war gescheitert, die NSDAP verboten worden. War die Republik doch fähig, sich gegen ihre Feinde zu wehren?

Staatsanwalt Dresse nutzt die Gunst der Stunde und erhebt erneut Anklage gegen Schweighart, jetzt auch gegen Berchtold und andere wegen Mordes. Berchtold bleibt verschwunden und wird in Spanien vermutet, aber Schweighart kann im »Bräustüberl« von Tegernsee aufgespürt und festgenommen werden. Man stellt Anzeichen nervlicher Belastung an ihm fest.

Kurze Zeit später wird Staatsanwalt Dresse mitgeteilt, dass ihm der Oberstaatsanwalt das Verfahren mit sofortiger Wirkung entzogen hat. Nichtiger Anlass war, dass Dresse bei seinem Antrag, Justizminister Gürtner von seiner Amtsverschwiegenheitspflicht zu entbinden, einen Formfehler begangen hatte. Er wird an ein anderes Gericht versetzt und hat ab sofort nichts mehr mit dem Fall Sandmayr und anderen Fememorden, die in der Zwischenzeit verübt worden waren, zu tun. Die Aktenberge landen auf dem Tisch des jungen und ehrgeizigen Staatsanwalts Hans Ehard, der noch nie mit derartigen Fällen befasst war.

## XX.

Die gerichtliche Voruntersuchung gegen Schweighart wird noch beendet, doch zu einer Verhandlung kommt es nicht mehr, das Landgericht München lehnt seine Eröffnung ab. Seine Strafkammer begründet die Entscheidung: »Es darf wohl als sicher gelten, dass Marie Sandmayr wegen des von ihr begangenen Waffenverrats zur Abschreckung für andere

Waffenverräter ermordet worden ist und dass die Täter dem Kreise derjenigen zur Einwohnerwehr gehörigen oder ihren nahestehenden Personen entstammten, die sich mit dem Bergen von Waffen befassten. Nach alldem besteht zwar der Verdacht, dass sich der Angeschuldigte Schweighart an der Mordsache beteiligt hat. Eine volle Aufklärung über die Tatsache wie über die Art und Weise der Beteiligung des Angeschuldigten Schweighart an dem Verbrechen hat jedoch die eingehend geführte Voruntersuchung nicht gebracht. Eine solche ist auch von einer Hauptverhandlung nicht zu erwarten. Der Angeschuldigte Schweighart ist daher außer Verfolgung zu setzen.«

Für diesen ist die Sache damit ausgestanden. Nur Hermann Berchtold, der sich nach Schweigharts Festnahme nicht mehr nach Deutschland zurückgewagt hatte, muss noch mit Verfolgung rechnen. 1931 lässt er seinen Anwalt vorfühlen, ob er unter die Amnestie für politische Straftaten falle. Seine Mitbeteiligung am Sandmayr-Mord gibt er zu, doch seine Tat habe ausschließlich politische Motive gehabt. Das Landgericht München prüft die Anfrage und teilt dem Anwalt mit, dass die Tat seines Mandanten unter das Amnestiegesetz falle, damit die Verfolgung gegen seinen Mandanten als eingestellt zu betrachten ist.

Hermann Berchtold macht Karriere bei der SA und als Geschäftsmann, nach 45 verliert sich seine Spur. Schweighart steigt ebenfalls in der SA auf, wird Vertrauter Ernst Röhms und verrichtet Spitzeldienste für ihn. Mit ihm wird er 1934 in Bad Wiessee festgenommen und am nächsten Tag im KZ Dachau erschossen.

# Don Juan im Gebirg
(1962)

In dem Jahr, in dem Charly zum Mörder wird, erklärt Präsident Kennedy im Fernsehen, warum die Vereinigten Staaten von Amerika die Stationierung von Raketen auf Kuba nicht hinnehmen werden, nimmt sich Marilyn Monroe das Leben, werden Tausende von Aufständischen in Algerien massakriert, treten The Rolling Stones zum ersten Mal im »Marquee«-Club auf, lehnt die Decca die Demobänder der Beatles ab, veröffentlicht der 21-jährige Robert Zimmermann unter dem Namen Bob Dylan seinen »Song to Woody«, bereitet Federico Fellini in Rom das Konzept von »8½« vor, laufen in Paris »Jules et Jim« von Francois Truffaut und »Vivre sa vie« von Jean-Luc Godard an und in London »James Bond jagt Dr. No«, wird Franz Josef Strauß der Lüge überführt, beschließt die DDR die Wiedereinführung der Wehrpflicht, hören Vera Brühne und Johann Ferbach ihr Urteil, liegt die Arbeitslosenquote unter zwei Prozent, rebellieren mehrere zehntausend Jugendliche, unter ihnen ein Teenager namens Andreas Baader, auf den Straßen des Münchner Stadtteils Schwabing gegen einen brutalen Polizeieinsatz, fegt ein Fernseh-Mehrteiler von Francis Durbridge die Straßen der Bundesrepublik leer, wird in Ost-Berlin Peter Hacks' Stück »Der Frieden« uraufgeführt und in München »Der Schatz im Silbersee« fertiggestellt, flimmern »Waldrausch« und »Wenn die Heide blüht« über die westdeutschen Kinoleinwände, brechen Freddy Quinn mit »Junge, komm bald wieder« und Mina mit »Heißer Sand« alle Verkaufserfolge, düdeln Gus Backus' »Sauerkraut-Polka« und Connys »Zwei kleine Italiener« aus den Musikboxen, kickt der FC Bayern in der Oberliga Süd –

– und steht Charly vor dem Traunsteiner Schwurgericht, zuckt die Schultern und sagt: »Ich wollt bloß frei sein.«

Worauf der Vorsitzende Richter, gegen die Unruhe im Saal ankämpfend, mit vor Empörung vibrierender Stimme nachhakt: »Und um diese ihre Eigensucht zu befriedigen, fanden Sie keine andere Lösung als die, Ihre Ehefrau und Ihr Kind zu töten, ja?«

»Es war halt das Einfachste«, sagt Charly.

Ein Aufstöhnen geht durch den Saal. Dann bricht der Tumult los. Charly duckt sich unwillkürlich. Hätte er ehrlich sein können, hätte er zugegeben, dass er keinen anderen Ausweg mehr gesehen hatte. Aber er, der stolze Charly, der schon immer allen anderen erklären konnte, wo es im Leben wirklich langgeht, will nicht winselnd um Verständnis buhlen, er kann unmöglich zugeben, dass er zuletzt nur noch verzweifelt war. Er setzt wieder seine trotzige Miene auf und hat doch ein zwiespältiges Gefühl: Er weiß, dass er dieses Mal einen Fehler gemacht hat, der ihm nicht mehr verziehen werden wird. Gleichzeitig berauscht ihn, dass mehrere hundert Augenpaare auf ihn gerichtet sind, dass er seit Wochen das einzige Gesprächsthema im Land ist, dass im Saal die Korrespondenten nicht nur des Provinzblattes, sondern aller wichtigen, sogar norddeutscher Zeitungen sitzen. Dass er, der kleine, unbekannte Charly aus der Provinz, zu einer nationalen Berühmtheit geworden ist. Ja, er wird ihnen zeigen, wie ein John Dillinger oder ein Al Capone mit seinen armseligen Verfolgern umspringt, wie ein Mathias Kneissl das Schafott betritt, ein lässiges »Die Woch fängt ja gut an« auf den Lippen.

Wieder muss die Ruhe im Saal hergestellt werden. Der Vorsitzende ruft dazu auf, die Ermittlungsergebnisse vorzutragen. Die Beamten der Traunsteiner Kripo treten vor, gefolgt von den Gutachtern und den Spezialisten der Gerichtsmedizin.

Den Kommissaren ist anzusehen, dass sie nicht unzufrieden mit sich sind. Die Presse hat die schnelle Aufklärung des Falls gelobt. Dass der Fall alles andere als eine Herausforderung war, sosehr die Brutalität der Tat die Menschen auch aufgewühlt hatte, spielte in der Berichterstattung keine Rolle. Die Tat war plump, die Beteiligten erbärmliche Gestalten. Ihn aufzuklären war ein Kinderspiel gewesen. Für einen gestandenen Ermittler ein Fall ohne Glanz.

Was den Ablauf der Tat angeht, gibt es keine Fragen mehr. Sämtliche Indizien und Zeugenaussagen, vor allem die Geständnisse, die Charly und sein Komplize schon kurz nach ihrer Festnahme abgelegt hatten, bestätigen die Anklage.

Der Vertreter der Gerichtsmedizin trägt die Ergebnisse der Obduktion und die Todesursache vor, der psychiatrische Gutachter seine Überzeugung, dass zwar die mangelnde Reife und abgestumpfte Gefühlswelt des Hauptangeklagten konstatiert werden müssten, von einer Schuldunfähigkeit im Sinne des Paragraphen 51 aber nicht die Rede sein könnte.

Charly hört stumm zu. Gelegentlich huscht ein herablassendes Lächeln über sein Gesicht.

Der Richter ist erfahren genug, um Charlys provozierende Respektlosigkeit richtig deuten zu können. Infantiler Trotz, denkt er, nichts anderes. Dieses leere Gesicht, dieses präpotente Gehabe, der Bursche ist ungebildet und dumm wie Stroh. Seine herausfordernde Pose hat er sich vermutlich von irgendwelchen amerikanischen Gangster-Kolportagen abgeschaut.

Zudem ein verwöhnter Schönling, breitschultrig, energisches Kinn, unverschämt jung, ein Schürzenjäger. Der Richter versucht sich davon frei zu machen, dass er den Angeklagten am liebsten ohrfeigen würde.

Aber es gelingt ihm nicht. Noch etwas anderes versetzt ihn in Zorn. Es ist eine Aufwallung, die er in den letzten Jahren öfters verspürt hatte. Er wittert Aufsässigkeit. Quertreiberei. Und Ungehorsam. Da lief seiner Generation etwas aus den Zügeln, begann ihr etwas zu entgleiten.

Das durfte nicht geschehen. Nicht noch einmal. Die Vorstellung daran erfüllte ihn mit Panik. Auch er hatte in seinem Leben einmal die Erfahrung machen müssen, dass er sich entglitten war, damals, als er als junger Jurist an das Reichsgericht berufen worden war. Er war dort ein kleines Licht gewesen, hatte nicht zu den Henkern gehört, aber er war folgsam mitgelaufen, hatte sich nie quergestellt, aus Angst, seine Karriere zu gefährden.

Dazu hat er jetzt auch noch den Volkszorn im Genick. Der Doppelmord ist seit Wochen Gesprächsthema, nicht nur in seinem Gerichtssprengel, in der ganzen Republik berichten die Gazetten darüber. Das Lokalblatt geifert, der Kommentator appelliert an die Politik, die Todesstrafe wieder einzuführen. Man ist in der Region nicht zimperlich, aber die Brutalität der Tat hatte fassungslos gemacht, die Kaltschnäuzigkeit der Ausführung Empörung hervorgerufen. Noch nie hatte er einen derartigen Publikumsansturm bei einer seiner Verhandlungen erlebt.

Das Volk will Charly hängen sehen. Weil er eine Schande für die Stadt, den Kreis, die Region ist. Weil er ein kaltblütiger und brutaler Mörder ist. Ein Monster.

Niemand will jetzt auch noch einen einzigen Gedanken darüber verlieren, ob sich hinter der rotzigen Fassade noch etwas anderes verbergen könnte. Nämlich ein erschreckend dummer Junge, dessen Körper schneller gereift war als sein Gehirn und sein Geist.

Und ein Kind seiner Zeit.

Man hasst ihn, weil seine Tat so schonungslos widerspiegelt, was in diesen Zeiten in allen schlummert, noch immer. Zwar war es gelungen, die materiellen Verwüstungen des Krieges zu beseitigen. Doch die Wunden an Geist und Seele waren noch lange nicht geheilt. Noch schwärte das Erbe des Faschismus, sein hirnloser Biologismus, der das Recht des Stärkeren vergottete und menschliches Mitgefühl als weibische Gefühlsduselei verhöhnte. Seine eliminatorische Erbarmungslosigkeit, die rücksichtsloses Konkurrenzverhalten als anthropologisches Grundgesetz erkannt zu haben glaubte, sein geschwollenes Pathos, in dem kein Platz für Barmherzigkeit und Güte, für aufgeräumtes Miteinander-Umgehen oder gar Scherz und Spiel mehr war. Die Schreihälse auf den Dorfplätzen, an den Stammtischen und im Gerichtssaal hassen Charly, weil er ihnen so ähnelt, weil er aussieht, wie sie es von den jungen Leuten fordern, eben nicht wie ein verzottelter Gammler, anarchistischer Rock 'n' Roller oder abgerissener Stromer, sondern gepflegt ist, seine Frisur mit Brisk-Pomade in Form hält und einen tadellos sitzenden Anzug und Krawatte trägt. Und weil er ihnen einen Spiegel vorhält. Weil er ausgelebt hat, was in ihnen ebenso rumort, sie sich aber nicht eingestehen können. Auch sie träumen in den Nächten von bacchantischer, grenzenlos ausgelebter Sexualität, der Charly gefröhnt haben soll, und in vielen wütet der Zorn darüber, wie er in ein Korsett bürgerlicher Wohlanständigkeit und in eine lieblose Ehe gezwängt worden zu sein und so ums Leben betrogen zu werden, immer wieder, Tag für Tag. Und weil ihnen selbst oft genug danach ist, alles niederzudreschen und beiseitezusäbeln, all ihre hinterfotzigen Konkurrenten, ihre schmierigen Nebenbuhler, die korrupten Politiker, die bigotten Zurechtweiser und autoritären Vorgesetzten. Aber sie schrecken davor zurück, ziehen den Schwanz ein, kneifen den Hintern zusammen.

Charly hat nicht davor zurückgeschreckt.

Deshalb muss er verschwinden, muss er vertilgt, vernichtet werden, für immer.

Als Charly geboren wird, ist der Krieg im zweiten Jahr. In der Provinz spürt man davon noch wenig, noch reiht sich Sieg an Sieg. Wer nicht einen Angehörigen an der Front weiß oder gegen das System opponiert, lebt fast sorgenfrei.

Er wächst in einer Siedlung am Rande einer Kleinstadt im Oberbayerischen auf. In einem weiten Talkessel und mitten im Bauernland gelegen, lebt das Städtchen seit Generationen gut vom Kurwesen, vom Fremdenverkehr, von Handel und Handwerk. Insignien des Wohlstands und konservativen Bürgersinns prägen das alte Zentrum. Wo das Stadtgebiet ins bäuerliche Umfeld und die Gebirgsregion ausfranst, haben sich die weniger begüterten Arbeiter, kleine Angestellte und, nach dem verlorenen Krieg, die Heimatvertriebenen angesiedelt. Dass manche Stadtbürger blasiert auf sie herabsehen, schmerzt, erzeugt aber auch einen verqueren Stolz auf ihre eigene kleine Welt. Der Herablassung, die ihnen entgegenschlägt, geben sie mit gleicher Münze zurück. Man mag die Stadtleute nicht sonderlich. Unter denen, die sich ihnen so satt und selbstgewiss präsentieren, sind viele, die sich bloß deshalb hier niedergelassen hatten, weil der von ihnen angehimmelte »Führer« einst ein Hochtal in der Nähe zu seinem Aufenthaltsort erkoren hatte. Die Immobilienpreise waren daraufhin in die Höhe geschossen, der Ort war noch reicher geworden. Die Leute in den Vororten profitierten davon jedoch wenig.

Kaum ist der Krieg zu Ende, beginnt im ganzen Land der Wiederaufbau. Er geht rasch vonstatten. Was ihre Kapazität betrifft, so steht die deutsche Wirtschaft ohnehin besser da, als aus den Bildern der zerstörten Metropolen zu schließen wäre, kaum fünfzehn Prozent beträgt der Ausfall von Produktionsstätten und Verkehrswegen. Die wirtschaftliche Struktur verändert sich rasant, die Landwirtschaft verliert zugunsten der Industrie und Dienstleistungen an Bedeutung.

Auch in der Provinz geht es rasch aufwärts. Der Blick ist auf nichts als die Zukunft gerichtet. Eine Geschichte gibt es nicht, Krieg und Diktatur scheinen so fern, als hätte es sie niemals gegeben. Der Fremdenverkehr läuft wieder an, aus Rheinland und Ruhrgebiet starten Busse in die Ferienorte, Hotels und Pensionen sind in der Saison überfüllt, in den Dörfern räumen die Bauern ihre Schlafzimmer, um vom Ansturm der Feriengäste profitieren zu können. Biedere Dorfmusikanten geben zu später Stunde jetzt schon einmal eine Zugabe mit »Jambalaya« oder »Rock around the clock«. Die Alten wettern dagegen, Negermusik! Affentanz! – doch vergeblich: Die jungen Gäste fordern es, die altväterischen Heimatabende und Kurkonzerte langweilen sie. Und sie sind es, die zahlen.

Die Region ist bald wohlhabender als vor dem Krieg. Doch der Preis dafür ist hoch. Der Wiederaufbau verbraucht alle Energie, es zählen nur noch Geld und Erfolg, man peitscht sich gegenseitig voran, kann nicht zurückstehen, verschuldet sich für den Ausbau von Ferienzimmern, schuftet noch mehr. Die heimeligen Spinn- und Rockenabende mit ihren alten Liedern und Geschichten gibt es nicht mehr, eine Laientheatergruppe nach der anderen stellt ihr Spiel ein oder lässt sich von quirligen Veranstaltern dazu überreden, den Touristen krachlederne Gaudi zu bieten.

Und noch haben die von Krieg und Diktatur verhärteten Altvorderen mit ihrer freudlosen Verkniffenheit das Sagen. Die Jugend hat zu parieren, in den Schulen werden Kinder von frustrierten Lehrern über den Strafbock gelegt und grün und blau gedroschen, auch in den Familien wird geprügelt.

Die Erwachsenen haben im Taumel ihres zehrenden Alltags nur noch wenig Kraft, sich auch noch um ihre Kinder zu kümmern. Viele Väter waren als ausgelassene junge Burschen in den Krieg gezogen und als gealterte, verbrauchte Männer zurückgekehrt. Darüber, was sie erlebt haben, schweigen sie. Weil sie davon überzeugt sind, dass man sie nicht verstehen würde. Und davon sind sie deshalb überzeugt, weil sie selbst nicht verstehen, was mit ihnen geschehen ist. Aber sie ersticken an ihren Erinnerungen, und nur wenn irgendein Schicksalsschlag den Panzer der Verdrängung aufplatzen lässt, bricht alles wieder hervor, denn alles ist noch vorhanden, in ihren Köpfen, in ihren Albträumen, im Gedächtnis ihrer Körper.

Ihren Frauen bleibt nichts, als es zu ertragen.

Charlys Vater ist ein zurückhaltender, von der täglichen Schufterei gebeugter Wirtshaushocker, der mit Worten geizt, zutiefst davon überzeugt, dass sich niemand für seine Empfindungen interessiert, und den sein Leben gelehrt hatte, nicht allzu viel von sich preiszugeben. Er hat sich einen bescheidenen Betrieb zur Herstellung von Obstsäften aufgebaut. Er versieht sein Metier mit Sorgfalt, ist aber zu bescheiden, um auch noch der geborene Geschäftsmann zu sein. Die Schulden drücken, aber er kommt über die Runden, er kann seine Kunden halten, und langsam geht es auch bei ihm aufwärts.

Die Mutter, ungleich energischer, aber auch streng mit sich

wie auch mit Mann und den beiden Kindern, klammert sich an den christlichen Glauben. Irgendein Erlebnis in ihrer Jugend hat sie zu dem Schluss gebracht, unentwegt Buße tun zu müssen. Entfährt ihr ein Lachen, so stellt sich ihr augenblicklich das Gefühl ein, gesündigt zu haben. Stolz ist ihr nichts als Hoffart. Sie hat sich einem strenggläubigen Bibelkreis angeschlossen. Wenn es ihre Zeit erlaubt, stellt sie sich in der Stadt vor das größte Kaufhaus und hält religiöse Schriften feil.

Sie ist panisch darauf bedacht, den Nachbarn keinen Anlass zur Nachrede zu geben. Es gelingt ihr, eine Fassade bürgerlicher Wohlanständigkeit zu errichten, ihr peinlich geordnetes Hauswesen, vor allem ihr Ehemann und ihre beiden Kinder sind ein Teil davon. Wenn sie, ganz Urbild mustergültig christkatholischer Mutterschaft, sonntags neben ihren beiden Buben, wohlerzogen, mit sauberen Nägeln, die Haut rotgeschrubbt, das Haar sauber gescheitelt, in der Kirche steht und verstohlen anerkennende Blicke sammeln darf, vergisst sie für die Dauer einiger Herzschläge ihren ängstlichen Argwohn, von den arrivierten Stadtbürgern als Bewohnerin eines Proletenviertels und Gattin eines nur mäßig erfolgreichen Getränkehändlers geschmäht zu werden.

Der gutmütige Vater kommt gegen sie nicht an, er kapituliert vor ihrer entschlossenen Lebenstüchtigkeit und ehernen Frömmigkeit und überlässt ihr die Erziehung der Kinder. Zum phlegmatischen Kümmerling geschrumpft, kommt er nach der Tagesarbeit heim, schlingt das Abendessen maulfaul in sich hinein und macht sich danach ins Wirtshaus auf. Zwischen den Eheleuten glost längst keine Leidenschaft mehr. Dass sie mit ihrem religiösem Eifer zum Absterben ihrer Liebe beigetragen hatte, kommt ihr nicht in den Sinn. Es stört sie nur wenig. Das von Gott Auferlegte ist mit Demut hinzunehmen.

Der Herr liebt, wen er züchtigt. Und sind die Leiber von Frau und Mann nicht Hort der Sünde? Steht, wer sich der Fleischeslust hingibt, nicht eh schon an der Pforte zur ewigen Verdammnis?

Ihre beiden Söhne liebt sie dafür umso mehr. Sie umsorgt sie mit der Selbstlosigkeit einer Heiligen, nimmt ihnen alles ab, lenkt und belehrt sie, warnt sie vor den Gefahren des Alltags, bleut ihnen Angst vor den Versuchungen des Lebens ein, erzieht sie zu verklemmter Schamhaftigkeit, beschwört sie mit Sprüchen aus der Bibel, nimmt Einfluss auf ihre Freundschaften. Es ist eine Liebe, aus der es kein Entrinnen gibt.

Je älter Charly wird, desto weniger kann er mit seinen Alten noch etwas anfangen. Die dumpfe Ergebenheit des Vaters und die verbissene Gläubigkeit der Mutter öden ihn an. Er will und kann nicht damit leben, dass die Welt ein Jammertal sein soll, das nichts als Prüfungen und Züchtigungen eines sauertöpfischen Gottes bereithält. Die Lebensängstlichkeit seiner Eltern droht ihm die Kraft zu rauben, die er in sich aufsteigen fühlt. Er begehrt auf, entzieht sich. Immer häufiger reißt er aus. Mit aller Kraft erkämpft er sich seine Freiheit, schüttelt er die freudlose Behütetheit seiner Kindheit ab.

Schnell erkennt er, dass er etwas bieten muss, um in der Welt draußen anerkannt zu werden. Um seinen klobig bäuerischen Vornamen flotter und weltläufiger zu machen, orientierte man sich im bayerischen Oberland in alter Zeit eher am Italienischen und Französischen, wo aus Josef ein Seppe, aus Georg ein Schorsch wurde. Jetzt aber, in den Nachkriegsjahren, wird aus Michael Mike, aus Josef Joe. Und aus dem kleinen Karli wird Charly – eine leichte Windhund-Anmutung schwingt mit, aber das stört ihn nicht. Nur nicht langweilig sein.

Seine Eltern arrangieren eine Lehre für ihn, er gibt sich

unwillig drein, der Beruf interessiert ihn nicht, er ist unzuverlässig und vorlaut, das geregelte Leben widert ihn an, das frühe Aufstehen nervt, er schließt mit einem mauen Zeugnis ab, wird nicht übernommen. Es macht ihm nicht viel aus. Er wollte eh nie so leben wie seine Eltern.

Nur wie sonst, dafür hat er keine rechte Idee. Wie alle allzu behüteten Kinder hat er einen Hang zur Bequemlichkeit, er lässt sich treiben, löst Konflikte, indem er sie, einen lässigen Spruch auf den Lippen, umgeht. Wozu auch lange grübeln? Wie arm sind doch all jene, die in jeden Tag gehen, als erwarte sie ein Examen. Wie seine Eltern. So dumm bin ich nicht, denkt Charly. Was wollt ihr alle von mir, das Leben ist doch herrlich.

Manchmal überfällt ihn unvermutet Trauer. Dann spürt er, dass er keine Orientierung hat, immer wieder ins Schwimmen kommt. Wohin gehört er eigentlich? Er hat die Statur eines Großbauernsohnes, aber er ist kein Bauer, in Lederhose und Gebirgstracht sieht er wie ein Clown aus, er tritt mit der Attitüde eines kraftstrotzenden städterischen Proletariers auf, aber er ist kein Arbeiter, sondern der Sohn eines kleinbürgerlichen und unauffälligen Mittelständlers.

Er hat nur das vage Gefühl, dass etwas Größeres in ihm schlummern muss. Denn er hat sich gut ausgewachsen, ist groß und kräftig geworden, hat seidig schwarzes Haar, Elvis-Koteletten und Henkerschnitt, ein männlich kantiges Gesicht, schöne dunkle Augen, aus denen selbstbewusst freundlicher Spott blitzt, einen vollen, fast mädchenhaft weichen Mund. Er pflegt sich, weiß um sein Aussehen. Die Mädchen mögen, wenn einer weiß, wo es langgeht. Charly scheint es zu wissen, und so machen sie es ihm leicht.

Er blüht auf. Es ist wie ein Rausch. Er denkt nicht viel, taumelt von einem Bett in das andere, treibt es in abgelegenen

Hütten, hinter den Tanzschuppen der Stadt und der umliegenden Dörfer, mit Dorfmädchen, mit Touristinnen aus Rheinland und Ruhrgebiet. War seine Schamlosigkeit anfangs noch gespielt, so gibt er jetzt nur noch den animalischen Saftprotz. Die Mädchen, auf deren Ausbildung in dieser Zeit noch wenig Wert gelegt wird, suchen nach den Durchsetzungsstarken, um es im Leben zu mehr zu bringen als zur mies bezahlten Metzgereigehilfin oder Friseuse, und sie mögen keine verdruckten Betbrüder und Mucker. Charly kann das alles vorspielen, es wirkt überwältigend, sie fallen auf ihn herein, reihenweise.

Nur manchmal, wenn er wieder einmal ans Ziel gekommen ist und seine Erregung abflaut, fühlt er eine Leere in sich, als wäre es nicht allein überschäumende Lebensgier, die ihn antreibt, sondern eine Suche nach etwas, das er sich nicht erklären kann.

Eine der jungen Frauen, die er auf einem Tanzabend im Kur-Café kennen gelernt hatte, ist vernarrt in ihn. Veronika ist ein Jahr älter als er, hübsch, temperamentvoll, kein Dorftrampel, ein wenig exaltiert. Ihn zieht an, dass sie erfahrener und reifer als die meisten der Mädchen ist, die sich sonst von ihm abschleppen lassen. Die Anziehung hat Folgen, denn von der Pille spricht noch niemand. Veronika wird schwanger.

Eine Abtreibung kommt für sie nicht in Frage. Sie ist gläubig erzogen worden, für sie ist das Kind Unterpfand ihrer großen Liebe. Auch hat sie schon zu viel von ihrer Liebe zu Charly und der Schwangerschaft ausgeplaudert, und noch gilt das strikte Abtreibungsverbot aus den dreißiger Jahren.

Als das Kind schließlich zur Welt kommt, ist Charly gerade neunzehn geworden. Er tingelt in dieser Zeit von Arbeitsstelle zu Arbeitsstelle, hat als Hilfsarbeiter nur ein mageres Einkommen, mit dem er noch dazu schlecht wirtschaftet, und keinen Pfennig Erspartes. Die junge Mutter, selbst berufstätig, kann den Kleinen zu ihren Eltern in die Oberpfalz geben.

Charly atmet auf. Er ist gerade noch einmal davongekommen, wenn auch die Alimente bereits unangenehm drücken. Doch wenn es knapp wird, greifen ihm seine Eltern unter die Arme. Dafür darf er sich zwar deren Vorhaltungen abhören, aber das lässt er an sich abtropfen.

Obwohl er fast an jedem Wochenende eine neue Liebschaft eingeht, reißt der Kontakt zu Veronika nicht ab. Es ist nicht allein das gemeinsame Kind, das verhindert, dass sie sich aus den Augen verlieren. Veronika ist attraktiv, er kann sich mit ihr sehen lassen. Und sie liebt ihn, lässt immer wieder ihre Reize spielen, um ihn in ihr Bett zu bekommen. Und wirklich: Für die kurze Zeit, in der sie miteinander schlafen, ist alles in Ordnung, ist nur Lust, Lachen und Frieden.

Wieder wird Veronika schwanger.

Doch jetzt machen ihre Eltern nicht mehr mit. Auf die Idee, ihnen noch ein Kind aufzuhalsen, sollten die beiden gar nicht erst kommen, es reicht! Auch seine Mutter, die das erste Kind noch als bedauerlichen Unfall beseufzte, macht jetzt Zirkus.

Es wird plötzlich ernst. Charly spürt, dass man ihm nun auch in seinem Bekanntenkreis reservierter begegnet. Ein tradierter Ehrenkodex beginnt zu greifen. Er habe gefälligst Verantwortung zu übernehmen, bekommt er jetzt bei jeder Gelegenheit zu hören. Man nimmt jetzt kein Blatt mehr vor den Mund: Ein Kerl, der einer ein Kind anhängt und sie nicht heiratet, ist ein Lump.

Charly hat sich bisher wenig um altväterische Gebote geschert, und man hatte es ihm nie übel genommen, im Gegenteil, man bewunderte ihn für sein wildes Leben, nur Neider störten sich daran. Aber jetzt waren die Zeiten vorüber, in denen man ihm sein Weiberheldentum noch als jugendlichen Leichtsinn, als verständnisvoll beschmunzeltes Hörnerabstoßen durchgehen ließ. Er spürte, dass er für die Missachtung dieses Gebotes einen hohen Preis bezahlen würde. Er würde an Ansehen verlieren.

Etwas anderes hat er jedoch nicht. Weder ist er erfolgreich in seinem Beruf, noch hat er, sieht man davon ab, dass er leidlich gut Twist und Rock 'n' Roll tanzen kann, besondere Talente. Er hat nur sich, sein gutes Aussehen, seine Beliebtheit. Beides scheint jetzt nicht mehr zu wirken. Seine Scherze werden mit säuerlicher Miene pariert.

Der Druck auf ihn wächst. Er hat nie gelernt, sich gegen starke Widerstände durchzusetzen, er war immer gut im Ausweichen, hatte seine Widersacher charmant umtänzelt, konnte sie mit seinem Schmäh einwickeln. Nichts davon gelingt ihm mehr. Der Druck kommt jetzt von allen Seiten. »Schmalspur-Casanova!«, höhnt einer, dem gibt er noch eine aufs Maul, aber er spürt, dass es bereits aus Schwäche geschieht.

Er muss nachgeben.

Er ist noch keine 21, als er Veronika zum Standesamt führt. Er gibt sich locker, sein Unbehagen überspielt er bei der Hochzeitsfeier so überzeugend, dass er für einen Moment selbst an sein Glück glaubt. Und ist nicht alles am Ende doch immer wieder gut ausgegangen? Die Hochzeitsfotos zeigen eine selig lächelnde Braut und einen etwas angestrengten Charly. Und eine zufriedene Verwandtschaft, in deren Gesichtern die Erleichterung zu lesen ist: Endlich hat er Vernunft angenommen, sind ihm Zügel angelegt.

Charly hat ein wenig Bauchweh an diesem Tag. Das hat er sonst nie.

Sie beziehen eine kleine Wohnung im Vorort, die Eltern,

die auch schon die Hochzeitsfeier bezahlten, steuern etwas zur Einrichtung bei.

Aber nichts kommt in Ordnung. Schon nach kurzer Zeit erträgt Charly die verordnete Zweisamkeit nicht mehr. Das Geschrei des Säuglings stört ihn, er kann mit Kindern nicht umgehen. Er fühlt sich von Veronikas bedingungsloser Liebe erpresst, kann sie immer weniger erwidern, sondern fühlt sich als Gefangener. So sollte er jetzt bis ans Ende seines Lebens ausharren und in seiner viel zu kleinen, spießigen Wohnung versauern? Wo doch draußen das Leben tobt? Trinkgelage, Feste, Kino, Mädchen locken? Doch Ideen zu entwickeln war noch nie seine Stärke, und er ist zu träge, um sich den Kopf darüber zu zerbrechen, wie er in diese Lage gekommen ist, noch weniger darüber, wie er sie verändern könnte.

Veronika hat in letzter Zeit immer häufiger Kopfweh. Hilflos sieht er zu, wie sich ihr ebenmäßiges Gesicht zur abstoßenden Grimasse verzerrt, sie sich vor Schmerzen krümmt und in gellende Schreie ausbricht.

Charly kennt so etwas nicht, er ist von strotzender Gesundheit. Er erkundigt sich pflichtschuldig, ob er etwas für sie tun kann, und als sie, halb ohnmächtig vor Schmerz und unfähig zu sprechen, kopfschüttelnd verneint, verlässt er sie. Und tut, was er immer getan hatte, wenn ihm etwas lästig geworden war. Er nimmt seine Kneipentouren wieder auf, ist wieder ganz der Alte, beginnt bald aber härter zu trinken.

Veronika ist enttäuscht, macht ihm Vorhaltungen. Er kann es nicht mehr hören, bald ist er keine Nacht mehr zu Hause. Sie beginnt zu kämpfen, gibt sich Mühe, sie liebt ihn noch immer, glaubt, ihn sich nach ihren Wünschen richten zu können, träumt, dass er irgendwann vernünftig werden wird, sie weiß doch, dass er auch anders sein kann, ausgelassen und fröhlich, sie begehrend, so wie damals, als sie sich in ihn verliebte.

Aber wann wird er sich besinnen? Vorläufig überträgt sie ihre Liebe auf ihr Kind. Es fällt in ihrer Umgebung auf, dass sie verrückt nach dem kleinen Karli ist. Er ist Charly wie aus dem Gesicht geschnitten.

Doch immer seltener kann sie sich ihrer Bitterkeit erwehren, immer häufiger überschüttet sie ihn mit Vorwürfen. Schließlich fliegen die Fetzen. Im Bett kämpfen sie weiter, doch ihre verzweifelte Zärtlichkeit beginnt ihn anzuwidern. Es geht ihm mies. Im tiefsten Inneren hält er sich längst für wertlos. Etwas in ihm zieht daraus den Schluss, dass diejenige, die ihn liebt, noch weniger wert sein muss. Doch er ist denkfaul, und so kommt ihm nicht in den Sinn, dass ihn an der Liebe immer nur das Hochgefühl einer gelungenen Eroberung interessiert, er dabei wie ein Süchtiger nach nichts als Anerkennung giert.

Er fühlt nur, dass er das alles immer weniger aushalten kann. Er bemerkt, dass er trübe zu werden beginnt. Er hasst Veronika mittlerweile dafür, dass sie ihn beengt.

Dann wird das Geld knapp. Charly gibt alles für sich aus, die langen Nächte in Kneipen und Tanzlokalen treiben ihn immer höher in Schulden, aber er muss mithalten, um nicht als Habenichts gedemütigt zu werden. Veronika beklagt sich heftig, lenkt aber nach einer Weile ein und nimmt eine Teilzeitstelle als Kellnerin an. Eines Tages bemerkt sie, dass einige Scheine aus ihrer Kasse fehlen. Sie stellt ihn zur Rede.

»Ich war grad knapp, du kriegst es«, schnauzt er zurück.

Sie glaubt es nicht. »Du gibst mir nicht bloß zu wenig Geld, du beklaust auch noch deine eigene Frau? Was bist du bloß für ein erbärmlicher Versager!«

Er schlägt hart zu.

»Du kriegst es!«, brüllt er. Er holt wieder aus, erinnert sich aber jetzt daran, dass die Wände zur Nachbarwohnung dünn sind, und stiefelt in ohnmächtigem Zorn davon.

Ich mag nicht mehr, denkt er. Es muss ein Ende haben, sonst geh ich noch drauf.

Er frisst es in sich hinein. Sich einer Sozialhelferin anzuvertrauen ist völlig ausgeschlossen, ist unter seiner Würde. Und seine Freunde? Hat er überhaupt welche? Echte? Haben die meisten nicht bloß Angst vor ihm und sind zuletzt bloß neidisch? Nein, seinen Kumpanen braucht er damit nicht zu kommen. Der große Charly, der wilde Hund, der immer weiß, wo es langgeht, und zeigen, dass er nicht mehr ein und aus weiß? Undenkbar.

Da ist nur noch Pit. Ein Auswärtiger, den es nach Bayern verschlagen hat, drei Jahre jünger als er, als tölpelhafter Langfinger bereits vorbestraft, ein Außenseiter, wegen seines Berliner Dialekts auf Abstand gehalten und bespöttelt, den Älteren vorbehaltlos bewundernd und ihm nach dem Maul redend, ein treuer Schildknappe, der ihm bis ans Ende der Welt folgen würde, gelegentlich einen abgelegten Aufriss abstaubend, für den Charly gerade keine Verwendung hat.

Aber ausgerechnet Pit etwas vorheulen? Der Dummkopf hat doch von nichts eine Ahnung!

Der große, starke Charly fühlt sich nur noch erbärmlich. Sein Leben ist grau geworden. Wenigstens sein Schlag bei den Frauen tröstet ihn noch. In diesen Momenten ist er noch immer der Größte. Er säuft, verträgt viel. Auch wenn seine Wangen etwas fleischiger, seine maskuline Statur ein wenig fülliger geworden ist, sieht er noch gut aus. Dass seine Bewegungen träger sind, sein Blick oft leer ist, fällt nicht auf. Er kann sich zusammennehmen, gibt den Sieger. Er spielt gut, man nimmt es ihm ab.

Er ist noch nicht ein Jahr verheiratet, da lernt er bei einem Dorffest ein Mädchen aus einem österreichischen Grenzort kennen. Gudrun ist aus besserem Haus, ihren Eltern gehört die größte Metzgerei im Ort.

Sie zeigt sich nicht abgeneigt, hält ihn aber auf Abstand, ist nicht ganz so leicht zu haben. Das imponiert ihm. Er hat die Mädchen und Frauen, die sich ihm ohne Umschweife hingaben, nie sonderlich achten können, ihre Freizügigkeit war ihm nie ganz geheuer gewesen. Aber den Gedanken lässt er nicht zu, dass ihm seine sexuelle Unermüdlichkeit womöglich bisher nur dazu gedient haben könnte, den Mädchen seine Kraft zu zeigen und sie, wenigstens für den Moment der Eroberung, in seine Gewalt zu bekommen. Und es ihm eigentlich immer nur darum ging, auch das schnippischste Ding dazu zu bringen, vor ihm die Waffen zu strecken und sich ihm hinzugeben. Hasste er sie in Wirklichkeit? Fürchtete er sie womöglich gar? Und hatte er in Wirklichkeit immer nur nach etwas anderem gesucht? Nach der Sicherheit, jemandem zugehörig zu sein? Nach bedingungsloser Verlässlichkeit, wie er sie bisher nur bei seine Mutter gefunden hatte?

Gudrun aber lässt ihn erst einmal abblitzen. Er ist verblüfft.

Zum ersten Mal muss er kämpfen.

Eine Einladung in ein Eiscafé schlägt sie nicht aus. Der Blick, mit dem sie ihn betrachtet, jagt ihm einen merkwürdigen Schauder über den Rücken. Er ist ernst und prüfend. Aber auch interessiert. Sie sprechen lange miteinander. Ihm ist, als würde er sie schon zeit seines Lebens kennen. Sie ist charmant, zurückhaltend. In ihren Augen glimmt Interesse auf.

»Bist mir schon aufgefallen, so ist es nicht«, sagt sie.

Charly spielt den Überraschten, er hat ihn durchaus drauf, den sensiblen Schmuser, manche Mädchen stehen ja auf so was.

»Ach geh? Echt?«

Sie nickt ernst. »Ja, und ich weiß, dass du verheiratet bist.«

Scheiße, denkt Charly.

»Und mit einem Verheirateten mag ich mich nicht einlassen, ich habs meiner Mutter auch versprechen müssen, musst verstehen.«

»Versteh dich schon«, sagt Charly. »Aber einmal wieder auf ein Eis oder so, das ist doch nicht verboten, oder?«

Neckisch schüttelt sie ihr volles, kräftiges Haar, lächelt. »Mal schaun.«

Sie verabschieden sich. Die ist es, denkt Charly. Nur die.

Frei sein, denkt er bei der Heimfahrt. Wenn ich bloß wieder frei wäre.

Spätnachts kommt er zu Hause an. Er ist schwer betrunken, hat am Abend noch im Kur-Café Station gemacht, war laut und aggressiv und hatte zuletzt noch eine dämliche Kölnerin hinter einen Busch im Kurpark schleppen können.

Veronika schläft noch nicht, sie hat am Bett des Kleinen gewacht, der seit einigen Tagen kränkelt. Er schleudert seine Schuhe von sich und lässt sich angezogen ins Bett fallen. Sie dreht sich zu ihm, schnieft und sagt: »Wir kriegen wieder was Kleines.«

Ein gurgelndes Schnarchen antwortet ihr. Der Dunst von Tabakrauch, Schnaps, einem billigen Parfüm und Samen dampft zu ihr herüber. Sie beginnt zu weinen.

Noch immer hängt sie an Charly, verzehrt sich nach ihm, noch immer hofft sie, ihn aufs rechte Gleis zu bringen. Sie kennt das Leben schließlich und weiß, dass man einen Preis dafür zu zahlen hat, eine bürgerliche Ehefrau zu sein und einen begehrenswerten Mann zu besitzen.

Am nächsten Morgen macht sie einen neuen Anlauf. Er ist noch verkatert, stiert sie stumm an. Dann sickert in sein Gehirn, was sie soeben gesagt hatte. Er steht auf, zieht sich an und schmettert die Tür hinter sich zu.

Noch so ein Bankert!, wütet es in ihm. Dieses Luder! Sie macht das mit Absicht! Sie will mich endgültig ans Eisen legen!

Aber nicht mit Charly!

Wieder nüchterner, rechnet er nach, dass eine Scheidung sein Ruin wäre, jeder Pfennig seines Verdienstes für Alimente und Unterhalt draufgehen würde.

Und damit soll er Gudrun kommen? Als Bettler?

Charly weiß jetzt, dass er so nicht mehr weiterleben kann. Er sucht nach einer Lösung. Doch seine Gedanken drehen sich im Kreis, er ist nicht darin geübt, die Probleme waren ihm immer von der fürsorglichen Mutter abgenommen worden. Oder von seinen Verehrerinnen und all den Schwächlingen, die ihn als ihr Vorbild anhimmelten.

Er weiß nur eines: Was ihn einkerkert, muss weg. Veronika muss aus seinem Leben verschwinden.

Von Bier und Schnaps umnebelt, beginnt er darüber nachzudenken, wie das zu bewerkstelligen wäre. Hatte Veronika nicht schon einmal gedroht, sich umzubringen, wenn er sich nicht endlich ändern würde?

Selbstmord.

Ein Gedanke setzt sich in seinem Kopf fest und lässt ihn erschauern. Dann wird er zornig. Er lastet es Veronika an, dass er jetzt an eine Grenze geraten ist, die ihn in Unruhe versetzt. Sein Hass auf sie wächst.

Das Luder will mich fertigmachen, denkt er.

Die Ehe ist längst zur Hölle geworden. Sie schlafen seit Monaten nicht mehr miteinander. Charly macht sich nicht mehr die Mühe, vor Veronika zu verbergen, dass er mit anderen Frauen ins Bett geht. Es wird ihr zugetragen, dass er sich in letzter Zeit öfters mit einem Mädchen namens Gudrun trifft.

»Ja und?«, fährt er ihr über den Mund. Drohend baut er sich vor ihr auf, als sie nachhaken will.

Immer häufiger wird sie jetzt krank, ihre Kopfschmerzattacken nehmen zu, werden stärker, sie bricht unversehens in Hysterie aus, nennt ihn ein dreckiges Schwein, einen Dieb, einen Hurenbock und Taugenichts. Dann sinkt sie übergangslos in sich zusammen und wimmert vor sich hin.

Sie macht das extra, denkt Charly. Damit ich ihr nicht abhau, ist doch klar. Für wie blöd hält sie mich eigentlich?

»Tu doch nicht so wehleidig, du verlogene Britschen«, schreit er sie an, »meinst du, ich merk nicht, dass du bloß markierst?«

Sie schnellt hoch, geht mit Fäusten auf ihn los, zerkratzt ihm das Gesicht. Charly schlägt zurück. Sie sinkt wimmernd zu Boden.

Charly knallt die Türe hinter sich zu.

Sie will mich fertigmachen, denkt er. Aber nicht mit mir, du Luder. Du wirst nicht gewinnen.

Charly besteht nur noch aus Hass. Jetzt zieht er Pit ins Vertrauen. Sie treffen sich am Flussufer, Pit hat einen Kasten Bier dabei. Der Junge ist stolz darauf, dass ihn der Ältere für würdig erachtet, ihn an seinen Problemen teilhaben zu lassen. Sie schütten eine Flasche nach der anderen in sich hinein.

»Solche Weiber wollen unsereins bloß fertigmachen«, lallt Pit, »das ist doch klar.«

»Logisch«, sagt Charly.

»Das darfst du dir nicht gefallen lassen, Charly. Das sag ich dir als dein Freund.«

»Ja«, sagt Charly. »Und deswegen bring ich sie um.«

Pit verstummt.

»Machst einen Witz, Charly, was?«, sagt er dann.

»Nein.«

Das schwarze Wasser gleitet an ihnen vorüber. Pit öffnet eine neue Flasche.

»Und wie?, Charly? Haha! Ersaufen wär gut, oder?«

»Ja, wär gut.«

Wieder sucht Pit in Charlys Gesicht umher.

»Aber du ... du meinst es nicht ernst, gell?«

Charly leert seine Flasche und schleudert sie in den Fluss. »Doch.«

»Dann ... dann machs«, lallt Pit. »Ich ... ich kann meinen besten Freund nicht leiden sehn, kann nicht ... zuschauen, wie er von einem bösartigen Weibsbild fertiggemacht wird.«

Charly brütet vor sich hin und grunzt etwas.

»Selbstmord«, sagt Pit vor sich hin. Dann sieht er Charly an. »Hast du mir nicht mal erzählt, dass sie selber gesagt hat, dass sie sich umbringen will?«

»Ja.«

Pit sieht sein Vorbild mit hündischer Verehrung an. Er glaubt zu wissen, was Charly hören will. »Na, wenn das blöde Weibsbild schon ... schon selber gesagt hat, dass sie nicht mehr leben will, dann ... dann tust ihr ja fast einen Gefallen damit, o ... oder?«

Charly sieht auf das Wasser. In seinem Kopf dreht sich alles. Er steht auf, taumelt auf das Wasser zu. Über den Strudeln glänzen Schaumkronen im Mondlicht.

»Charly!«, schreit Pit.

»Mir ist schwindlig«, stöhnt Charly. Er krümmt sich und kotzt in den Fluss. Pit eilt an seine Seite.

»Fast hätt ich gemeint, du gehst selber hinein«, sagt Pit.

»Das Luder«, flüstert Charly. Er sieht Pit von der Seite an. »Tätst mir helfen?«

Pit kämpft mit einem Schluckauf. Dann nickt er. »Ich lass

meinen besten Freund nicht im Stich«, sagt er feierlich. Kurz hat er den Wunsch, Charly zu umarmen, doch im gleichen Moment durchzuckt ihn heiß die Scham.

Es muss jetzt schnell gehen, Charly fühlt, dass er keinen Tag mehr durchhält. Wenn sie wieder auf ihn losgeht, wird er durchdrehen und sie erschlagen. Dann ist ihm der Knast sicher. Und sie hätte erreicht, was sie wollte.
Ihn fertigzumachen.
Aber nicht mit Charly. Er wird nicht länger Opfer sein, wird nichts mehr hinnehmen. Er wird sich jetzt wehren. Und dann endlich wieder leben.
Für den frühen Abend hat er in der Stadt einen Mietwagen bestellt, ein rotes VW-Cabrio, das musste es heute sein, damit hatte er bei seinen Aufreißer-Touren in die umliegenden Dörfer immer Eindruck schinden können. Er holt Pit ab, der aufgeregt neben ihm Platz nimmt.
Dann geht er in eine Telefonkabine und ruft Olga an. »Wie wärs heut abend mit uns zwei? So um neun, halb zehn? Vorher hab ich noch was in Traunstein zu erledigen. Dein Mann ist doch auf Montage, oder?«
Sie kennen sich, sie mag ihn, willigt sofort ein. »Ich wart auf dich«, Charly.
»Super«, sagt er.
Es ist kurz nach acht Uhr, es ist bereits dunkel. Pit und Charly wechseln das Steuer, Pit fährt zu Charlys Wohnung. Die Fenster sind dunkel, Veronika hat den ganzen Tag gearbeitet und ist bereits zu Bett gegangen.
Er geht in ihr Zimmer und weckt sie.
Sie starrt ihn schlaftrunken an. Er führt sie ins Wohnzimmer.
»Zieh dich an«, sagt er. »Ich hab was zu reden mit dir.«

Sie schüttelt den Kopf.

»Um was ... was gehts denn?«

»Du bist doch auf die Gudrun eifersüchtig, oder? Ich hab deine Verdächtigungen satt, und heut Abend kannst du sie endlich selber fragen, ob was ist mit uns zwei. Zieh dich an.«

Sie sei müde, sagt Vroni. Sie sei den ganzen Tag auf den Beinen gewesen.

Er droht. Wenn sie nicht mitkäme, wäre es endgültig aus mit ihnen. Keinen Tag länger ertrage er ihre Vorwürfe. Jetzt habe sie endlich Gelegenheit, die Wahrheit zu erfahren. Dann würde hoffentlich alles wieder gut mit ihnen. Pit habe sich bereit erklärt, sie zu fahren.

Sie gibt nach. »Aber nicht lang«, sagt sie. »Wenn der Bub aufwacht und ich nicht da bin, schreit er mir das ganze Haus zusammen.«

»Es dauert nicht lang«, sagt Charly.

»Wohin fahren wir überhaupt?«

»In ein Wirtshaus in der Näh. Mach schon.«

Im Wagen begrüßt Pit sie freundlich. Sie erwidert den Gruß nicht. Sie mag die Saufkumpane Charlys nicht.

Sie verlassen die Stadt, fahren den Fluss entlang, biegen in ein enges Gebirgstal ein. Die Straße windet sich entlang senkrecht aufragender Felswände über dem Schluchtgrund, unter ihnen orgelt der tief ins Gestein gegrabene Fluss.

In einer Einbuchtung vor einer Brücke halten sie an.

»Den Rest zum Wirtshaus gehen wir zu Fuß«, sagt Charlie. Er steigt aus und zieht sie vom Rücksitz ins Freie. Pit legt den Gang ein und fährt sofort weiter. Das Auto muss an einem anderen Ort gesehen werden, das ist der Plan.

Veronika ist längst starr vor Angst.

»Was hast vor, Charly?«

Er holt einen faustgroßen Stein aus seiner Tasche und

schmettert ihn ihr an die Schläfe. Sie schreit auf, taumelt von ihm weg, kommt wieder zu Kräften, beschimpft ihn. »Das wirst mir büßen! Du Hund, du gemeiner.«

Er macht einen Satz auf sie zu und holt noch einmal aus, dieses Mal mit größerer Wucht. Sie sackt zusammen. Er fängt sie auf und schleift sie zur Mitte der Brücke, die sich über eine fast fünfzig Meter tiefe Seitenschlucht spannt. Dort hievt er sie auf die hüfthohe Begrenzungsmauer. Unter ihnen dröhnt das schwarze Wasser des Gebirgsbachs, der ausgewaschene Fels schimmert im Mondlicht.

Dann lässt er sie los und tritt einen Schritt zurück. Die Benommene sitzt auf der Mauer und schwankt vor und zurück. Er fühlt nichts, wartet. Ihr Oberkörper kippt nach hinten, dann aber – als sei sie wieder zu Bewusstsein gekommen und habe sich ein letzter Lebenswille in ihr gereckt – schwenkt sie wieder zurück, auf die Straße. Er springt vor, hält sie, richtet sie gerade. Wieder schwankt sie, wie ein Halm im Wind, vor und zurück, leise stöhnend. Er tritt vor und gibt ihr einen sachten Stoß. Sie verschwindet lautlos in der Tiefe. Der Wildbach unter ihm tost, er hört keinen Aufprall.

Pit ist währenddessen nur einige Kilometer weiter in das nächste Dorf gefahren, hat dort einige Runden gedreht, aber es war wenig los auf den Straßen, die Touristen-Saison ist vorüber. Er war zu aufgekratzt, um noch darauf zu achten, ob ihn jemand bemerkte. Jetzt kehrt er zurück.

Sie verständigen sich stumm. Charly gibt ihm ein Zeichen: Ja, es ist getan. Er sieht auf seine Armbanduhr. Halb zehn. Sie rasen in die Stadt zurück. Pit fährt wie ein Besoffener.

Olga erwartet ihn bereits. Sie umarmen sich stürmisch, taumeln sofort in das Schlafzimmer. Charly ist geil wie nie, er macht verrückte Späße, sie ist begeistert.

Kurz vor Mitternacht verabschiedet er sich.

Wie es vereinbart war, hatte sich Pit währenddessen in einem Gasthaus am Stadtplatz aufgehalten. Als Charly auf die Straße tritt, erwartet ihn sein Spezl.

»Du bist mein Zeuge«, sagt Charly.

»Logisch bin ich das«, sagt Pit. »Aber jetzt? Was tun wir?«

»Was wohl, du Depp! Jetzt lassen wirs krachen.«

Pit starrt Charly an. Dann grinst er angestrengt.

»Logisch«, sagt er.

In einer Kellerdiskothek in der Altstadt ist noch Betrieb. Charly läuft unter gröhlendem Hallo ein, wirft Runden, beschmust die Mädchen, geht mit einer von ihnen, sie ist bereits mehr als beschwipst, auf den Parkplatz, bugsiert sie in das Cabrio und macht sich über sie her. Er ist nicht zärtlich, es geht schnell, er lässt es laufen, wartet nicht auf sie, sie mault ihn an. Er zieht sie grob aus dem Wagen und schickt sie in die Nacht hinaus. Sie wankt schniefend davon.

»Das merk ich mir, du Drecksau«, ruft sie ihm nach.

Fast muss Charly grinsen: Genau das sollst ja auch, denkt er.

Als er zurückkommt, drehen sich auf der Tanzfläche nur noch einige müde Paare. Pit brütet vor einem Glas Bier vor sich hin, niemand sitzt an seinem Tisch. Als er Charly auf sich zukommen sieht, leuchtet sein Gesicht auf. Charly sieht die Striche auf seinem Deckel.

»Schluss!«, kommandiert er. Pit springt auf. Charly zahlt die Rechnung. Dann gehen sie ins Freie.

»Und jetzt?«, fragt Pit.

Fahren wir heim und legen uns hin, will Charly sagen. Doch in diesem Augenblick sieht er sich, wie er in seiner Wohnung ankommt. Nur noch der Kleine wird da sein. Erst sieben Monate alt, hilflos. Oft schreckt er in der Nacht auf, dann braucht er Zuwendung, muss gewiegt und gestreichelt werden. Und in den nächsten Tagen nicht weniger, und Essen, er muss gewickelt werden –

Als Charly daran denkt, fährt ihm der Schreck durch die Glieder.

Das geht nicht, denkt er.

Das hatte er nicht bedacht! Er hatte doch keine Ahnung, wie man mit so einem Wurm umgeht. Wenn es zu plärren anfängt, in die Windeln scheißt, alldem war er doch nicht gewachsen! Veronikas Eltern waren außerstande, noch ein Kind aufzunehmen, und seine Mutter hatte schon beim ersten Mal kategorisch erklärt, niemals ein »Kind der Sünde« in ihr Haus aufnehmen zu wollen. Außerdem wusste alle Welt, wie abgöttisch Veronika an dem Kleinen hing. Niemand würde sich vorstellen können, dass sie das Kind allein lassen würde. Wenn sie sich zum Selbstmord entschließen würde, dann würde sie den Kleinen mit in den Tod nehmen.

»Scheiße«, sagt Charly. »Es haut alles nicht hin.«

»Was ist jetzt«, fragt Pit.

»Fahr mich zu mir«, sagt Charly, »schnell.«

Pit gehorcht. Charly rennt die Treppen hinauf, zieht den Kleinen aus seinem Bettchen. Er wacht auf und beginnt zu schreien. Charly wird es heiß, der Kleine brüllt lauter, die Nachbarn könnten ihn hören. Er packt das Kissen des Kinderbetts und drückt es dem Kleinen auf den Kopf, bis er still ist. Dann wickelt er ihn in die Decke und läuft wieder auf die Straße hinab.

Pit glotzt ihn an.

»Charly, muss das schon noch sein?«

»Fahr«, sagt Charly.

Wieder rast Pit wie ein Idiot. Sie halten auf der Mitte der Brücke. Charly wirft das Bündel hinab.

Als sie wieder einsteigen, streift das Licht eines Autoscheinwerfers über sie hinweg. Ein junger Handwerker aus dem nächsten Dorf ist in das Kreiskrankenhaus unterwegs, wo seine Frau in schweren Wehen liegt. Er hat gerade anderes im Sinn, ist in Sorge um seine Frau, aber Wagentyp und Farbe fallen ihm auf.

Charly legt den Gang ein, jetzt fährt er, Pit war schon bei der Herfahrt in einer Kurve beinahe ins Schleudern gekommen. Unterwegs sprechen sie nicht mehr viel.

Sie halten vor Pits Wohnheim.

»Beschissen, dieses Leben, irgendwie, hm?«, sagt Pit zum Abschied. Das Licht der Straßenlampe fällt auf sein Gesicht. Es ist grau. Es wird schiefgehen, sagt seine Miene, es ist immer alles schiefgegangen in meinem Leben.

Halts Maul, denkt Charly. Er fährt los, geht in seine Wohnung und legt sich schlafen.

Er hat gut geschlafen in dieser Nacht, wird er vor Gericht sagen.

Am nächsten Morgen überquert ein Wanderer die Brücke. Die Luft ist morgendlich kühl, der Himmel blau, aus der Schlucht dampft weißer Nebel. In der Mitte hält der Wanderer an, genießt die atemberaubende Aussicht. Dann sieht er zum schäumenden Wildbach hinab und entdeckt in der verschatteten Tiefe die Leiche.

Er eilt im Laufschritt ins nahe Gasthaus, die Landpolizei wird alarmiert, diese ruft die Kripoaußenstelle in Traunstein. Mit den Beamten trifft ein Trupp Gebirgsjäger ein, sie seilen sich über einen Felsüberhang ab und klettern auf das hartkantige Felsband, auf das Veronika aufgeschlagen war. Sie signalisieren nach oben: Person ist tot.

Die Leiche wird geborgen. Dann begeben sich die Männer noch einmal in die Tiefe, um, soweit es die zerklüftete Umgebung erlaubt, nach Spuren zu suchen. Nach einigen Minuten wieder ein Signal aus der Tiefe. Eine zweite Leiche. Ein Säugling.

Die Körper werden sofort obduziert. Veronikas Körper weist, außer einer Verletzung am Haaransatz der Schläfe, kaum Verletzungsspuren auf. Als Todesursache wird der Aufprall in fünfunddreißig Meter Tiefe festgestellt. Die Frau war im 4. Monat schwanger. Der Körper des Säuglings ist innerlich zerschmettert, der schwache Blutverlust jedoch verrät, dass der Säugling bereits tot gewesen sein muss, als er auf dem Schluchtgrund aufschlug. Der Gerichtsmediziner sieht genauer hin und entdeckt um die Augenpartie verräterische Spuren.

Der Kleine ist erstickt worden.

Bei der Toten werden keine Papiere gefunden, ihre und die Bekleidung des Kindes geben keinen Aufschluss über ihre Identität. Vermisstenmeldungen werden ergebnislos durchforstet. Die Kripobeamten sind zunächst davon überzeugt, dass die Unbekannte Selbstmord begangen haben muss; vor allem die Tatsache, dass sie ihr Kind mit in den Tod genommen hatte, spreche nach aller Erfahrung für diese These.

Am Abend geht eine Meldung ein. Ein junger Ehemann aus der benachbarten Stadt habe gegenüber Nachbarn geäußert, seine Frau habe ihn mitsamt Kind verlassen. Wohin sie gegangen sein könnte, wisse er nicht, sie habe keine Nachricht hinterlassen, vermutlich zu ihren Eltern in Nordbayern. Aber die Sache sei ein bisschen merkwürdig.

Die Ermittler brechen sofort auf und finden Charly in einem Gasthof im Zentrum. Er gibt den frustrierten Verlassenen, macht aber keinen Hehl daraus, dass seine Ehe völlig zerrüttet war. Er wird nach Hause geleitet, die Beamten lassen sich die Hochzeitsfotos und die Papiere der Frau zeigen.

Es ist die unbekannte Tote aus der Schlucht.

Charly muss ihnen in die Traunsteiner Inspektion folgen und wird vernommen.

Die Beamten fragen, ob Veronika schon einmal Selbstmordabsichten geäußert hat.

Charly nickt. »Die Vroni hat immer wieder davon geredet, sich umzubringen«, sagt er, »zuletzt vor ein paar Tagen, ich habs zuletzt gar nimmer ernst genommen. Ich muss zugeben, dass unsere Ehe nicht besonders gut war, ich geb mir selber auch ein bisserl Schuld daran, aber ich war halt einfach zu jung zum Heiraten.«

Der Ermittler betrachtet sein Gegenüber. Gepflegt, freundlich, nur um den Mund Spuren von Verweichlichung. Zum Bier sagst du nicht nein, was?, denkt er. Aber bist ein fescher Bursch. Dass du dich in deinem Alter noch nicht von Frau und Kind einsperren lassen willst, kann ich fast verstehen. Was müssen die Leut auf dem Land aber auch schon so früh heiraten? Weil es sich gefälligst so gehört, wenn ein Kind unterwegs ist? Man weiß doch, dass meist bloß Unglück dabei herauskommt.

»Sie kamen also nach ein Uhr nach Hause«, setzt er wieder an. »Da waren Ihre Frau und Ihr Kind aber schon nicht mehr da. Jeder andere Ehemann würde sich doch da Sorgen machen. Haben Sie das nicht getan?«

»Darf ich ehrlich sein?«

Eine blöde Frage, will ihn der Ermittler anschnauzen, doch dann denkt er daran, dass sein Gegenüber gerade seine Frau und sein Kind verloren hat, und begnügt sich mit der Antwort: »Sie dürfen nicht nur, sie müssen.«

»Ich bin nicht mehr ganz nüchtern gewesen. Und, ehrlich, es war mir wurscht. Sie hat schon so oft gesagt, dass sie abhauen und wieder heim zu ihren Alten will. Ich bin bloß froh gewesen, dass ich mir nicht wieder ihr hysterisches Geplärr hab anhören müssen, wo ich schon wieder gewesen bin und so. Also, eigentlich wärs mir sogar recht gewesen, wenn sie abgehauen wär.«

»Sie ist aber nicht abgehauen, sondern hat sich von der Brücke gestürzt.«

»Hab ich da ja noch nicht wissen können, oder?«

Es klingt eine wenig aufmüpfig. Eine leichte Gereiztheit erfasst den Ermittler. Er mag das nicht. Er ist es, der Fragen stellt.

Aber was Charly sagt, leuchtet ein. Für den Abend des vergangenen Tages kann er ein Alibi mit einer Reihe von Zeugen vorweisen. Rasch wird es überprüft. Alle Zeugen bestätigen Charlys Angaben. Eine kleine Ungereimtheit gibt es für die Zeit zwischen halb neun und halb zehn Uhr abends, sowie ab ein Uhr bis zwei Uhr morgens.

Aber das kann Pit ihm anschließend erklären: »Der Charly und ich haben einen Ausflug nach Traunstein zum Wiesingerbräu machen wollen«, sagt er, »aber da war nichts los, es hat uns gelangweilt, ist eh meistens ein Kaff, wa? Und –«

»Ich brauch keine Ausflugsempfehlung von dir, sondern möcht wissen, was ihr zwischen halb neun und halb zehn getan habt, kapiert?«

»– na ja, wir haben uns ein paar Minuten umgeschaut, es war nichts los, hab ich ja gesagt, wa? Dann sind wir wieder heim. Und was die Zeit nach Mitternacht betrifft, so sind wir um eins herum aus der Diskothek rausgekommen. Ich bin zu mir heim, ich muss ja in der Früh wieder arbeiten, und der Charly hat auch gesagt, dass er saumüd ist. Ist ja in dieser Zeit auch nichts mehr los bei uns, wa?«

»Hat Euch wer beim Wiesingerbräu gesehen?«

»Weiß nicht. Wir haben eigentlich bloß bei der Tür reingeschaut und gleich gesehen, dass nichts mehr los ist. Aber vielleicht hat uns wer unterwegs gesehen, in einem von den Dörfern auf der Strecke?«

Die Ermittler rechnen nach. Eine Dreiviertelstunde Fahrzeit nach Traunstein, ein kurzer Aufenthalt beim Wiesingerbräu, dann wieder dieselbe Strecke zurück. Ja, es könnte hinkommen.

Der Ermittler nimmt sich wieder Charly vor. Der kann Pits Aussage bestätigen.

»Wo haben Sie in Traunstein eigentlich geparkt?«, fragt der Ermittler.

Charly zieht die Brauen hoch. Sein Körper spannt sich ein wenig. Der Ermittler bemerkt es.

»Weiß nicht mehr genau«, sagt Charly zögernd. »Vor dem Wirtshaus, glaub ich.«

»So? Ihr Spezl hat was anderes gesagt.«

Charly schürzt geringschätzig die Lippen. »Der Pit ist manchmal ein bissl, wie sag ich, durcheinander. Was hat er denn gemeint?«

Das werd ich dir grad auf die Nase binden, denkt der Ermittler. Aber möglich ist es, dass er nicht mehr weiß, wo sie den Wagen abgestellt haben, ich vergess es ja auch manchmal.

»Gut«, sagt er, »wir werden das überprüfen.«

»Kann ich dann wieder gehen«, fragt Charly. »Ich muss mich dann ja wahrscheinlich um die Beerdigung und so kümmern.«

»Ganz so schnell gehts nicht«, sagt der Ermittler. »Was uns noch interessiert, ist, wie Ihre Frau an die Unglücksstelle gekommen sein kann. Ein Auto besitzen Sie ja beide nicht, und zu Fuß braucht man über zwei Stunden in die Schlucht. Das soll sie allein in der Nacht, mit dem Kind auf dem Arm, gegangen sein?«

Charly zuckt die Schultern. »Weiß ich auch nicht«, sagt er.
»Vielleicht hat sie wer mitgenommen?«

Möglich, denkt der Ermittler.

»Kurze Pause«, sagt er.

Er geht in den Nebenraum und weist einen Untergebenen an, sofort mit der Druckerei des »Wochenblatts« Kontakt aufzunehmen, um für die morgige Ausgabe noch einen Zeugenaufruf unterzubringen: Wer hat gestern Abend zwischen acht Uhr abends und Mitternacht eine junge Frau mit Kleinkind in seinem Wagen mitgenommen?

Dann kehrt der Ermittler zurück. Er bemerkt, dass Charlys glatte Stirn glänzt.

Er versucht sich zusammenzureißen, aber es nimmt ihn doch mit, denkt der Ermittler. Armer Kerl. Ein Jammer, diese Geschichten.

Er entlässt Charly. »Noch mal mein Beileid, gell? Aber dass Sie Ihren Wohnort in nächster Zeit nicht verlassen dürfen und sich zu unserer jederzeitigen Verfügung zu halten haben, haben Sie verstanden, ja?«

»Freilich«, sagt Charly.

Er steht schon in der Tür, als der Ermittler ein Zeichen erhält.

Charly muss wieder Platz nehmen. Er wartet.

Kurze Zeit später taucht der Ermittler wieder auf, begleitet von einem Kollegen.

»Was haben Sie gestern zwischen fünf und sechs Uhr gemacht?«

»Nichts besonderes, warum?«

»Sie haben gestern ein VW-Kabriolett angemietet, richtig?«

»Hab ich doch gesagt, oder?«

»Haben Sie. Und auch, dass Sie am Abend damit nach Traunstein gefahren sind und danach gleich wieder zurück.«

»Stimmt ja auch.«

»Und Sie sind später nicht noch einmal in Richtung Traunstein gefahren?«

»Wer behauptet das?«

»Ich frage, verstanden? Sind Sie noch einmal in diese Richtung gefahren?«

»Nein.«

»Sie lügen. Sie wurden nach Mitternacht mit ihrem nicht eben unauffälligen Auto auf genau jener Brücke gesehen, unter der Ihre Frau und Ihr Kind zu Tode gekommen sind.«

(Stimmt nicht ganz, denkt der Ermittler, der Zeuge hat nur den Wagen gesehen, aber keine Personen erkennen können.)

Charly kommt ins Schwimmen. »Weiß nicht, sagt er. Ich bin beim Bräu gesessen ... vielleicht hat der Pit noch eine Tour damit gemacht?«

»Ihr feiner Spezl sagt aber auch da was anderes!«

(Stimmt nicht ganz, denkt der Ermittler. Danach ist er noch gar nicht befragt worden.)

»Dann phantasiert er, das blödgesoffene Arschloch.«

»Vielleicht aber auch nicht«, sagt der Ermittler. »Ich erkläre Sie hiermit für vorläufig festgenommen wegen des dringenden Verdachts, Ihre Frau und Ihren Sohn ermordet zu haben.«

Schon eine Stunde später hat Charly alles satt. Er will endlich seine Ruhe. Auf den Gedanken, dass die Beamten zu diesem Zeitpunkt noch va banque spielen und ihm noch gar nichts anhaben könnten, weil sich der Gerichtsmediziner nicht auf einen genauen Todeszeitpunkt festlegen kann und will, kommt er gar nicht mehr. Auch darauf nicht, dass die Kommissare auch deshalb noch schwimmen, weil sich immer noch herausstellen könnte, dass es sich bei dem nächtlichen Autofahrer um einen Wichtigtuer handelt, der eines der umherschwirrenden Gerüchte aufgeschnappt hatte und dessen Angaben zum Fahrzeugtyp nur auf Einbildung beruhen.

Es ist ihm einfach alles zu lästig.

»Ja, ich habs getan«, sagt er. »Seids jetzt zufrieden?«

»Und warum?«

»Warum wohl. Ich wollt sie einfach los sein.«

»Du Drecksau«, platzt einer der Ermittler heraus. Der leitende Kommissar bringt ihn mit einem halbherzig tadelnden Blick zum Schweigen.

Charly zuckt die Achseln.

Was wisst Ihr denn schon, denkt er. Nichts, gar nichts. Dann sackt er in sich zusammen und starrt wie unter Schock vor sich hin. Ihm ist klar geworden, dass er seine Gegner unterschätzt hat. Und sich überschätzt. Sein Plan taugte nichts, er war viel zu nachlässig, viel zu wenig überlegt, schlicht blöde. Bereits Pit war eine Schwachstelle, die er sich niemals hätte erlauben dürfen.

Pit hatte sich ins Bockshorn jagen lassen, hatte alles durcheinandergebracht, was sie abgesprochen hatten, war schließlich in Tränen ausgebrochen und hatte gestanden. Nur das mit dem Kleinen, hatte er beteuert, das hätte nicht sein müssen, und das habe er Charly auch gesagt, aber es habe nichts mehr genützt.

Charly wird in Handschellen gelegt und abgeführt.

Und jetzt, keinen Monat später, steht er vor Gericht und kann beinahe fühlen, wie der Hass seinen Rücken versengt.

Der Vorsitzende fordert ihn auf, dem Gericht den Charakter seiner Frau und den Alltag seiner Ehe zu schildern.

»Sie hat halt gesponnen«, sagt Charly und zuckt die Schultern. »Sie hat bloß noch genervt mit ihrer spinnerten Liebe.«

Hätte er sich nicht dafür entschieden, den Lässigen zu geben, hätte er gestehen müssen: Sie hat mir das Leben zur Hölle gemacht, ich hab nächtelang nicht mehr schlafen können, ich habe Angst gehabt, selber verrückt zu werden und mich zu verlieren, Angst davor, von ihr in den Abgrund gezogen zu werden.

Aber das sagt Charly nicht. Er und Angst haben. Er doch nicht.

Dem Vorsitzenden reicht das nicht. Er fordert ihn auf, eine Zahl der Liebschaften zu nennen, die er während seiner kurzen Ehe eingegangen war.

Wieder fühlt Charly einen Zwiespalt. Was geht das die Leute an? Es ist mein Privatestes, mein Innerstes, das da hervorgezerrt werden soll. Dann aber überkommt ihn wieder die Lust, es allen Spießern zu zeigen. Sie lassen sich so leicht provozieren, diese Idioten.

Er denkt demonstrativ lange nach, zählt in Gedanken, spürt die geifernde Erwartung des Publikums, kommt auf dreißig. »Ungefähr«, fügt er hinzu.

Ein Stöhnen geht durch den Saal.

Der Vorsitzende hat Charly gut verstanden, dennoch fragt er nach: »Sie haben in diesem einen Jahr Ihrer Ehe an die dreißig Frauenbekanntschaften gehabt?«

»Ungefähr, ja«, sagt Charly. »Es können auch ein paar mehr gewesen sein.«

Wieder braust Entrüstung auf.

Charly wendet sich halb um, Verachtung im Blick.

Neidisch, oder was?, denkt er. Ihr seid nicht viel besser, ich kenn Euch, ich weiß, was wirklich läuft, ich habe es selbst erfahren, und die Mädchen haben es mir erzählt, was läuft unter Euren Bettdecken, in Euren abgestellten Autos am Fluss, in Euren Büros nach Feierabend, ich weiß, welcher honorige

Meister sein Lehrmädchen vergewaltigt hat, welcher Kaplan es mit dem halben Kirchenchor hat, welcher Großbauer, bei Fronleichnam erster Himmeltrager, sich von seiner schwachsinnigen Stallmagd seinen Riemen melken lässt, welcher Lokalpolitiker in Salzburg mit seiner Sekretärin herumvögelt, welcher Pensionsbesitzer sich damit brüstet, es mit drei Touristinnen gleichzeitig getrieben zu haben, welcher Geschäftsmann daheim was von Verhandlungen in München erzählt, aber in der Bongo-Bar nackten Weibern zuschaut und danach in den Puff in die Hohenzollernstraße geht. Ihr kotzt mich an.

Der Richter dringt noch einmal in ihn. »Für einen zivilisierten Menschen gibt es doch andere Möglichkeiten, sich aus einer unbefriedigenden Ehe zu lösen. Warum wählten Sie keinen anderen Weg als eine derart verwerfliche und schändliche Mordtat?«

»Wie ich gesagt hab«, antwortet Charly. »Weils das Einfachste gewesen ist.«

Wieder zuckt er unter dem Orkan der Empörung in seinem Rücken zusammen. Kopf kürzer!, plärrt einer, andre fallen ein. Charly lässt die Schmähungen mit ausdrucksloser Miene über sich ergehen. Er fühlt sich wie in einem Theaterstück. Oder im Kino, und der Film, in dem er spielt, heißt: Charly gegen den Rest der Welt. Er wird nicht Reue zeigen, nicht um Gnade winseln, er doch nicht. Irgendwo hat er es einmal gesehen, und es hatte ihm imponiert, war es in einem Ami-Film? Mit James Cagney? Oder hieß er Robert Mitchum? Er wendet sich halb um. Es sind alles Idioten, denkt er, hoffnungslose Idioten. Nichts kapiert Ihr.

Der Prozess wird zügig abgewickelt. Der Staatsanwalt ergreift die Gelegenheit, seine Gründlichkeit unter Beweis zu stellen, und zerrt Dutzende junger Mädchen und einige verheiratete Frauen auf die Zeugenbank, wo sie, das Gesicht vor Scham blutrot, stammelnd gestehen, mit Charly ein Verhältnis gehabt zu haben. (Mehrere Scheidungen werden die Folge sein, der Ruf der unverheirateten Mädchen, meist unbedarfte Dörflerinnen, ist rettungslos ruiniert.) Dass Pit zuletzt versucht, sich herauszuwinden, und Charly als Motor der Tat darstellt, wird nur noch zur Kenntnis genommen. Der Schuldspruch ist längst gefällt. Die Merkmale, die Charlys Taten als Mord klassifizieren, sind eingelöst: Sie geschahen aus niedrigen Beweggründen, da Charly sich Unterhaltszahlungen für Frau und Kind ersparen wollte, und der Täter nützte Arg- und Wehrlosigkeit seiner Opfer aus.

Der Staatsanwalt fordert die Höchststrafe. Zweimal lebenslänglich für Charly wegen zweifachen Mordes, zehn Jahre für seinen noch nicht volljährigen Komplizen wegen Beihilfe.

Der Verteidiger tut seine Pflicht, er spricht von den mannigfaltigen und schädlichen Einflüssen, die auf die heutige Jugend einstürmten, von Schmutz und Schund im Kino und billigen Kriminalgeschichten. Er erreicht nichts. Die Geschworenen folgen Plädoyer und Strafantrag des Staatsanwalts.

Pit flennt zum Erbarmen, Charly aber nimmt das Urteil mit unbeteiligter Miene an. Sein Mund schürzt sich unmerklich.

Hoffnungslos, denkt er, Ihr seid alle hoffnungslose Idioten.

Ich musste mich doch dagegen wehren, kaputt gemacht zu werden. Ich war doch im Recht. Dass das keiner kapiert?

Sein Anwalt will das Nachgespräch schnell hinter sich bringen.

»Eine Revision zu beantragen ist völlig aussichtslos, weder am Verfahren noch am Strafmaß wird irgendeine Instanz etwas aussetzen können, schlagen Sie sich das aus dem Kopf. Und ich stände dafür auch nicht mehr zur Verfügung, Sie haben mit Ihrer Respektlosigkeit alle meine Bemühungen unterlaufen, diesen Zirkus mache ich nicht noch einmal mit.«

Charly nickt. Beide stehen auf. Der Anwalt nimmt seine Mappe und wendet sich zum Gehen.

»Bloß noch eins«, sagt Charly.

»Ja?«

»Das, was der Mann von der Gerichtsmedizin gesagt hat, das hab ich nicht ganz verstanden.«

»Der Herr Professor hat die Verletzungen der Opfer beschrieben, ihren körperlichen Zustand. Was ist daran unverständlich?«

»Aber er hat doch noch was gesagt. Es ist auf Lateinisch gewesen, und ich kann kein Lateinisch.«

Der Anwalt steht bereits in der Tür.

»Dass Ihre Ehefrau an einem inoperablen Gehirntumor litt, hat er gesagt. Ihre Lebenserwartung betrug weniger als ein Jahr. Wussten Sie das denn nicht?«

»Nein«, sagt Charly. »Nein, das hab ich nicht gewusst.«

# Eine Landidylle
(1988)

## I.

Es ist Frühling, als der Notarzt über den unbefestigten Fahrweg auf den abgelegenen Hof zusteuert. Der Tag ist klar. Um das niedrige Haus nichts als Natur. Der Winter im bayerischen Oberland war hart gewesen, doch jetzt glänzt das Laub in der Morgensonne, die Obstbäume strotzen im Austrieb, auf der Streuwiese liegen die Blütenblätter wie später Schnee. Fliegen und Bienen summen, von den Weiden leuchtet sattes Grün, noch morgenfeucht. In dunstiger Ferne schimmert das Gebirge, dessen Gipfel noch schneebedeckt sind.

Der Arzt hat keinen Blick dafür, er ist in Eile, Patienten warten, dennoch notiert er beim Anblick des Anwesens, zu dem man ihn gerufen hat: Hier lebt man nicht im Luxus. Der Hof wirkt nicht verwahrlost, aber heruntergekommen. Die Dachpfannen sind vermoost, der Kalkputz der Außenwände bröckelt und ist bis an die Fenster des Erdgeschosses in großen Placken abgeplatzt, Fensterholz und Läden und die Schalbretter der Scheune sind verwittert.

Die Bäuerin ist allein zu Hause. Sie geht voran. Im Flur steht ein Kinderauto, die Kanten abgestoßen, die Farbe abgewetzt.

Sie führt den Arzt in den ersten Stock, in die Schlafkammer

des Altbauern. Der Arzt riecht Moder, alten Schweiß, Urin. Den Tod.

Er beugt sich über das Bett. Ein paar routinierte Handgriffe, die eigentlich unnötig sind, denn er weiß längst, dass er zu spät kommt.

Der Vater gibt nicht mehr an, hatte ihm die Frau am Telefon gesagt. Er hatte nachgefragt, bis er verstanden hatte: Sie habe ihn wecken wollen, aber er rührte sich nicht mehr.

Der Arzt richtet sich auf, schüttelt verneinend den Kopf, gibt einen bedauernden Seufzer von sich und wendet sich an die Bäuerin.

»Ihr Herr Vater? Sie sind die Tochter?«

Sie stößt eine Antwort hervor, die Konsonanten schleifen wie nasses Geschiebe durch den Gaumen, sie hat einen Sprachfehler, die s-Laute wollen nicht gelingen, ihre Zunge drückt gegen die Zähne des Oberkiefers.

»Bitte was?«

»Der Schwiegervater«, versteht er jetzt.

»Wie alt ist er geworden?«

»Achtundsiebzig.«

Der Arzt ist noch nicht lange im Landkreis, die Familie gehört nicht zu seinen Patienten.

»War Ihr Schwiegervater krank?«, erkundigt er sich. Noch bevor sie eine Antwort herausbringt, fällt sein Blick auf das Nachtkästchen. Eine leere Bierflasche.

Von einer Krankheit wisse sie nichts, sagt die Bäuerin. Außer dem Üblichen halt, Schmerzen im Kreuz und in den Haxen, und die Gicht hat ihn geplagt, er war halt nicht mehr der Jüngste.

Der Arzt mustert das Gesicht des Alten. Noch im Tod zeichnet harter Trotz die Züge. Jemand, der friedlich eingeschlafen ist, sieht anders aus, denkt der Arzt. Er bemerkt nasse Flecken auf dem Kissen. Flüssiger Auswurf? Speichelfluss? Auch das zerraufte schüttere Haar glänzt feucht. Der Alte muss hart mit dem Tod gerungen haben.

Der Arzt schlägt die Decke zurück, der Geruch von Urin dringt an seine Nase, als er das Hemd öffnet. Er sieht einen vom Alter gezeichneten, aber muskulösen Oberkörper, sehnige Arme, keine Anzeichen eines greisenhaften Verfalles. Der Arzt ist verblüfft.

»Und mit seinem Herz war nie was?«, fragt er über die Schulter.

»Nein«, antwortet die Bäuerin, um sich aber dann doch zu besinnen: »Doch. Und manchmal hat er so... so nach Luft geschnappt.«

Das sagt dem Arzt nichts. Ob die Bäuerin vielleicht etwas von einer seit längerem bestehenden Krankheit wisse? Oder von einer erblichen Disposition in seiner Familie? Habe auch ihr Gatte hin und wieder Probleme mit dem Herzen?

»Mein Mann ist mir vor drei Jahren gestorben.«

»Verzeihung. Das tut mir leid. – Woran?«

»Die Leber.«

Der Arzt versteht. Wieder wirft er einen Blick auf den Körper des Alten. Er versucht, einen der Arme zu bewegen. Er ist bereits erstarrt. Hinter seinem Rücken hört er den schnaubenden Atem der Bäuerin.

»Sie sagen, Sie haben ihn heute früh so aufgefunden?«

Wieder torkeln die Konsonanten aus der Kehle wie bei einer Betrunkenen. »Ja, so um halb neun.«

»Und zuletzt lebend gesehen haben Sie ihn wann?«

Er hört ihr Keuchen und wendet sich um. Ihr Blick flackert, ihre Wangen sind gerötet, ihre Stirn glänzt. Ein Schock?

»Beruhigen Sie sich, Frau«, sagt der Arzt. »Möchten Sie eine Spritze?«

Sie verneint. Er wiederholt die Frage: »Wann haben Sie ihn zuletzt gesehen? Ich meine lebend?«

»Gestern auf die Nacht, so um zehn«, bringt sie stotternd hervor.

Der Arzt greift zum Fußgelenk. Es gibt nach.

Rigor mortis noch nicht völlig ausgeprägt, sagt er sich, Todeszeitpunkt demnach zwischen Mitternacht und zwei Uhr morgens. Er richtet sich auf, öffnet seinen Einsatzkoffer, entnimmt ihm einen Formularblock und füllt ihn aus. Das Feld, in dem er die Todesursache vermerken soll, lässt er frei. Das sollen andere klären, denkt er. Soll ihn die Polizei doch anstänkern, weil er keine Leichenschau gemacht habe, aber er kennt die Krankengeschichte des Alten nicht und wird sich nicht in die Nesseln setzen. Außerdem ist Freitag, sein Wartezimmer ist voll, er möchte endlich einmal zu einer zivilen Zeit aus der Praxis kommen.

»Er hat schon öfters wegen seinem Herz geklagt«, hört er.

»Ja«, sagt der Arzt abwesend. Er steht auf und drückt ihr die Hand. Sie ist heiß und schweißnass. »Mein Beileid, Frau«, sagt er. »Ich werde alles Weitere veranlassen.« Sie nickt, stammelt wieder etwas, er versteht es nicht genau, spricht sie von Schmerzen im Herz, oder ist es ein unbeholfener Dank?

»Wenn ich jetzt nur noch bitte Ihr Telefon benutzen dürfte?«, unterbricht er sie. »Ich muss die zuständigen Stellen benachrichtigen.«

»Ja... ja...«, keucht sie. »Aber... den Pfarrer und den Totengraber, die kann ich ja selber anrufen.«

Er schüttelt den Kopf. »Zuerst muss ich es der Polizei melden«, sagt er.

Ihre Brust hebt und senkt sich. »Die Polizei? Zu was die... die Polizei?«

»Ist Vorschrift«, beruhigt der Arzt. Nein, denkt er, ich

werde mich nicht in die Nesseln setzen. Vielleicht ist nichts faul. Vielleicht aber doch.

## II.

Der Kripobeamte in der Kreisstadt ist verärgert. Dass der Arzt keine Todesursache angegeben hat, bedeutet unnötige Mehrarbeit.

»Zu einer Weigerung sind Sie nicht berechtigt, ja?«, pflaumt er ihn an. »Muss ich Ihnen die Vorschriften erklären? Sie haben gefälligst eine ordnungsgemäße Leichenschau durchzuführen, Sie sind dazu verpflichtet!«

»Ich lade Sie gerne ein, sich die Beschwerden meiner wartenden Patienten anzuhören«, giftet der Arzt zurück. »Ich bin außerdem nicht der Gerichtsmediziner, ja?«

»Wozu noch einen Gerichtsmediziner?«, blafft der Beamte. »Der Mann war fast achtzig! Seine Hebamme ist da wohl kaum mehr verantwortlich zu machen!«

»Sehr witzig, Herr Kommissar. Ich kann nur sagen, dass der Mann nicht an Altersschwäche gestorben ist, sondern in einem ungewöhnlich guten körperlichen Zustand war, ja? Daraus einen auch nur halbwegs seriösen Schluss ziehen könnte ich nur, wenn mir seine Krankengeschichte zur Verfügung stände. Was sie aber nicht tut. Weshalb ich darauf verzichten kann, mir hinterher falsche Einschätzungen vorwerfen zu lassen.«

Der Kripobeamte hat keine Lust mehr, mit dem Anrufer zu streiten. Er legt auf und informiert einen zweiten Arzt. Dieser kehrt wenig später zurück.

»Natürliche Todesursache«, erklärt er. »Der Mann war fast achtzig, was macht der Kollege eigentlich für ein Theater?«

»Also Freigabe zur Bestattung?«
»Wüsste nicht, was dagegen spricht, Herr Kommissar.«
Na also, denkt der Beamte. Warum nicht gleich? Das wird ein Nachspiel haben, mein Freund.
Er hat den Telefonhörer bereits in der Hand, um die trauernde Schwiegertochter davon zu unterrichten, dass sie mit den Vorbereitungen zur Beerdigung beginnen könne. Da tritt sein Kollege ein.
»Hab grad einen Anruf von der Volksbank gekriegt«, sagt er. »Die Leich ist hoffentlich noch nicht freigegeben, oder?«
»Grad wollt ichs durchgeben. Wieso?«
»Damit tät ich noch ein bisserl warten, Kollege. Hör dir lieber an, was mir der Filialleiter eben erzählt hat.«
Jedes Mal das Gleiche, denkt der Beamte. Jedes Mal gibt es irgendwelche Idioten, die sich wichtigmachen wollen, einen mit Vermutungen und Gerüchten belabern.
Er ächzt. »Dann red schon.«

Der Filialleiter hielt es für seine Pflicht, die Kriminalpolizei auf eine – nun – Merkwürdigkeit hinzuweisen. Der in der vergangenen Nacht verstorbene Altbauer Herr K., langjähriger Kunde seines Hauses, hatte vor einigen Monaten die nicht unbeträchtliche Erbschaft von sechzigtausend Mark gemacht. Von dieser Summe überließ er etwa zwei Drittel seiner leiblichen Tochter, der Witwe seines Sohnes jedoch – Maria K., bei der er lebte, die ihm den Haushalt führte, ihn bekochte und mit ihrer Arbeit für das Familieneinkommen sorgte – hatte er lediglich eine über mehrere Monate verteilte Summe von knapp zehntausend Mark ausgehändigt. Mit diesem Geld glich diese zunächst ihr hoch belastetes Girokonto aus. In regelmäßigem Minus war sie vor allem deshalb, weil ihr verstorbener Ehemann den Hof mit einem Betriebsmittelkredit von mehr als fünfzigtausend Mark belastet hatte. Seine Witwe konnte noch so hart schuften, auf dringende Reparaturen, die Arbeit erleichternde Neuanschaffungen, geschweige denn Vergnügungen und Urlaub verzichten. Zins und Tilgung fraßen den größten Teil des eh schon mehr als bescheidenen Einkommens auf, das sie mit ihrem landwirtschaftlichen Betrieb erzielte.

Den verbliebenen Rest dieser zehntausend Mark verwendete sie – der Filialleiter hatte sich vor seinem Anruf bei der Kripo bei dem betreffenden Landmaschinenhändler, ebenfalls Kunde seines Hauses, diskret erkundigt – als Anzahlung für eine Maschine, die ihr das mühsame Ausstreuen des Stallmistes auf ihren Weiden erleichtern sollte.

Als das Gerät wenige Tage später angeliefert wurde, musste die Frau offenbar feststellen, dass sie sich verrechnet und den Überblick über die noch verfügbare Summe verloren hatte. Der Händler hielt mit seinem Unmut nicht hinter dem Berg, ließ sich schließlich aber doch auf eine eng befristete Stundung ein.

Wenig später ging ein Anruf bei der Filiale ein. Die Witwe erklärte dem Angestellten, ihr Schwiegervater habe sich dazu entschlossen, ihr sein Sparguthaben zu überschreiben, etwa fünfzehntausend Mark. Sie möchte sich erkundigen, welche Formalitäten dabei erforderlich seien. Der Mitarbeiter erteilte die entsprechenden Auskünfte, hatte jedoch den Eindruck einer gewissen Unbeholfenheit und erklärte sich bereit, sie in den nächsten Tagen persönlich aufzusuchen, um die Angelegenheit gleich an Ort und Stelle erledigen zu können.

Was er vier Tage später auch tat. Er hatte die Übertragungspapiere bereits vorbereitet. Als der Altbauer jedoch unterschreiben sollte, erklärte seine Schwiegertochter, dass dieser seit einiger Zeit krank sei und sein Bett nicht verlassen könne. Sie nahm die Formulare an sich, ging in den oberen Stock und kehrte wenig später mit den unterschriebenen Papieren zurück.

Am folgenden Tag in die Filiale zurückgekehrt, übergab der Angestellte die Unterlagen seiner Kollegin, die für die Abwicklung der Übertragung zuständig war. Als diese die Unterschrift vorschriftsgemäß überprüfte, wurde sie stutzig. Sie rief die Kundin an und bot an, sie noch am selben Tag aufzusuchen. Die Witwe zeigte sich darüber bestürzt, dass eine zusätzliche Unterschrift erforderlich ist. Außerdem stehe ihr Schwiegervater im Moment nicht zur Verfügung, er sei seit gestern im Krankenhaus. Die Mitarbeiterin zeigte Verständnis und kündigte an, sich in den nächsten Tagen selbst ins Krankenhaus zu begeben, um die Unterschrift einzuholen. Aber dazu kam es nicht mehr. Am frühen Abend klingelte das private Telefon der Mitarbeiterin. Die Bäuerin teilte ihr mit, sie sei vor wenigen Minuten aus dem Krankenhaus angerufen und darüber informiert worden, dass ihr Schwiegervater überraschend gestorben sei. Ein Besuch dort erübrige sich damit.

Gegen Mittag des nächsten Tages machte in der Gemeinde die Nachricht vom Tod des alten Bauern die Runde. Auch die Bankangestellte hörte davon. Als sie erfuhr, dass der Mann nicht, wie Frau K. ihr gesagt hatte, im Krankenhaus, sondern zu Hause gestorben war, besprach sie sich mit ihren Kollegen und mit dem Leiter der Filiale. Woraufhin dieser sich entschloss, die Kriminalpolizei zu informieren. Er bat mehrmals um strikte Diskretion, bei der Familie des Verstorbenen handele es sich um gute und langjährige Kundschaft, und vielleicht habe seine Mitarbeitern die Bäuerin am Telefon ja auch nur falsch verstanden, diese spreche nämlich sehr undeutlich. Aber man habe nun einmal bei dieser Angelegenheit ein merkwürdiges Gefühl.

»Das hab ich jetzt auch«, sagt der Kommissar.

»Eben«, sagt der Kollege. »Deshalb hab ich auch gleich im Krankenhaus angerufen.«

Der Kommissar streift ihn mit einem unwirschen Blick. Immer dieser demonstrative Eifer, denkt er: Ist ja sonst ganz patent, der Bursche, und auch nicht auf den Kopf gefallen. Aber jetzt ist er schon ein paar Monate bei uns, und noch immer meint er, den Primus geben zu müssen.

»Und?«

»Na, was meinst?«

»Mensch, aus dir wird ja noch mal was. Die Frau hat also der Frau von der Bank einen Bären aufgebunden.« Und uns damit Arbeit aufgehalst, ergänzt er in Gedanken.

»Genau, Kollege. Der Alte ist nie da gewesen.«

»Das ist eher nicht spaßig«, sagt der Ältere.

»Allerdings. Die Frage ist jetzt bloß, ob uns der Filialleiter einen Schmarren erzählt hat oder ob die Frau bloß ein bisserl durcheinander gewesen ist.«

»Da hast du möglicherweise einmal gar nicht so unrecht, du Westentaschen-Maigret.«

Sein Kollege wirft ihm einen angesäuerten Blick zu, entschließt sich aber, es mit Humor zu nehmen. Er kann den Kollegen ja leiden, er weiß, dass dessen Brummigkeit nur Fassade ist. Er lässt sich in seinen Stuhl fallen und lehnt sich zurück.

»Kennt man diese Frau K. eigentlich? Du bist doch da aufgewachsen, oder?«

Der Ältere nickt. »Mariedl heißt sie. Ich wohn sogar nicht weit entfernt von ihr. Aber gut kennen wär übertrieben. Ihre Leut kenn ich ein bisserl besser, aber auch bloß von früher. Ein hartleibiger Schlag ist es, kann ich mich erinnern, geizig, missgünstig, unkommod. Gelacht wird nur, wenns einen anderen in den Dreck haut.«

»Und sie? Die Bäuerin?«

»Ab und zu seh ich sie. Eine ziemlich unscheinbare Person, meistens unvorteilhaft angezogen, immer ernst. Sie geht selten aus dem Haus, hat kaum Bekanntschaften, ist nirgendwo dabei, in keinem Verein. Der Mann ist ihr vor ein paar Jahren gestorben. Sie war zuletzt allein mit ihrem Schwiegervater –«

»– der gestern gestorben ist.«

»Genau. Und mit ihrem Buben, der jetzt in die erste oder zweite Klass gehen müsst. Mit ihrer Schwägerin, also der Tochter vom Alten, ist sie zerstritten, heißt es. Oder die mit ihr. Das Mariedl soll recht arbeitsam sein, aber manchmal ziemlich umständlich und nicht grad die Allerhellste. Die Leut machen eher einen Bogen um sie, und auch sie geht auf niemanden zu. Vielleicht hat sie sich einfach dafür geschämt, arm zu sein. Der Hof ist klein, hat nicht viel mehr als zehn Hektar, der Boden ist steinig, obwohl schon seit Generationen geklaubt wird.«

»Von was wird da eigentlich gelebt?«

»Kann ich dir auch nicht sagen. Was werden sie groß haben? Ein Dutzend Milchkühe, schätz ich, dazu ein bisserl Kleinvieh, einen Gemüsegarten, Obstbäum, das Übliche halt. Früher ist eins damit einigermaßen über die Runden gekommen, aber die Zeiten sind vorbei, alles ist teurer geworden, Steuer, Versicherungen, Kommunalabgaben, verschärfte Auflagen für Viehhaltung und Milchwirtschaft. Heut gehts bloß noch, wenn das Geld von einem Nebenerwerb dazukommt, wenn sparsam gewirtschaftet wird und alle zusammenhelfen.«

»Und wenn kein Unglück dazwischenkommt, wahrscheinlich, hm?«

»Du sagst es. Wenn Mensch oder Vieh krank werden, die Ernte schlecht ausfällt, dann gehts schnell bergab.«

»Tuts das bei ihr?«

»Soweit es von außen zu sehen ist, kann ich bloß sagen, dass ein florierender Betrieb anders ausschaut. Das Haus jedenfalls ist ziemlich runtergekommen. Aber Genaues weiß man nicht. Das Mariedl lässt sich ja kaum im Dorf blicken, und wenn, dann redet sie wenig. Es kann auch damit zusammenhängen, dann sie einen Sprachfehler hat. Es wird erzählt, dass sie als Kind mit Müh und Not eine Gehirnentzündung überstanden hat. Den Leuten jedenfalls tut sie eher leid. Besonders, seit ihr der Mann gestorben ist. Die Arbeit auf dem Hof hat sie seitdem allein auf dem Buckel. Vom Alten soll sie jedenfalls wenig Unterstützung gekriegt haben, er soll auch ein ziemlich grober Klachl gewesen sein und sie andauernd sekkiert haben.«

»Hört sich eher nach armem Luder an, hm?«

»Na ja, es ist ja auch nicht grad die Liebenswürdigkeit in Person, das Mariedl. Sie scheint überall Missgunst und Ablehnung zu riechen. Vielleicht hat sie auch Angst davor, dass man es ihr anrechnet, wenn es mit dem Hof abwärts geht. Was natürlich ein Schmarren ist. Dass die paar Mark nicht reichen, die sie an Milchgeld einnehmen wird, liegt auf der Hand. Wo sie ja nicht bloß die ganze Stallarbeit, sondern auch noch das Kind und den Alten am Hals hat. Auf die Dauer jedenfalls ist das nicht mehr zu schaffen, das ist keine Frag.«

»Und dass sie sich was anderes überlegt hätt? Anderen Kleinbauern bei uns gehts doch auch nicht viele anders, und mit Ferienzimmern und so lässt sich doch ganz schön was einnehmen?«

»Schon. Besonders, wenn du dir anschaust, wie schön dem Mariedl ihr Hof gelegen ist, total ruhig, mitten im Wald, mit Blick aufs Gebirg. Der Verkehrsverein hat sich zwar in den letzten Jahren beim Fremdenverkehr reingehängt, und sie hätt bestimmt auch Subvention von Landkreis dafür gekriegt, aber die Vermieterei wär für sie undenkbar gewesen. Traumlage hin oder her, der Hof schaut nach nichts mehr her, jahrelang ist nichts mehr investiert worden, vom Schlafzimmer hast auf den Misthaufen geschaut, es gibt keine Zentralheizung, und die Kläranlage wär wahrscheinlich schon unter Adolf nicht mehr genehmigt worden. Alles hätt von Grund auf erneuert werden müssen. Das hätt sie nicht gepackt. Sie ist, wie sag ichs freundlich, geistig nicht grad die Begabteste, ist schon in der Volksschul knapp daran vorbeigeschrammt, in die Sonderschul gesteckt zu werden. Und Zeit und Sinn fürs Schöne, ein bisserl Blumenschmuck und so, nett eingerichtete Zimmer, die hat sie auch nicht gehabt. Dazugekommen ist, dass sie eben auch nicht die herzwarme und aufgeräumte Gastgeberin hätt geben können. Die Leut wären einmal und nie wieder gekommen, erst recht hätt der Alte, der keine Fremden auf dem Hof haben will, alle verscheucht.«

»Aber Haus und Hof sind schon auf sie überschrieben, oder?«

»Das schon, sie war ja die Erbin. Aber trotzdem hat immer noch der Alte das Regiment gehabt, und sie hat sichs gefallen lassen. Sie ist wohl auch so erzogen worden, dass Frauen zu tun haben, was ihnen die Männer anschaffen.«

»Und ihr Mann ist jung gestorben, sagst du?«

»Ja. Mit Mitte dreißig.«

»Unfall oder was?«

»Willst dus auf Deutsch hören?«

»Chinesisch hilfts mir wenig.«

»Er hat sich totgesoffen. Buchstäblich. Beim Barras soll er damit angefangen haben. Er war zwar ein kräftiger Kerl, aber zuletzt bloß noch ein fauler Hund, der permanent blaugemacht hat und aus jeder Arbeit geflogen ist. Die letzten Jahre soll er im Haus schon keinen Handgriff mehr getan haben, sondern bloß noch auf dem Kanapee gelegen und gesoffen, seine Frau herumkommandiert und runtergemacht und das Kind verdroschen haben, wenn es nicht gespurt hat. Kurz, er war ein rettungsloser Alkoholiker, der sich zuletzt vor sich selbst gegraust und seine Verzweiflung darüber an ihr ausgelassen hat.«

»Wenn du das schon weißt, müssen es doch auch die anderen in der Gemeinde mitgekriegt haben. Ich mein, da tun die Leut immer auf ländliche Harmonie, bilden sich mords was ein auf ihr lebendiges Vereinsleben, und dann schaut man zu, wie eins vor die Hunde geht? Ist denn da nie eingeschritten worden? So kann man doch kein Kind aufwachsen lassen?«

»Leicht gesagt. Aber an Hilfe oder gar Therapie war nicht zu denken, der Alte hat stolz getan und nicht mit sich reden lassen, und der Junge war schon so daneben, dass er gar keine Einsicht mehr zustande gebracht hat. Und auf den Dörfern gilt: Nur nicht einmischen ins Sach andrer Leut.«

»Nein, ich meine: Ist denn von den Verantwortlichen in der Gemeinde nie überlegt worden, ihr irgendwie beizustehen? Es muss doch jedem klar geworden sein, dass früher oder später alles den Bach runtergeht?«

»Wars ja auch. Aber was hätt man schon tun können? Entmündigen vielleicht, weil sie ein bisserl unterbelichtet, auf jeden Fall vollkommen überfordert ist? Wer hätt das auf sich nehmen wollen und wer das veranlassen sollen? So daneben war sie ja dann auch wieder nicht. Sie hat ja funktioniert, hat getan, was ihr der Alte angeschafft hat. Gearbeitet hat sie jedenfalls wie ein Viech, und direkt ungeschickt hat sie sich nicht angestellt bei den landwirtschaftlichen Arbeiten, das hat sie ja von zu Hause gekannt. Und, wie gesagt: Die Leut mischen sich nicht gern ein. Am End könnt ja wer daherkommen und sich in ihre eigenen Geschichten einmischen.«

Der Jüngere zieht die Brauen missbilligend hoch. »Lieber schaut man also zu, wie eins zugrunde geht?«

»Du bist aus der Stadt, du redst dich leicht. Es ist jedenfalls schwierig, ein Urteil darüber zu fällen – zum einen ist es auf dem Land ja eine schöne Sache, dem anderen auch mal seine Spinnereien zu lassen. Es ist nicht so, dass man auf dem Land nicht auch tolerant wär. Anders als in irgendeiner Reihenhaussiedlung in der Stadt jedenfalls, wo gleich zum Gericht gerannt wird, wenn einer seinen Rasen nicht anständig mäht. Die Kehrseite aber ist, und da muss ich dir recht geben, dass man kaum weiß, wie man damit umgehen soll, wenn man jemand ins Unglück rennen sieht. Du kannst einem Menschen das Leben nicht abnehmen, heißt es, richten muss ers am Ende selbst. Aber immerhin hats hin und wieder Nachbarn gegeben, die nicht mehr anschauen haben können, wie sie sich abschuftet, und die ihr ab und zu geholfen haben. Daran, eine Hilfskraft einzustellen, war ja vom Finanziellen her bei ihr gar nicht zu denken gewesen.«

Der Jüngere hat keine Fragen mehr. Er denkt nach. Dann seufzt er: »Armes Luder hin oder her. Wir sind keine Sozialarbeiter. Und wenn du mich fragst, stinkt der Käs, und zwar gewaltig.«

»Kannst laut sagen, Kollege.«

»Und zwar nicht bloß wegen ihrer Lüge von wegen Krankenhaus. Wie kann sie der Bankangestellten sagen, dass der alte Mann schon am frühen Abend gestorben ist, wo doch der Doktor eindeutig festgestellt hat, dass der Tod frühestens um Mitternacht eingetreten ist? Ganz –«

Bist ja ein ganz Schneller, denkt der Ältere.

»– ganz abgesehen davon, dass man in so einem Fall doch zuerst Bekannte und Angehörige, vielleicht grad noch den Pfarrer anruft. Nicht aber –«

»– nicht aber eine Bankangestellte«, ergänzt der Ältere.

»Eben«, sagt sein Kollege. »Dann tät ich sagen, dass wir mit der Freigabe noch ein bisserl warten, oder?«

Der Kommissar pflichtet seinem Kollegen bei. Die beiden besprechen sich mit dem Inspektionsleiter und dem Leiter der Dienstgruppe. Ein Leichentransport wird vorbereitet, der Rechtsmedizin in München die Ankunft der Leiche angekündigt.

Dann brechen die Beamten auf.

III.

Der Tote ist noch im Haus. Die Bäuerin hat schon alles zur traditionellen Aufbahrung vorbereitet. Verwirrt verfolgt sie jetzt, wie der Tote in die Leichenwanne gelegt wird, in den abgedunkelten Transporter geschoben wird, sich zwei Männer in weißem Schutzanzug in der Kammer umsehen und die Bierflasche in eine transparente Tüte stecken. Eine junge Pfarrschwester ist bei ihr. Verschüchtert kauert das Kind auf der Wandbank in der Stube.

Der jüngere Kommissar spricht die Bäuerin an: »Sie haben ja nicht vor, in nächster Zeit das Dorf zu verlassen, oder?«

Sie glotzt ihn verständnislos an. Die Schwester tritt an ihre Seite, legt ihr ihre Hand auf die Schulter und blickt den Beamten mit leichtem Kopfschütteln an.

»Wo soll die Frau denn schon hin?«, sagt sie. Ihr Blick ergänzt: Eine dümmere Frage fällt dir wohl nicht mehr ein, du Sensibilitäts-Weltmeister.

Der Kommissar räuspert sich. »Ich mein ja auch bloß«, sagt er, zur Bäuerin gewandt. »Weil wir eventuell noch ein paar Fragen an Sie haben, verstehens?«

Es scheint wieder eine Weile zu dauern, bis das Gesagte in ihr Bewusstsein gedrungen ist. Sie schluckt schwer, ihre Lippen zucken im Versuch, eine Antwort zu formulieren, und nickt nur.

Der Kommissar sieht auf sie herab. Nein, die Bäuerin ist keine Schönheit. Sie ist gedrungen und dickbusig, ihr Gesicht ist breit, die wulstige Stirn niedrig, die Frisur unvorteilhaft. Ihre Wangen glühen, sie atmet stoßend, wie in Atemnot, die Augen geweitet. Sie trägt eine ausgewaschene Kittelschürze, deren Musterung schon in den Sechzigern unmodern gewesen war und die keine Frau heutzutage mehr trägt, die auch nur ein wenig auf ihr Äußeres achtete. Sie bewegt sich ruckig, mit dem leicht hüftsteifen, watschelig wirkenden Gang, wie ihn jene haben, die körperlich schwere Arbeit verrichten. Ein Geruch nach alter Milch und Stalldunst geht von ihr aus.

Der Kommissar erhält einen Wink. Er nickt verstehend und wendet sich wieder an die Bäuerin.

»Dann hätten wirs auch schon wieder, Frau K. Wir geben Ihnen gleich Bescheid, wenn wir die Freigabe für die Beerdigung haben, lang wirds bestimmt nicht dauern.

Auf dem Weg zum Einsatzwagen begleitet ihn ein junger Schutzpolizist.

»Die Frau ist ganz schön durch den Wind, was?«

Der Kommissar hat keine Antwort parat, er nickt stumm und steigt ein. Nachdem sein Kollege neben ihm Platz genommen hat, lässt er den Motor an.

»Jetzt sind wir gespannt, was in München droben rauskommt, hm?«, sagt er.

»Du vielleicht«, sagt der Ältere.

## IV.

Eine kriminalistische Herausforderung sieht anders aus. Der Fall ist in wenigen Stunden aufgeklärt, die Beamten brauchen lediglich eins und eins zusammenzuzählen.

Auch für die Rechtsmediziner in München ist der Fall Routine. Der Obduktionsbericht notiert im Bereich der rechten Schläfe eine leichte Einblutung, wie sie nach einem mittelheftigen Schlag mit einem stumpfen Gegenstand eintritt. Am Hals Anzeichen von massiver Gewalteinwirkung, die zum Tod führte. Der Alte war erwürgt worden. Der Mageninhalt: weitgehend verdaute Reste eines Abendessens. Eine geringe Menge einer noch näher zu bestimmenden chemischen Substanz. Kein bekanntes Gift, vermutlich ein ätzendes Haushaltsmittel. Die Quantität reichte nicht aus, um den Tod herbeizuführen, nicht ausgeschlossen sei jedoch, dass sie das Bewusstsein des Opfers in Bezug auf dessen Widerstandskraft beeinträchtigt hat.

Der kleine Junge wird in die Obhut von Verwandten gebracht, die Bäuerin festgenommen und verhört. Die Beamten konfrontieren sie mit den Ergebnissen von Obduktion und Spurensicherung, sagen ihr die Tat auf den Kopf zu. Sie lassen durchklingen, dass sie bei einem Geständnis vor Gericht günstiger wegkommen würde.

Zu Beginn des Verhörs hatten die Kommissare noch geglaubt, ein wenig Theater spielen zu müssen: Wir wissen eh schon alles, Frau K., also versuchen Sie also gar nicht erst, uns was vorzumachen. Verärgern Sie uns ja nicht, wir können auch anders, verstanden? Die harte Tour eben.

Aber das wäre gar nicht nötig gewesen. Mariedl unternimmt nicht einmal den Versuch, sich herauszuwinden. Sie ist kooperativ, wie es die Ermittler nennen.

Ja, sie habe die Unterschrift gefälscht, um an sein Sparbuch zu kommen. Ja, sie hat Angst gehabt, der Alte käme ihr auf die Schliche und würde sie vom Hof jagen. Ja, sie hat ihm Gift gegeben und ihn, als es nicht wirkte, mit ihren Händen erwürgt.

Die Beamten müssen sich ein wenig sortieren. Es ist kein Fall aus dem Lehrbuch, mit dem sie da zu tun haben. Zufriedenheit, gar ein Triumphgefühl darüber, den Fall so rasch geklärt zu haben, will sich nicht recht einstellen. Mariedl dauert sie, irgendwie. Sie taugt nicht, Macht und Härte des Gesetzes zu demonstrieren, ihnen sitzt keine verstockte Übeltäterin gegenüber, deren Niedertracht sie empört, deren billige Ausflüchte ihre Intelligenz beleidigen, deren Widerspenstigkeit gebrochen und die mit Tricks und Finten und, wenn nötig, mit Drohungen weichgekocht werden muss. Sondern ein Mensch, von dem sie ahnen, dass er vom Leben so unbarmherzig verdroschen worden sein musste, dass er schließlich nicht mehr anders konnte, als ebenso gnadenlos zurückzuschlagen.

Aber sie ist eine Mörderin, sie hat einen wehrlosen Greis getötet, um ihren Betrug zu vertuschen. Heimtückisch, brutal.

Trotzdem versuchen die Beamten jetzt, ein wenig behutsamer mit ihr umzugehen, es wäre ja möglich, dass die Frau nicht ganz richtig ist im Kopf, da heißt es vorsichtiger sein, darauf können sie verzichten, dass sie von irgendwelchen berufsempörten Weicheiern und der Sozi-Presse angepisst werden, wenn sie jetzt einen Fehler machen. Sie fragen noch einige Details ab, wollen ganz sichergehen, dass ihnen Mariedl keine Märchen erzählt, sie sich vielleicht sogar zu Unrecht selbst bezichtigt, weshalb auch immer. Aus Angst vor ihnen? Aus schizoiden Schuldgefühlen?

Nicht alles verstehen sie sofort, Mariedl spricht undeutlich, immer wieder von stoßendem Schluchzen unterbrochen, abgehackt, in unvollständigen Sätzen. Sie fordern sie auf, das Gesagte zu wiederholen, schlagen ihr Formulierungen vor, wenn sie mit Worten kämpft, machen immer wieder Pausen, bieten ihr zu trinken an.

Das Verhör ist kurz vor dem Abschluss. Mit den Ergebnissen von Obduktion und Spurensicherung, den Protokollen der Zeugenbefragungen haben die Ermittler jetzt alles, was der Staatsanwalt braucht, um die Anklage vorbereiten zu können. Da hat der jüngere der beiden Kommissare eine unbestimmte Eingebung.

»Und bei Ihrem Mann damals? Da haben Sie auch nachgeholfen, stimmts?«

Lass doch den Schmarren, denkt der Ältere.

Mariedl überlegt nicht.

»Ja«, sagt sie.

Die Beamten wechseln einen Blick und sinken wieder auf ihre Sessel zurück.

Der Ältere räuspert sich und sagt: »Auch das haben wir schon gewusst, Frau K.«

Sein Kollege ergänzt: »Sehens, wie wenig Sinn es hat, uns was zu verschweigen?«

»Wir haben Sie gewarnt. Wir haben Ihnen gesagt, was passiert, wenn Sie uns was verschweigen. Machens das ja nicht noch einmal, gell?«

»Sie haben mich ja nicht danach gefragt«, stammelt sie.

»Wir schauen noch ein letztes Mal drüber weg, ja? Aber jetzt erzählens uns, wie sie es getan haben.«

Die Bäuerin gehorcht und erzählt, wie sie ihren Mann vergiftet hat. Weil ein Leben an seiner Seite für sie nicht zu ertragen war.

Dann ist das Verhör zu Ende, es gibt keine Fragen mehr, Mariedl hat auf alle geantwortet. Die Beamten lassen das Geständnis in Form bringen, legen es ihr vor. Sie scheint außerstande, es zu lesen, der Beamte trägt es ihr vor. Sie unterzeichnet es. Dann wird sie wieder in ihre Zelle zurückgebracht.

Für die Kripo ist der Fall damit erledigt, von der kriminaltechnischen Untersuchung und der Exhumierung des Ehemannes sind keine Überraschungen mehr zu erwarten, der Haftbefehl ist ausgestellt. Ihr Job ist getan, eine Kriminalpolizeiinspektion ist kein Sozialbüro, und sie keine Fürsorger, keine Juristen, keine psychiatrischen Gutachter. Alles Weitere ist jetzt Sache der Staatsanwaltschaft und des Gerichts, es hat sie nichts mehr anzugehen.

V.

Wenn je in einem Strafprozess ein Gutachten zur Schuldfähigkeit einer Angeklagten nötig war, dann in diesem.

Mariedl sitzt schon mehrere Wochen in Untersuchungshaft, als man sie aus ihrer Zelle holt und in den Vernehmungsraum bringt.

Sehr angespannt, notiert der Gutachter in Gedanken. Starre Haltung, der Oberkörper schwenkt mit jeder Bewegung ihres Kopfes, der Blick ist fliehend, wie der eines gejagten Wilds nach einen Ausweg suchend, die Frau hat Angst. Vor Schlägen? Jedenfalls Strafangst. Augen und Lidränder sind gerötet, vermutlich weint sie häufig.

Der Gutachter ist noch jung, aber kein Anfänger mehr. Schon nach wenigen Worten, die er mit ihr wechselt, weiß er, dass ihm sein Gegenüber kein Theater vorspielen wird, dazu gar nicht fähig ist. Er braucht bei ihr keinen seiner Routinetricks abzurufen.

Behutsam eröffnet er das Gespräch.

Ihre Kindheit interessiere ihn, sagt er. Erzählen Sie mir ein bisschen davon, Frau K.?

Mariedl reißt ungläubig die Augen auf.

Der Gutachter nickt bestätigend.

»Ja, es interessiert mich wirklich«, wiederholt er und lächelt ihr ein wenig onkelhaft zu.

Sie weiß nicht, wo sie anfangen soll. Er wartet geduldig. Dann legt er den Notizstift beiseite.

»Möchten Sie nicht mit mir sprechen, Frau K.?«

Sie schüttelt erschrocken den Kopf, einen Tadel erwartend. »Doch, schon«, stottert sie, wieder kämpft sie mit ihrer Zunge.

»Fein. Ich höre. Lassen Sie sich ruhig Zeit, Frau K.« Der Gutachter nickt ihr aufmunternd zu. »Wie gesagt, mich interessiert Ihre Kindheit. Woran können Sie sich da noch erinnern?«

Mariedl starrt ihn noch immer ungläubig an. Dann öffnet sie den Mund.

»Ch... ch... sch...«, keucht sie. Ihr Gesicht läuft rot an.

Der Gutachter hebt die Brauen.

»Schläg«, sagt Mariedl. »Und Krankenhaus.«

»Erzählen Sie, Frau K.«, sagt der Gutachter. »Und nochmal: Lassen Sie sich Zeit, ich habe keine Eile.«

VI.

Mariedl hatte eine freudlose Kindheit. Nachdem im Kleinkindalter eine schwere Nervenentzündung einen Sprachfehler und eine leichte Entstellung von Gesicht und Körper hinterlassen hatte, war sie für ihre Eltern nicht mehr recht vorzeigbar. Wo es ging, verbargen sie ihre Tochter vor den Blicken der Nachbarschaft, vorgeblich, um sie vor Schmähungen zu schützen, in Wahrheit aber, weil die Eltern es als Makel empfanden, ein behindertes Kind zu haben.

In der Schule wurde sie wegen ihres Sprachfehlers gehänselt. Sie zog sich zurück, wurde verstockt, ängstlich. Die Lehrerin nahm schließlich mit den Eltern Kontakt auf: Das Kind könne nur mit Mühe dem Unterricht folgen, es bräuchte eine besondere Unterstützung. Die Eltern wiesen es gekränkt zurück. Ihre Tochter sei nicht blöde, alle in der Familie seien schließlich gesund. Sie kam nicht in eine Sonderschule, sondern blieb in der Grund- und Hauptschule, tat sich aber quälend schwer mit Schreiben, Lesen und Rechnen.

Dann kam sie in die Pubertät. Sie sah die Jungs gerne, aber sie war kein hübsches Ding, hatte sich Frust angefressen und war in die Breite gegangen. Ihr Vorname wurde längst mit dem sächlichen »das« versehen – *das* Mariedl wurde sie gerufen. Sie fühlte sich hässlich und weinte oft. Einmal, bei einem Volksfest, machten sich Ältere einen Spaß daraus, sie mit Schnaps abzufüllen und sich hinter der Zeltwand über sie herzumachen. Sie durchschaute es nicht, fühlte sich begehrt, träumte unter dem Gelächter der Betrunkenen von Heirat und Kindern. Der Vater erfuhr davon. Er rastete aus, verprügelte sie, sperrte sie ein, verbot ihr, sich mit jungen Männern zu treffen.

Dennoch gelang es ihr, mit einem älteren Jungen in der Nachbarschaft anzubändeln, einem schüchternen Burschen, der ähnlich schlicht gestrickt war wie sie, aber an ihr interessiert war, ehrlich und ohne schmutzige Hintergedanken. Doch er stammte aus einer wenig angesehenen Familie, und zu mehr als einem mager bezahlten Job als Gemeindehilfsarbeiter hatte es bei ihm nicht gereicht. Mariedls Vater kam dahinter. Er tobte. Niemals würde er einer Heirat mit diesem Habenichts aus einer zugereisten Familie zustimmen! Welche Schande wolle sie ihrer Familie eigentlich noch antun? Er kontrollierte sie nun noch stärker, schlug sie, drohte ihr, sie in ein Heim zu geben. Sie bekam es mit der Angst zu tun, fürchtete, ihre Familie und damit auch noch ihren letzten Schutzraum zu verlieren, fügte sich und traf den jungen Mann nie wieder.

Sie war Mitte zwanzig, als ihre Eltern unruhig wurden. Sie hatten Sorge, ihre Tochter könnte überständig werden, und es war ihnen zu Ohren gekommen, dass Friedl, der einzige Sohn eines Hofes in der näheren Umgebung, auf Brautschau war. Gut, das Anwesen war nicht sonderlich groß und vom künftigen Erben war bekannt, dass er gern ins Bierglas sah, aber welches Mannsbild hat schließlich keine Macken? Wenn erst mal Kinder da wären, würde er sich schon besinnen. Was Besseres als den Friedl kriege sie nicht mehr, drangen Vater und Mutter in sie, sie, mit ihrer Behinderung, und sie solle sich doch einmal im Spiegel ansehen. Sie könne doch froh sein, dass der junge Mann bisher noch keine gefunden hatte, die ihm auf den Hof folgen wollte, große Ansprüche würde er also nicht mehr stellen. Und sein Altbauer hatte angekündigt, im Falle der Hochzeit den Hof an ihn zu übergeben. Mariedl würde also Bäuerin!

Sie mochte Friedl nicht, fand, dass er ein aufgeschwemmter und ordinärer Maulheld war, aber der Druck des Vaters war übermächtig geworden, und auch die Aussicht, in den Bauernstand einzutreten, war nicht ohne Reiz für sie. Eine bessere Chance würde sie in ihrem Leben nicht mehr bekommen.

Sie gehorchte. In der Zeit vor der Hochzeit riss sich Friedl noch zusammen. Doch bald gelang es ihm nicht mehr. Seine mühsam aufrecht gehaltene Fassade brach zusammen, zu große Verwüstungen hatte seine Sucht bereits bei ihm angerichtet. Dass er nie zärtlich zu ihr war, ihr nie Koseworte gab, fiel ihr kaum auf. Sie war es so gewohnt und hatte nicht gewagt, es zu erwarten oder gar zu fordern.

Und bald wurde klar, dass der alte Bauer und sein Sohn nur praktisch gedacht hatten. Wie die Viehhändler auf dem Nutztiermarkt hatten die beiden sie taxiert und waren zum Ergebnis gekommen, dass sich das Geschäft lohnen würde: Mariedl war wenig attraktiv, die Gefahr, sie an einen Nebenbuhler zu verlieren, war damit nahezu ausgeschlossen. Vor allem war sie arbeitsfähig und bis auf ihren Sprachfehler gesund (und auf allzu spitze Maulwerke der Weiber konnte eh verzichtet werden), jedenfalls ohne erbliche Krankheit, und damit gebärfähig. Die Männer hatten nichts als ein fügsames Arbeitstier gebraucht, das sie nach Belieben kommandieren und ausbeuten konnten und das den Bestand des Hofs rettet, indem es für Nachkommen sorgt.

Sie löste ein, was von ihr erwartet worden war, packte beherzt in Haus und Stall und Feld an. Ein Jahr nach der Hochzeit brachte sie einen Sohn zur Welt. Für einen Moment herrschte auf dem Hof zwar nicht das große Glück, aber immerhin so etwas wie Zufriedenheit. Doch nicht sehr lange. Zur Stall- und Feldarbeit lastete nun auch die Arbeit mit dem Kleinen auf ihren Schultern. Als sie Friedl bat, sie ein wenig mehr zu unterstützen, wenigstens bei der Bauernarbeit, brauste dieser cholerisch auf, bezeichnete ihr Ansinnen als Zumutung und beschimpfte sie als faule und fette Sau.

Hatte sie sich zuvor noch bemüht, es ihm recht zu machen, so begann sie jetzt, sich ihm zu entziehen. Friedl fiel es nach einer Weile auf. Er rastete aus. Bald stritten sie fast täglich. Der alte Vater stand dabei auf der Seite seines Sohnes. Er verschwieg nicht, dass er sich eine bessere Partie für seinen Sohn gewünscht hätte. Und er war verbittert, weil er sich über dessen Alkoholkrankheit längst keine Illusionen mehr machte. Er sah sein Lebenswerk verkommen, den Sohn dem Verfall, den Hof dem Ruin entgegensteuern. Selbst auch dafür verantwortlich zu sein schloss er aus. Hatte er nicht, wie es sich gehörte, seinem zur Labilität neigenden Junior die Flausen stets mit Prügeln ausgetrieben und ihm so immer wieder den rechten Weg gewiesen? Nein, schuld konnte nur seine Schwiegertochter sein, von der er sich erhofft hatte, dass sie seinen Sohn kurierte und wieder auf die rechte Bahn zurückführte. Sie sei unfähig, polterte der Alte. Wenn er sie wieder einmal dabei zu ertappen meinte, dass sie eine der Arbeiten zu unbeholfen und nicht im erwünschten Tempo ausführte, ließ er eine Flut von Beleidigungen auf sie herunterprasseln.

Sie hatte Angst vor dem autoritären Alten, schluckte seine Vorwürfe, fraß sich einen Panzer an. Das Kind, älter geworden, huschte nur noch verschreckt durch das Haus. Als es in die Schule kam, reihte es sich sofort in die Reihe jener Schüler ein, die als zurückgeblieben bezeichnet wurden. Als Mariedl davon erfuhr, erschrak sie. Ihr war, als wiederholte sich an ihm ihre eigene Geschichte.

Einige Frauen und Männer von benachbarten Höfen erbarmten sich ihrer, griffen ihr hin und wieder unter die Arme, denn ihre Plackerei und ihre Not mit ihrem stets betrunkenen Ehemann war ihnen nicht verborgen geblieben. Das wiederum beschämte Friedl tief. Er verbat sich die Hilfe, watschte seine Frau durch die Stube, nachdem die Nachbarn außer Sichtweite waren. Dann, in der Nacht, fiel er über sie her.

Sex ekelte sie nur noch an. Sie wollte nicht mehr schwanger werden, nicht mehr von ihm, fühlte auch, dass sie keine Kraft mehr für ein weiteres Kind hatte. Schließlich verlor er auch noch seine Arbeit im nahen Sägewerk, man hatte ihn wegen fortlaufender Unzuverlässigkeit, sich mehrender Arbeitsfehler und seiner Sauferei gefeuert.

Kein Tag verging mehr ohne Streit. Bis sie aus dem gemeinsamen Schlafzimmer auszog und sich eine Liegestatt in der Küche bereitete, das Kind an ihrer Seite.

Nur die Tiere im Stall waren anders. Sie waren klug. Geduldig. Sie sahen ihr nach, wenn ihr ein Fehler unterlief, vertrauten ihr, verstanden sie, stießen sich nicht an ihrem Sprachfehler, gehorchten widerspruchslos.

Es genügte ihr irgendwann nicht mehr. Sie dachte über eine Trennung nach. Doch sie verwarf den Gedanken. Es kam nicht in Frage, ihr Mann hätte den Hof nie verlassen, er wäre gar nicht in der Lage dazu gewesen, woanders zu überleben. Es wäre Mariedl gewesen, die gehen hätte müssen. Aber wohin? Ohne Familienmitglieder oder Freunde, die einen auffangen? Ohne Ausbildung, mit Kind?

Sie sah keinen Ausweg.

Und Schicksalsergebenheit war ihr anerzogen. Dennoch schlummerte in ihr, dass ihr Unrecht geschah. Immer geschehen war. Dass die Mutter Gottes, deren Namen sie trug und zu der sie immer gebetet hatte, dies alles nicht so gewollt haben konnte. Dass auch ihr Liebe und Würde zustand. Und wenn sich dieser Wunsch schon nicht erfüllen ließ, dass sie sich wenigstens einige Stunden am Tag ein wenig ausruhen kann, Radio hören, Fernsehschauen. Oder sogar auch einmal einen kleinen Ausflug machen kann, nach München, auf das Oktoberfest, oder in ein Kino. Andere ihres Alters können es doch auch, warum sie nicht?

Mariedl kommt zum Schluss.

»Und dann hab ich bös auf ihn werden müssen. Es tut so weh, wenn man bös sein muss, Herr Doktor, aber ich bin nicht mehr dagegen angekommen.«

Der Gutachter nickt. »Ich verstehe«, sagt er. »Und dann haben Sie sich entschlossen, Ihren Mann umzubringen.«

Sie reißt ihre Augen auf. Wieder scheint es einen Moment zu dauern, bis sie seine Worte versteht. Dann füllen sich ihre Augen mit Tränen. Ihre Lippen zucken, aber sie kann nicht mehr sprechen, atmet jetzt röhrend, schnappt wie eine Erstickende nach Luft. Der Gutachter springt auf, verlässt im Laufschritt den Raum und ruft nach dem Sanitätsdienst. Eine Ärztin eilt herbei, misst sie mit besorgtem Blick, fühlt ihren Puls, zieht geübt eine Spritze auf. »Machen Sie Pause«, sagt sie zum Gutachter. »Vorerst können Sie nicht weitermachen, wenn die Frau kollabiert, tragen Sie die Verantwortung.«

Er geht. Auf dem Flur zündet er sich eine Zigarette an, sieht auf seine Uhr, gähnt. Mit der Frau zu sprechen war anstrengend gewesen, nur mit Mühe hatte er manche Worte verstehen können, hatte immer wieder nachfragen, ihre Aussagen zur Verständnissicherung wiederholen müssen.

Er überlegt, ob er das Gespräch mit ihr fortsetzen soll, wenn sie wieder auf der Höhe wäre. Eigentlich genügt ihm, was er von ihr gehört hat. Und wie die ganze Chose abgelaufen ist, kann er sich zusammenreimen, Unklarheiten bestehen da nicht mehr, die Kripo hat alles bereits umfänglich ermittelt.

Aber wie soll sein Gutachten lauten? Keine Frage, dass das Leben dieser Frau als Tragödie bezeichnet werden muss. Was ihr zugemutet worden war, war eine Abfolge kaum vorstellbarer Schändlichkeiten, war ein über Jahre verübtes, einziges Verbrechen. Und die Erkrankung in ihrer Kindheit hat nicht nur eine körperliche, sondern auch eine – niemals behandelte, was für eine Verantwortungslosigkeit! – geistige Beeinträchtigung verursacht, ihre formale Intelligenz nähert sich dem unteren Rand der Quotientenskala. Aber war sie als unzurechnungsfähig einzustufen?

Der Gutachter schüttelt den Kopf.

Nein. Dafür waren ihre Handlungen zu folgerichtig gewesen. Ihrem Mann gab sie Gift, weil sie ein Leben an seiner Seite nicht mehr ertrug. Dass die Menge viel zu gering war, um seinen Tod herbeizuführen, und er tatsächlich an Alkoholvergiftung starb, änderte nichts daran, dass dies als Mordversuch zu werten war. Und den Altbauern tötete sie, um nicht als Urkundenfälscherin und Betrügerin entlarvt zu werden.

Der Gutachter geht einige Schritte auf und ab. Dann nickt er sich zu.

Er würde dem Gericht ausführlich darlegen, dass diese Frau keine durchtriebene und habgierige Verbrecherin war, sondern selbst ein Opfer schamlosen materiellen Denkens und empörend roher Behandlung. Dass sie ihre Taten zwar nicht im Affekt verübte, sondern mit durchaus als logisch zu bezeichnender Stringenz. Dass dies aber das Ergebnis einer ausweglosen Lage war, für die nicht sie, sondern vor allem ihre Opfer verantwortlich zu machen waren. Und dass diese Lage zuletzt derart bedrückend war, dass ihr keinerlei geistige Kapazität mehr zur Verfügung stand, um das Ungesetzliche ihrer Handlung zu erfassen. Und dass damit eine deutlich verminderte Schuldfähigkeit gegeben war.

Der Gutachter wirft die Zigarette auf den Boden und drückt sie mit der Sohle aus.

Aber dazu brauchte er Mariedl jetzt nicht mehr. Sie ist versorgt, denkt er, sie soll sich ausruhen, das viele Reden hat sie bestimmt mitgenommen. Und er hat schließlich auch noch anderes zu tun.

VII.

Die Spritze wirkt. Mariedl fühlt, wie ihr Puls wieder gemächlicher schlägt. Sie könne das Gespräch fortsetzen, sagt sie.
»Bitte was?«
»Der Herr Doktor. Er wird auf mich warten. Er will doch alles wissen.«
»Der Herr Doktor ist bereits gegangen«, sagt die Ärztin. »Er lässt Ihnen gute Besserung ausrichten. Er hat gesagt, dass er alles hat, was er braucht.«
Als Mariedl wieder in ihre Zelle zurückgeführt wird, denkt sie: Schade. Der Herr Doktor ist so gut zu mir gewesen, er hat mir zugehört, und er ist auch nicht ungeduldig gewesen, dass ich so komisch reden muss. Das hat ihm nichts ausgemacht, ich hab noch nie in meinem Leben mit jemand so reden können, über mich und wie es mir ergangen ist und alles. Und dass ich kein ganz schlechter Mensch nicht bin.
Sie hätte ihm gern noch mehr erzählt.
Davon, wie es dazu kam, dass sie ein Ende machen musste.

VIII.

Es ist ein brütend heißer Augusttag. Mariedl wischt sich mit dem Ärmel über die Stirn, kippt den Kopf in den Nacken, nach oben, zum tiefblauen Himmel und zur gleißenden Sonne, und kneift die Augen zusammen. Heute wird es noch ein Gewitter geben, ist sie sich sicher. Das Heu ist gemäht und liegt seit Tagen auf den Trockenstangen, aber es müsste jetzt in die Scheune gebracht werden, sonst würde es verfaulen und wäre als Winterfutter verloren. Aber sie ist allein, alle anderen Nachbarn sind ebenfalls auf ihren Feldern.

Sie bittet ihren Mann, ihr zu helfen.

Der liegt in der Stube auf dem Diwan, auf dem Boden daneben leere Flaschen, und lehnt ab. Ein faules Luder sei sie, die Arbeit solle sie gefälligst selbst machen.

Sie will ihm erklären, dass sie es allein nicht schafft, nicht heut, nicht bei dieser Hitze, aber er steht auf, packt den Bierkasten, torkelt ins Schlafzimmer und schmettert die Tür hinter sich zu.

Am Abend ist das Heu eingefahren. Sie geht in den Stall, füttert die Kühe, mistet aus, wirft die Melkmaschine an, füllt die Milch um, karrt den Mist auf den Haufen hinter dem Haus. Als sie ihren Mann zum Abendessen ruft, gibt dieser keine Antwort. Nur der Alte torkelt nach einer Weile die Stiege herab.

Sie ruft noch einmal nach oben. Als sie keine Antwort erhält, geht sie in das Schlafzimmer ihres Mannes, um ihn zu holen. Er ist noch wach, kann sich aber nicht mehr bewegen, er hat sich wieder einmal ins Delirium gesoffen. »Hau ab«, keucht er.

»Er ist nicht gut beieinand«, sagt sie den anderen, als sie wieder am Tisch in der Stube sitzt. »Ich werd ihm später noch was rauftragen.« Der Alte gibt einen mürrischen Ton von sich, greift nach dem Suppenlöffel und beginnt zu essen. Sie weist den Kleinen an, die Hände zu falten, und spricht ein kurzes Gebet. Dann essen auch sie. Der Alte hat untertags getrunken, nach dem Essen ist er müde und schlurft in seine Kammer zurück.

Sie geht nach nebenan in die Küche, füllt das blecherne Badeschaff mit warmem Wasser, badet den Kleinen und bringt ihn zu Bett. Dann räumt sie den Tisch ab, trägt das Geschirr zum Spülbecken und beginnt, es zu reinigen. Sie stellt fest, dass der Syphon wieder einmal verstopft ist, öffnet den Unterschrank, entnimmt ihm die Flasche mit dem Rohrreiniger und schüttet ihn in den Ausguss. Sie hört ein brodelndes Zischen, ein feiner Dampf steigt aus dem Rohr. Das Wasser fließt ab, sie beendet ihre Arbeit, nimmt das Geschirr aus dem Abtropfgestell, trocknet es mit einem Tuch und ordnet es im Geschirrschrank ein.

Dann geht sie wieder in den ersten Stock hinauf.

Die Flaschen aus dem Kasten sind leer, eine zur drei Vierteln geleerte Flasche Korn liegt auf dem Boden, der Schnaps sickert in die Ritzen zwischen den Bohlen. Ihr Mann atmet röchelnd, sein Gesicht ist brennrot, der Schweiß tropft ihm in die Augen. Er kann sich kaum mehr bewegen, er ist hilfloser als ein Säugling, schämt sich seiner erbärmlichen Lage. Er flüstert: »Glotz mich nicht so blöd an, du schiecher Fetzen, bring mir was zum Trinken, ich verdurst.«

Sie sagt nichts, nickt, geht nach unten, holt eine Bierflasche aus dem Kühlschrank und geht zur Anrichte, auf der noch die Flasche mit dem Rohrreiniger steht. Sie mustert den Aufkleber, sieht die Zeichen, mit der vor Vergiftung und Verätzung gewarnt wird. Sie öffnet die Bierflasche, greift zu einem Esslöffel, überlegt einen Moment, betrachtet noch einmal die Warnzeichen, den Totenkopf. Dann träufelt sie die Chemikalie darauf und gießt sie in die Bierflasche.

Sie bringt sie nach oben, stellt sie in Griffnähe, berührt seine Schultern, schüttelt ihn.

»Dein Bier«, sagt sie. Er wacht auf, lallt eine Beschimpfung. Sie versteht, dass sie zu verschwinden hat, und geht.

Am nächsten Morgen ist er tot. Der Alte ruft den Arzt, er lässt sie nie ans Telefon, es könnte ja jemand bemerken, dass seine Schwiegertochter nur ein Krüppel ist.

Ein Tod mit fünfunddreißig Jahren ist ungewöhnlich. Doch der Arzt kennt den Mann, weiß um seine Alkoholkrankheit, er sieht die leeren Flaschen und weiß Bescheid. Er stellt den Totenschein aus. Kein Hinweis auf eine nicht-natürliche Todesursache, notiert er. Akutes Organversagen nach Alkoholvergiftung.

Der Altbauer hatte den Hof schon bei der Hochzeit seinem Sohn überschrieben. Es war eine der Bedingungen gewesen, die die Brauteltern gemacht hatten.

Nun ist sie die Herrin auf dem Hof.

Doch nichts wird gut. Der Alte traut ihr nicht zu, die Wirtschaft zu führen. Wo es nur geht, bevormundet er sie, nichts kann sie ihm recht machen, jeder ihrer Entscheidungen widerspricht er und macht so lange Terror, bis sie nachgibt.

Die wirtschaftliche Lage des Hofs wird immer schwieriger. Die Bank mahnt immer häufiger, die Gemeinde erhöht die Abgaben, neue Vorschriften für bäuerliches Wirtschaften treffen ein. Geräte fallen aus, doch für Reparatur und Neuanschaffungen fehlt das Geld.

Obwohl er auf dem Hof und im Haushalt kaum mehr einen Handgriff macht, ist der Alte noch rüstig. Als sie ihn schließlich anfleht, ihr etwas von seinem Gesparten und seinem Erbteil zu geben, damit sie wenigstens den vorsintflutlichen Miststreuer ausrangieren kann, lehnt er brüsk ab. »Der tuts noch lange«, sagt er. Kreuzweh habe sie deswegen? Sie solle sich halt nicht so blöd anstellen.

Er verhehlt ihr nicht, dass er mit seinem Ersparten lieber seine Tochter beschenken möchte. Diese, mit einem angesehenen Bauern im Nachbarort verheiratet, könne es ebenso gut brauchen, und bei ihr wisse er wenigstens, dass es vernünftig verwendet würde. Mariedl soll sich bloß nicht beklagen. Schließlich habe sie sein Haus bekommen.

Das stimmt, gesteht sie zu. Aber davon könne sie nicht herunterbeißen.

Der Alte lässt sich nicht erweichen, so sehr sie auch bettelt, ihm schöntut, ihm alles aus dem Weg räumt, seinen Befehlen widerspruchslos gehorcht.

Sie soll leiden, leidet er doch auch. An seinem Unglück mit seinem Sohn, der einmal sein Stolz und seine Hoffnung gewesen war. Und seit langem ist er Witwer. Zu seiner Bäuerin war er zu deren Lebzeiten meist grob gewesen, aber sie war an seiner Seite geblieben, im Alltag pflichtbewusst und arbeitsam, in den Nächten gefügig.

Sie fehlt ihm.

Er kann seine Schwiegertochter nicht ausstehen, verachtet sie, schämt sich ihrer im Dorf. Aber sie leben auf engstem Raum zusammen. Und sie ist ein Weib. Als junger Kerl hat er nichts anbrennen lassen, und auch während seiner Ehe nicht. Er schließt die Augen, denkt an früher.

Er hat eine Idee.

»Pass auf«, sagt er eines Tages. »Ich mach dir einen Vorschlag. Wegen dem Geld, wo du mich andauernd anpenzt.«

Sie horcht auf, hofft.

»Wenn du mich drüberlässt, kriegst du was«, sagt er.

»Spinnst du?«, sagt sie.

Der Alte trumpft auf. Er kenne doch die Weiber, Mariedl könne ihm nichts vormachen, sie brauche es doch auch, wie alle Weiber, eine alte Kachel sei sie ja noch nicht, erst fünfunddreißig, Aber wer von den jüngeren Männern im Dorf würde sie noch nehmen, so wie sie daherkomme, mit ihrem Sprachfehler und ihrem Kind? Und er selber sei noch gut dabei, sie solle ihn bloß nicht unterschätzen, er könne ihr noch gut und gern ein Kind machen.

Er wird zudringlich. Sie schiebt ihn von sich. Er lässt nicht locker. Er will ihr zeigen, dass er nicht nur ein unleidlicher Griesgram sein kann, sondern auch Humor hat: »Brauchst mich ja nicht anschauen dabei, wenn ich dir nicht gefall«, sagt er. »Ist mir auch recht, Arsch ist Arsch.«

»Du spinnst«, sagt sie, stößt ihn vor die Brust und lässt ihn stehen. Er mault ihr nach.

Zur Mitte des Monats ist die Haushaltskasse bereits leer. Das Milchgeld ist noch nicht eingetroffen, mit einer unerwartet hohen Nachzahlung für Strom und Wasser hatte sie nicht gerechnet. Und der Kleine wächst schnell, er braucht bald eine neue Hose, Strümpfe, eine Jacke, es soll nicht das Billigste sein, zum Gespött seiner Klassenkameraden soll er nicht werden, keiner soll dem Buben ihre Armut ansehen, er kann doch nichts dafür.

Dann erhält sie einen Brief der Lehrerin, dass ein Klassenausflug geplant ist und die Eltern einen Beitrag für die Fahrt zu leisten haben. Mariedl scheut seit je den Kontakt mit Autoritäten, und sie will nicht die Lehrerin anbetteln, ihr die Summe zu erlassen, sie ist zu wenig unter den anderen Müttern, die ihr berichten hätten können, dass sie einen Zuschuss beantragen könnte und sie dabei nicht die Einzige im Dorf wäre. Sie fürchtet nur, dass man ihr vorhalten könnte, sie sei eine schlechte Wirtschafterin und eine schlechte Mutter. Sie meldet den Kleinen krank.

Der Alte hat sich mittlerweile an seiner Idee weiter aufgegeilt. Er bringt es sogar über sich, ihr ein paar karge Freundlichkeiten zukommen zu lassen. Er wiederholt sein Angebot.

»Alter Bock«, schreit sie ihn an.

Er wird sauer. Was sie sich eigentlich einbilde? Sie solle froh sein, dass überhaupt noch einer was von ihr will, sie sei doch eh ein wenig plemplem, jeder sage das, eigentlich gehöre sie ja entmündigt.

»Was?«, keucht sie.

»Jawohl«, sagt der Alte. »Du bist komplett unfähig. Ein

Krüppel, der meinen Hof ruiniert. Ich könnt aufs Gericht gehen und ihn dir nehmen lassen. Und du kommst in die Geschlossene.«

Die Drohung hat keinerlei Grundlage, da sie den Hof nicht von ihm, sondern von ihrem Mann geerbt hat. Aber mit Ämtern und Gesetzen kennt Mariedl sich nicht aus. Sie gerät in Panik.

Sie sieht keinen Ausweg.

Sie lässt es über sich ergehen. Der Alte sabbert, schmatzt, kann die Fürze nicht halten, sie ekelt sich vor dem Geruch von alter Haut und Samen. Und sie schämt sich unendlich, denn sie ist nicht mit ihm verheiratet, und darum ist es Sünde, was sie ihm gewährt.

Immerhin hält er seine Zusage ein. Am nächsten Morgen drückt er ihr zwei Fünfhunderter in die Hand. »Aber weh, du verprasst es!«, mahnt er.

»So wenig?«, sagt sie. »Damit kann ich grad ein paar Schulden zahlen. Und von was soll ich den neuen Miststreuer kaufen? Du hast mir gesagt, dass ich die restlichen zehntausend von deiner Erbschaft haben kann.«

»Kriegst schon noch was«, sagt er. »Aber erst kommst du heut Nacht wieder in meine Kammer.«

Das erbärmliche Spiel geht über Monate. Dann hat sie immerhin die zehntausend in Händen. Sie ist erleichtert. Sie wehrt jetzt die Avancen des Alten wieder ab, er fühlt sich betrogen, aber soll er, das ist jetzt vorbei. Sie füllt ihr weit überzogenes Girokonto auf, kauft dem Kind neue Kleidung und bestellt endlich das Ackergerät.

Als es geliefert wird, stellt sie fest, dass sie nicht mehr genügend Geld hat, sie war keine gute Rechnerin, die Zehntausend waren unvorstellbar hoch für sie gewesen. Sie hatte den Überblick über ihre Ausgaben verloren. Der Händler ist ungehalten. Er sagt ihr nicht, dass sie nicht die einzige im Dorf ist, mit der er diesen Ärger hat, aber an ihr, die sich beschämt vor ihm duckt, kann er seinen Frust auslassen. Sie fühlt sich gedemütigt, verspricht, den Rest umgehend zu begleichen, der Altbauer habe ihr Geld versprochen. Der Händler willigt mürrisch ein.

Wieder geht sie den Alten an. Dieser jedoch lehnt ab. Er habe nichts mehr vom Erbschaftsgeld, was davon noch übrig war, habe er kürzlich seiner Tochter für ein neues Zweitauto gegeben. Diese müsse schließlich etwas hermachen.

»Hast du denn nicht noch ein Sparbuch?«, fragt sie.

»Spinnst du?«, sagt er. »Was für ein Sparbuch denn?«

»Lüg mich nicht an! Ich habs doch schon gesehen! Fünfzehntausend hast du!«

»Du hast in meinen Sachen geschnüffelt?«, schnauzt er sie an.

»Es ist doch keine Absicht gewesen«, verteidigt sie sich, »ich wollt dir deine zerrissene Bettwäsch flicken, und da hab ichs gesehen!«

»Dir glaub ich kein Wort«, sagt der Alte. »Und dass dus weißt: Du kriegst nichts, du bist zu blöd zum Wirtschaften, du verschwendest es bloß. Und ruinierst alles, was ich mir mein Lebtag lang aufgebaut hab! Ins Narrenhaus gehört eine wie du, nirgendwoandershin!«

In seinem Zorn rückt der Alte jetzt damit heraus, dass er mit seinem Ersparten etwas anderes vorhat. Er will auch dieses Geld nicht Mariedl, sondern seiner Tochter geben. Es gibt ihr einen Stich. Schon wieder wird ihr jemand anders vorgezogen. Jemand, der besser aussieht als sie, sich besser ausdrücken und überzeugender schmeicheln kann, dem Glück und der Erfolg im Leben nachlaufen.

Aber in diesem Augenblick kann sie an nichts anderes denken als daran, dass ihr der Maschinenhändler den Gerichtsvollzieher ins Haus schicken wird, wenn sie seine Rechnung nicht begleicht. Sie lässt jetzt nicht mehr locker. Sie bricht in Tränen aus, fleht den Alten an. Sie würde alles tun, was er von ihr verlange. Aber er solle ihr diese entsetzliche Blamage ersparen.

»Ach?«, meint der Alte. »Jetzt auf einmal nimmer stolz?«

»Nein«, wimmert sie.

»Und du kommst wieder in meine Kammer, wenn ich mir das mit Sparbuch noch mal überlegen␣t?«

»Ja, ich komm wieder in deine Kammer«, flüstert sie.

Aber es ist nur noch widerlich.

Schließlich hält sie es nicht mehr aus. Sie wartet einen Moment ab, in dem der Alte im Dorf ist. Dann schleicht sie in seine Kammer, nimmt das Sparbuch und einige Versicherungsunterlagen heraus. Sie betrachtet seine Unterschrift, hat ein Blatt Papier dabei und übt das krakelige Sütterlin des Alten.

Dann geht sie nach unten und ruft bei der Bank an. Ihr Herz klopft, als sie dem Angestellten ihr Anliegen schildert und ihn fragt, was sie tun müsse, um die Summe auf sie übertragen zu lassen.

»Kein Problem«, sagt der Angestellte, er spricht langsam, hat ihren Sprachfehler bemerkt. »Dafür ist nur die Unterschrift Ihres Herrn Schwiegervater nötig, dann ist das in Kürze erledigt.«

Der Angestellte hat den Eindruck einer gewissen Unbeholfenheit. Er kann auf ein Hin und Her mit falsch ausgefüllten Formularen begriffsstutziger Kunden verzichten und bietet ihr an, sie aufzusuchen. Wann würde es ihr passen?

Mariedl denkt kurz nach. Um die Mittagszeit schläft der Alte.

»Morgen? So um eins?«, schlägt sie vor. »Ich sag dem Vater Bescheid.«

»In Ordnung«, sagt der Angestellte.

Er ist pünktlich zur Stelle. Mariedl bittet ihn in die Stube. Er sieht sich um. »Eine Renovierung steht an, nicht wahr?«, sagt er freundlich. »Sehr vernünftige Idee, Ihr Hof liegt ja wirklich traumhaft, ich beneide Sie aufrichtig.«

Er öffnet seinen Koffer, breitet die Formulare auf dem Tisch aus, geht mit ihr die auszufüllenden Spalten durch, einiges hat er bereits in seinem Büro vorbereitet, den Rest füllt er für sie aus.

Während sie umständlich unterschreibt, meint der Beamte: »Es ist doch schön, dass Ihnen Ihr Schwiegervater unter die Arme greift. Jung und Alt müssen eben zusammenhalten.«

Er zieht das Formular wieder zu sich und betrachtet ihre Unterschrift.

»Bestens! Jetzt müsste nur noch Ihr Herr Schwiegervater unterschreiben. Wenn Sie ihn bitte rufen könnten?«

»Der Vater ist krank«, stößt Mariedl hervor. »Er liegt im Bett oben. Er kann nicht aufstehen.«

»Oh, das tut mir leid«, sagt der Bankangestellte und denkt: Hat mich mein Eindruck also doch nicht getäuscht, dass die gute Frau ein bisschen neben ihrem Hut hergeht.

»Tja, aber seine Unterschrift brauchen wir, liebe Frau.«

Mariedl holt Luft. »Ich solls ihm raufbringen, hat er gesagt.«

Der Angestellte denkt kurz nach. Was kann er machen? Darauf bestehen, dass die Unterschrift in seinem Beisein ausgeführt wird? Und eine Kundin womöglich zu verärgern, da er damit ja ausdrückt, ihr zu misstrauen?

»Na schön«, sagt er. Er schiebt die Formulare über den Tisch. Mariedl nimmt sie, geht auf den Flur und einige Schritte die Treppe hinauf, bleibt stehen, holt einen Kugelschreiber aus ihrer Schürze, hält die Papiere an die Wand und kritzelt die Unterschrift des Alten darauf.

Na, denkt der Angestellte. Ich weiß ja nicht, ob mir das unbedingt gefällt. Aber es ist schließlich nicht mein Bier, Unterschriften zu überprüfen, dafür ist meine Kollegin zuständig, soll die sich damit herumschlagen. Außerdem – für einen Betrug braucht es eine gewisse Raffinesse. Wenn diese Frau aber weiter als bis drei zählen kann, denkt er, dann will ich Meier heißen. Sie ist zu einfach gestrickt für so was. Um es schonend zu sagen. Um es *sehr* schonend zu sagen.

Die Bäuerin kommt zurück und gibt ihm das Formular.

Der Angestellte wirft einen Blick darauf. Ziemliche Klaue, denkt er.

»In Ordnung«, sagt er. Er verabschiedet sich. »Und richten Sie Ihrem Herrn Schwiegervater noch Grüße und gute Besserung aus, gell?«

Sie sieht ihm nach. Dann sinkt sie auf den Stuhl. Panik steigt in ihr auf. Irgendwann würde der Alte den Betrug bemerken. Und was dann? Wäre er imstande, sie anzuzeigen? Sie, die Witwe seines Sohnes? Die Mutter seines Enkels?

Ja. Er würde.

Sollte sie es ihm nicht doch besser vorher beichten? Bevor es zur Katastrophe kommt?

Wie gelähmt sitzt sie da. Ihre Gedanken rasen, ihr Puls hämmert, ihre Brust schmerzt, vor ihren Augen flimmert es. Fast hätte sie überhört, dass der Kleine von der Schule zurückgekommen ist.

»Ich hab Hunger, Mama«, sagt er.

Sie wacht aus ihrer Benommenheit auf.

»Kriegst gleich was«, sagt sie.

Nach dem Abendessen bricht der Alte zum Jahrestreffen

des Veteranenvereins auf. Er wird sehr spät zurückkommen und so betrunken sein, dass ihr immerhin erspart bleiben wird, sich zu ihm in sein Bett legen zu müssen.

Am nächsten Vormittag klingelt das Telefon. Der Altbauer schläft noch, Mariedl hebt ab. Die Anruferin stellt sich als Angestellte der Volksbank vor. Sie sei dort für alle Kapitalübertragungen zuständig, ihr Kollege habe ihr die Unterlagen weitergegeben. Die Sache ginge selbstverständlich in Ordnung, leider sei aber noch eine zweite Unterschrift des Kapitalgebers – also des Schwiegervaters – erforderlich.

»Muss das denn sein?«, stottert Mariedl.

»Entschuldigens, ich hab grad schlecht verstanden.«

»Ob... ob das sein muss.«

»Leider ja. Tut mir leid. Ist eine neue Vorschrift, Frau K.«

»Aber der Mann gestern hat doch gesagt, dass –«

»Leider, eine neue Vorschrift. Da sind mir leider die Hände gebunden. Gibts denn irgendwelche Probleme, Frau K.?«

»Nein... nein...«

Mariedl hat damit nicht gerechnet. Hitze flutet sie.

Die Angestellte ist eine verbindliche Frau. Sie hat oft mit älteren Menschen zu tun, die von diesen Dingen überfordert sind. Und sie will diese Geschichte noch vor den Pfingstferien vom Tisch haben.

»Wissen Sie was? Ich komme einfach heute Nachmittag bei Ihnen vorbei. In Ordnung? Dann brauchen Sie sich nicht weiter zu bemühen. Sie müssten nur dafür sorgen, dass Ihr Herr Schwiegervater auch anwesend ist, gell?«

»Ja... nein...«, stottert Mariedl. »Der Vater... er... er ist ins Krankenhaus gekommen.«

»Bittschön, was? Entschuldigens, ich versteh Sie grad so schlecht, es muss an der Leitung liegen.«

»Er ist ins Krankenhaus gekommen, der Vater.«

»Oh, das tut mir leid. Hoffentlich nichts Ernstes?«
»Nein... bloß... bloß zur Beobachtung.«
»Na Gott sei Dank. Wann erwarten Sie ihn denn wieder zurück?«
»Ich... weiß nicht...«
»Hm. Das ist jetzt ein bisschen ärgerlich, ich mein, nicht für mich natürlich. Aber Ihnen wird doch sicher auch daran gelegen sein, dass die Übertragung schnell über den Tisch geht und Sie bald über das Geld verfügen können, oder?«
»Scho-schon«, japst Mariedl.
Die Stimme der Bankangestellten klingt noch immer freundlich, jetzt aber auch entschlossen: »Wissen Sie was? Ich hab morgen sowieso in der Nähe vom Krankenhaus zu tun und könnte gleich direkt mit Ihrem Herrn Schwiegervater sprechen. Dann ist die Sache erledigt. Das ist doch auch in Ihrem Sinn, nicht wahr? Wenn Ihr Herr Schwiegervater doch schon früher nach Hause kommen sollte, rufen Sie mich doch einfach an, ja? Ich gebe Ihnen meine Nummer, in Ordnung?«

Mariedl notiert mit zitternden Fingern die Nummer. Stotternd erwidert sie die Abschiedsfloskel. Dann spürt sie nur noch ihren donnernden Herzschlag.

Sie sitzt in der Falle.

Es darf nicht geschehen. Die Frau von der Bank darf nicht mit dem Alten sprechen.

Am frühen Abend weiß sie nicht mehr, wie sie den Tag verbracht hat. Wie eine Schlafwandlerin war sie im Haus umhergeirrt und hatte nach einem Ausweg gesucht.

Was soll sie nur tun?

Soll sie es dem Alten gestehen? Sie könnte zuvor ein wenig zärtlich zu ihm sein. Vielleicht verstände er ihre Not und würde ihr verzeihen?

Sie weiß, dass sich diese Hoffnung nicht erfüllen wird. Er würde nicht verstehen, nicht verzeihen, er ist vom alten Schlag, hält auf Sitte, Anstand, Ehre. Er wird sie vom Hof jagen und wegen Diebstahls oder Betrugs anzeigen. Sie wird verhaftet, verurteilt und ins Gefängnis gesteckt werden, das Kind wird ihr genommen, in ein Heim oder in eine fremde Familie gebracht. Sie wird es nie mehr sehen.

Sie sieht auf die Uhr. Halb sieben Uhr. Sie lauscht ins obere Stockwerk. Kein Geräusch. Der Alte schläft noch immer seinen Rausch aus, nur mittags hatte er sich kurz sehen lassen, um anschließend sofort wieder ins Bett zu gehen.

Mariedl gibt die Nummer der Bankangestellten ein.

»Sie brauchen nicht mehr ins Krankenhaus fahren«, sagt sie. »Ich bin grad angerufen worden. Er ist gestorben.«

»Bittschön, was?«

»Der Vater... er ist gestorben.«

»Oh. Mein aufrichtiges Beileid.«

»Dankschön«, sagt Mariedl.

»Tja, dann sollten wir die Sache doch auf später verschieben. Möglicherweise hat sie sich ja auch ganz erledigt, das Sparbuch geht ja dann in sein Erbe ein, nicht wahr. Sie sind doch die Erbin?«

»Ja«, sagt Mariedl.

»Dann nochmals mein herzlichstes Beileid, Frau K. Und alles, alles Gute.«

»Dankschön«, sagt Mariedl. »Dankschön.« Sie hört, wie die Frau am anderen Ende der Leitung auflegt. Nach einer Weile sinkt auch ihre Hand herab.

Die Falle schnappt zu.

Sie bereitet ihrem Sohn das Abendessen und bringt ihn zu Bett. Dann geht sie in das Zimmer des Alten. Er hat gedöst, jetzt wacht er auf.

»Komm her«, sagt er. »Lass dich mausen. Zieh dich aus.«
Mariedl tut es und legt sich zu ihm. Er zieht sein Hemd hoch, wälzt sich über sie, will in sie eindringen, aber es gelingt ihm nicht, er ist vom gestrigen Suff noch geschwächt und hat nur eine matte Erektion.

Sie soll es ihm richten, fordert er.

Sie versucht es. Es ist vergeblich.

Er macht sie dafür verantwortlich. Sie sei dran schuld, sogar dazu stelle sie sich zu blöd an.

Er wird mir nicht vergeben, denkt Mariedl.

Schließlich gibt der Alte ermattet auf und befiehlt ihr, ihm eine Flasche Bier zu bringen.

Sie zieht sich an, geht in die Küche, nimmt eine Bierflasche aus dem Kühlschrank, öffnet sie, schüttet eine kleine Menge in den Ausguss. Dann misst sie mit dem Suppenlöffel die Rohrreinigerflüssigkeit ab, die sie auch ihrem Mann schon einmal verabreicht hatte, und füllt sie in die Flasche.

Oben angekommen, reicht sie ihm die Flasche. Er trinkt einen Schluck, einen zweiten, dann spuckt er aus. »Bring mir gefälligst ein Gescheites und nicht so ein lackes Gesöff!«

Sie tut es. In der Küche holt sie eine weitere Flasche, gießt jetzt nur noch eine kleine Menge hinein, schüttelt die Flasche ein wenig, geht wieder nach oben und stellt sie ihm auf den Nachttisch.

»Und jetzt hau ab«, grunzt er. »Ich kann deine schieche Visage nicht mehr sehen.«

Sie geht wieder nach unten.

Sie wartet.

Um Mitternacht geht sie wieder zu ihm. Die Flasche ist nicht einmal zur Hälfte ausgetrunken. Er schläft tief, schnarcht durchdringend.

Er lebt noch.

Sie ergreift die Flasche, schlägt sie ihm über den Kopf. Er wacht auf, glotzt sie überrascht und verwirrt an. Mit einem Satz springt sie auf ihn, drückt ihre Knie auf seinen Brustkorb, krallt ihre Finger um seinen Hals und drückt mit aller Kraft zu. Er bewegt sich nicht mehr.

Sie entleert die Bierflasche aus dem Fenster, stellt sie zurück, geht wieder in die Küche, legt sich auf den Diwan. Sie kann nicht schlafen, starrt in die Dunkelheit. Sie will beten, aber ihr fällt kein Gebet ein.

Irgendwann bricht der Morgen an. Sie weckt ihren Jungen, bereitet ihm das Frühstück, hilft ihm, den Schulranzen zu schultern, und zeichnet mit dem Daumen ein Kreuz auf seine Stirn, wie sie es immer tut.

Dann sucht sie nach der Nummer des Arztes.

# Einer von uns
(2004)

## FLORI

Er ist der einsame Wolf, der auf mondbeschienen Fährten durch die schwarzen Wälder streift, der durch die Albträume der Dorfbewohner geistert, gefürchtet, gejagt, doch nie erblickt und nie gefasst. Kein schäbiger Ganove, der nachts auf Raubzug um die Häuser schleicht. Außerdem wusste er schon vorher, dass in diesem Haus weder Geld noch Wertsachen zu finden sein würden. Seine Bewohner waren vor einem halben Jahr ausgezogen, eine junge Familie mit drei kleinen Kindern, die Eltern bezogen Sozialhilfe. Es war ihnen zu einsam hier, das kleine Haus liegt weit außerhalb des Dorfes und ist nur auf einem unbefestigten Wirtschaftsweg zu erreichen, es hat keine ordentliche Heizung, und das in einer Gegend, die man »Bayerisch Sibirien« nennt. Seither steht es leer.

Er hat das abgelegene Haus schon früher bei einem seiner nächtlichen Streifzüge entdeckt, damals war es noch bewohnt, von seinem Beobachtungsplatz hatte er durch flatterndes Geäst die Lichter gesehen, warm und goldfarben, und der Wind hatte Gesprächsfetzen an sein Ohr getragen, er hatte die Stimmen einer Frau und eines Mannes und das Geschrei kleiner Kindern ausmachen können.

Er sieht sich um, lauscht, wittert in die Dunkelheit. Sein Atem dampft in weißen Wölkchen vor seinem Gesicht. Dann stiehlt er sich im Schutz verwilderter Büsche geduckt an das Haus heran. Die Vordertür ist verschlossen, er bräuchte einen starken Geißfuß-Hebel, aber den hat er nicht zur Hand, außerdem wäre die Türe danach zerstört, das will er nicht. Er duckt sich tiefer, schleicht zur Längsseite des Gebäudes, lauscht wieder, aber er weiß, dass ihm keine Gefahr droht. Es ist weit nach Mitternacht, niemand außer ihm hat einen Anlass, sich jetzt noch in dieser Einöde aufzuhalten.

Er drückt gegen das Glas des Abortfensters, es gibt nach. Glas splittert. Er tastet nach innen, fingert nach dem Fensterknauf und dreht ihn. Dann kriecht er ins Innere des Hauses, die Taschenlampe auf den Boden gerichtet. Strom und Wasser sind abgestellt. Feuchter Moder reizt seine Nase, über einen Teppich aus Staub, vertrockneten Insekten und bröckelndem Putz geht er durch die Räume. Eine Maus erstarrt im Lichtkegel, dann huscht sie davon.

Nein, er will nichts stehlen. Was will er auch mit dem Diwan, auf dessen Polster sich die Sprungfedern abzeichnen, dem Wamsler-Herd, von dem das Emaille abgeplatzt ist, dem hässlich lackierten Küchenkasten, dem schäbigen Geschirr oder den geschmacklosen Lithografien »Wilderer und Jäger«, »Christus und das Opferlamm«, »Muttergottes und Jesuskind«?

Er hat keine Angst, sondern fühlt den Kitzel der verbotenen Tat. Er hat hier nichts verloren, das Haus gehört ihm nicht, aber es interessiert ihn, er ist neugierig, wie die Welt der anderen aussieht, in welchen Räumen sie sich bewegen. Und es ist etwas Eigenartiges um verlassene Häuser, sie erzählen noch immer Geschichten des Lebens, das einst in ihren Räumen pulsierte.

Er bleibt stehen. Es ist totenstill. Er hört seinen Atem. Nach einer Weile bemerkt er, dass eine warme, klebrige Flüssigkeit über seinen Handrücken zu Boden tropft und sich im Staub perlend bindet. Dann fühlt er ein Brennen.

Er hat sich geschnitten, als er das Fenster des Aborts aufdrückte. Die Wunde ist nicht tief, blutet aber heftig.

Er muss zurück.

## DIE SONDERKOMMISSION

»Kolleginnen und Kollegen – irgendwelche Einwände, dass der Protokollführer zur Gedächtnisunterstützung ein Band mitlaufen lässt? – Nicht? Gut. Das Wort hat jetzt der Kollege S. von der Dienststelle ›Operative Fallanalyse‹. Bitte, Herr Kollege.«

»Vielen Dank. – Herr Kriminalrat, Kolleginnen, Kollegen, ich darf zunächst zusammenfassen. Bei den Anschlägen haben wir bisher nicht mehr als eine DNA-Spur, die aus Hautpartikeln an einer der Briefbomben isoliert werden konnte, die wir aber keiner konkreten Person, sondern lediglich einem ungeklärten Einbruch vor zirka zwei Jahren zuordnen können. Wir wissen, dass die mit Sprengstoff präparierten Sendungen sämtlich in Postkästen der näheren Umgebung eingeworfen wurden. Wir wissen weiter, dass sowohl das verwendete Brief- beziehungsweise Paketpapiermaterial wie auch das technische Kleinmaterial, das unser Mann zur Herstellung seiner Briefbomben verwendet hat, bundesweit im Handel und somit auch hier im Landkreis problemlos erhältlich ist. Ansonsten haben wir nur wenig aussagekräftige Erkenntnisse des Labors, ebenso vage Schlussfolgerungen zur Graphologie und nicht mehr zu zählende, ergebnislose Befragungen, die einander ähneln, sowie mehrere anonyme Hinweise, die sich samt und sonders als Wichtigtuerei oder schlechter Scherz herausgestellt haben. Und, aber das brauche ich eigentlich nicht mehr zu erwähnen, mittlerweile eine bundesweite Aufmerksamkeit, und nicht zuletzt einen von Tag zu Tag zappeliger werdenden Innenminister – aber diese Bemerkung bitte aus dem Protokoll streichen, bitte, ja?«

»Notiert.«

»– sowie eine teilweise mehr als fragwürdige Stimmung in der Bevölkerung, nach der – ich zitiere, ja? – es eigentlich gar nicht so schlimm ist, wenn die Großkopferten sich mal ein bisschen in die Hosen scheißen. Kurz: Keiner wird mir widersprechen, wenn ich feststelle, dass das nach monatelanger Ermittlungsarbeit eine eher unbefriedigende Bilanz ist. – Ja, Kollege?«

»Wir sollten nicht Zeit mit was verplempern, was sich jeder von uns selber denkt.«

»Entschuldigung, Kollege, eine Zusammenfassung ist keine Zeit-Verplemperung, bitte, ja?«

»Ist ja schon recht.«

»Der Einwand ist nicht unbedingt sehr zielführend, ja?«

»Hab gesagt: Ist schon recht.«

»Na gut. Also: Wir müssen uns dringend Gedanken über neue Ansätze machen. Einer davon ist nach meiner festen Überzeugung, dass wir noch gründlicher darüber nachdenken müssen, wie der Bursche ticken könnte. – Ja, Kollege?«

»Wieso überhaupt Bursche?«

»Weil es nach meiner Kenntnis der Kriminalgeschichte bisher weder in der Bundesrepublik noch in Europa oder anderen Ländern der zivilisierten Welt einen weiblichen Briefbombenbastler gegeben hat, lieber Kollege. Ob es sich in Zentralchina oder im Kongo anders verhält, kann ich nicht beschwören. Aber bekanntlich befinden wir uns hier in Niederbayern und nicht in Asien oder Afrika.«

»Bin ich mir manchmal nicht ganz sicher.«

*(Heiterkeit)*

»Kollegen, es ist schön, wenn uns der Humor noch nicht ganz abhandengekommen ist. Aber ich fürchte, die Sache ist leider alles andere als lustig. Darum jetzt bitte wieder Konzentration, ja?«

### FLORI

»Dir hat es doch auch gefallen, oder, Flori?«, sagt Mutter. Sie bremst mit einem Ruck ab, schaltet in den Dritten, die Straße verengt sich, wird kurvig.

»Ja, Mama.«

»Mir auch. Die Pferde, die Cowboys mit ihren Lassos, und die Karusselle, und die Indianerzelte, hm? Das war doch schön, oder?«

Flori nickt.

»Ja, Mama.«

»Und geritten bist du doch auch gern auf dem Pferd, oder?«

»Pony«, sagt Flori. »Ein Pony ist es gewesen, Mama.«

»Vierzehn bist geworden. Gott, so groß bist jetzt schon, ich kanns fast nicht glauben. Sag, das ist doch ein schöner Geburtstag gewesen, oder?«

»Ja, Mama.«

Flori sieht aus den Augenwinkeln, wie seine Mutter mit wächsernen Fingerknöcheln das Steuerrad umkrallt, aufrecht in den Autositz gepresst, die Schultern von der Lehne steif abgewinkelt. Der Wagen ist erst vor kurzem aus der Werkstatt gekommen, die Rechnung war saftig, viel höher als erwartet, aber an einen Neuwagen war gar nicht zu denken, der Golf muss noch zwei Jahre durchhalten. Mutter ist keine gute Autofahrerin, sie hat zu wenig Praxis, ist manchmal ein wenig schusselig, reagiert verschreckt auf unvorhergesehene Situationen, einmal hatte sie sich von Vater einen groben Rüffel eingehandelt, weil sie mit der Stoßstange an einem Bordstein hängen geblieben war.

Vater sieht sowieso nicht gerne, wenn Mama das Auto benutzt. Erst recht nicht, wenn sie mit Flori Ausflüge macht. »Geld rausschmeißen für so einen Schmarren«, mosert er dann, »und dafür schuft ich mich ab. Du verziehst den Buben, er soll lieber was Vernünftiges tun, es gäb genug Arbeit im Haus, oder zu den Sportlern gehen oder meinetwegen auch zum Schützenverein, wie andere Buben auch, warum ist unser Bub bloß so ein Stubenhocker, da muss sich eins ja direkt genieren mit so einer Schlafhaube.«

Die Bäume treten näher an den Straßenrand. Der Asphalt ist in der vergangenen Woche ausgebessert worden, unter den Reifen knirscht Split.

»Da fahren wir noch einmal hin, hm?«, sagt die Mutter. »Dir gefällt es doch auch, mit deiner Mama einen Ausflug zu machen, oder?«

»Ja«, sagt Flori.

Er spürt, dass Mutter ein wenig überdreht ist, aber er kennt das an ihr. Sie ist immer wie ausgewechselt, wenn sie für ein paar Stunden vor die Tür kommt, raus aus diesem alten Haus mit seinen knarrenden Bohlen und krächzenden Scharnieren, in die Eisdiele oder ins Nachmittagskino nach Passau oder wie heut in die neue Wildwest-Stadt. Dann lacht sie wie ein junges Mädchen, macht Späße mit ihm, redet wie ein Wasserfall. Es ist manchmal ein bisschen anstrengend für Flori, aber er mag es. Es schmerzt ihn, wenn Mutter traurig ist.

Wenn sie nach Hause kommen, wird sich wieder Schweigen ausbreiten. Vater redet nicht gern. Wenn er von der Arbeit kommt, setzt er sich an den Tisch, das Abendessen muss parat stehen. Auf Mutters Versuche, ein Gespräch einzuleiten, gibt er ein paar brummige Kommentare ab, Satzfetzen nur, dann stemmt er sich hoch und macht sich in seine Werkstatt hinter dem Haus oder ins Wirtshaus auf. Auch Flori redet nur nach Aufforderung. Von sich aus würde er nichts sagen, Vater würde ihm über das Maul fahren, ein Kind hat in Gegenwart Erwachsener zu schweigen. In der seines Vaters fühlt sich Flori dünn und schwach, fast unsichtbar.

Er kann sich nicht erinnern, je gesehen zu haben, dass sich seine Eltern einmal geherzt oder geküsst hätten. Taten sie es nur, wenn er nicht in der Nähe war? Er kann es sich nicht vorstellen. Es ist so eine Sache um die Liebe zwischen Mutter und Vater, alles ist so geheim. Warum vermeidet Vater, sie anzusehen, wenn die Mutter seinen Blick sucht? Warum mosert er über den Preis, wenn sie ihm ein Kleid zeigt und doch nur hören möchte, dass sie hübsch darin aussieht?

Die Straße senkt sich einen Hügel hinab. Mutter redet noch immer, mit ruckigen Bewegungen lenkt sie den Wagen in den Kurven. Es ist spät geworden, sie hat Angst, der Vater könnte bereits daheim hocken und sie zurechtweisen, weil das Abendessen noch nicht auf dem Tisch steht.

Ein Lieferwagen kommt ihnen entgegen. Mutter erschrickt, reißt das Steuer herum, kommt auf dem Splitt ins Schleudern, sie steuert dagegen, streift das Heck des entgegenkommenden Autos, ein scharfer Knall, quietschende Reifen.

Auch der Fahrer des Lieferwagens hat angehalten. Er steigt aus, Erleichterung, aber auch Ärger im Gesicht, er trägt keine Schuld.

Auch Mutter ist ausgestiegen. Sie besieht sich den Schaden,

Flori tritt an ihre Seite und folgt ihren Blicken. Eine Beule im Blech, der Lack abgeschabt.

Flori sieht, dass Mutters Gesicht blass ist und sie hektisch atmet.

»Der Papa wird schimpfen«, keucht sie. Sie torkelt, stützt sich an der Karosserie ab, tastet sich zur Fahrertür, lässt sich mit einem Stöhnen auf den Sitz fallen. »Mir ist schlecht... ganz schwarz alles...«

Der Fahrer des Lieferwagens merkt, dass etwas mit ihr nicht stimmt. Er alarmiert die Rettung.

Flori sitzt wie betäubt neben seiner Mutter. Er weiß nicht, was er tun soll.

»Mama«, sagt er, »was hast denn? Mama!«

Mutter gibt ein leises Röcheln von sich, ihre Knie zucken wie im plötzlichen Krampf, ihr Kinn sackt auf ihre Brust, der Kopf kippt zur Seite, ihre Brust hebt sich nicht mehr. Er kann ihr nicht mehr helfen. Er ist machtlos.

Der Notarztwagen trifft ein. Die Sanitäter machen ernste Gesichter, verständigen sich mit kurzen, verhaltenen Sätzen.

»Informierens die Familie und bringens den Buben heim«, hört Flori.

Er sieht noch, wie Mutter auf einer Bahre in den Sanka geschoben wird und die Türe hinter ihr verriegelt wird.

Er will zu ihr, aber der Fahrer des Lieferwagens fährt bereits an.

DIE SONDERKOMMISSION

»Also, Kolleginnen, Kollegen, dann würde ich vorschlagen, dass wir doch gleich in medias res gehen, nicht wahr? Es geht um die Beweggründe unseres Mannes, aus denen wir, wenn wir uns einmal darüber im Klaren sind, ein präziseres Profil des Täters erhalten. Dazu bringe ich noch einmal in Erinnerung, dass die bisherigen Briefbomben an mehrere Landräte, einen Bürgermeister und eine Parlamentsabgeordnete adressiert waren. Die erste Frage ist demnach, was diese Personen verbindet.«

»Verwaltung und Politik, ist doch eindeutig.«

»Richtig, Kollege. Wobei aber gleichzeitig auffällt, dass es sich bei den Empfängern nicht gerade um Spitzenpersonal in diesen Bereichen handelt, aber dennoch ganz klar um Persönlichkeiten des öffentlichen Lebens. Woraus folgt, dass es diese Ebene ist, die unser Mann mit seinen Attacken treffen will. Das sogenannte normale Volk, der kleine Mann interessiert ihn nicht, er verschont es. Bisher wenigstens. Was schließen wir daraus schon einmal?«

»Dass er selber dazugehört, würd ich sagen.«

»Exakt, Kollege. Ich würde sogar ein Stück weit weiter gehen. Unser Mann ist nicht nur einer einfacheren Bevölkerungsschicht zugehörig, sondern legt – eben durch die Auswahl seiner Opfer – sogar Wert darauf, diese Zugehörigkeit nicht nur nicht zu gefährden, sondern für seine Taten sogar so was wie eine klammheimliche Zustimmung zu generieren. – Du hast eine Frage, Kollege?«

»Mir gehts grad ein bisschen zu schnell. Ich möcht gern genauer wissen, was wir unter ›einfacherer Schicht‹ zu verstehen haben.«

»Ich würde sagen, Hauptmerkmale sind in unserem Kontext, dass kein bürgerlich-akademischer Hintergrund vorhanden ist, Verdienst- und Vermögensniveau eher unter dem statistischen Durchschnitt sind. Genügt das in dieser Kürze?«

»Schon. Aber ich weiß nicht recht, ob uns diese Merkmale so viel weiterhelfen. Mir jedenfalls sind schon oft Leut untergekommen, die Geld wie Heu und drei Doktortitel haben, die aber so brunzdumm und primitiv sind, dass es dir bloß noch den Magen umdreht.«

»Ich verstehe den Einwand nicht ganz, Kollege. Vor allem möchte ich nicht missverstanden werden. Ich habe mit keinem Wort behauptet, dass unser Mann dumm ist. Es geht allein darum, mögliche Motive einzugrenzen, um über diesen Weg neue Ermittlungsansätze entwickeln zu können.«

FLORI

Tante Wally zieht ein. Sie hat zwar selbst genug um die Ohren und würde lieber alleine wohnen, aber sie hat das Elend nicht mehr mitansehen können. Seit dem Tod seiner Frau ist ihr jüngerer Bruder nur noch ein Schatten seiner selbst. Sie kennt ihn und fühlt, was in ihm vorgeht. Seine Frau fehlt ihm. Auch wenn er zuletzt nur noch mürrisch zu ihr gewesen war – er hatte sie trotz allem gemocht, ihre Lebendigkeit hatte ihm gefallen, er hatte sich bei ihr wohl gefühlt. Sie hatte das alte Gemäuer am Dorfrand mit Leben und Wärme erfüllt, war eine gute Köchin gewesen und hatte den Haushalt bewundernswert in Schuss gehalten, sich um den Jungen gekümmert, nie hatte sie ihn mit alldem belastet. Es hatte ihn selbst geschmerzt, dass er zuletzt so stoffelig zu ihr sein musste, weil er glaubte, sich schützen zu müssen. Er befürchtete, dass diese lebenssprühende Frau an seiner Seite schon lange nicht mehr glücklich mit ihm war, und er hatte Angst davor, dass sie seine Unfähigkeit, Gefühle zu zeigen, irgendwann nicht mehr ertragen können würde, dass sie irgendwann mit einem anderen, der ihre Lebenslust und Liebe erwiderte, von ihm gehen könnte. Misstrauisch hatte er jeden ihrer Kontakte beäugt und abschätzig kommentiert. Sie hatte sich gefügt und das Haus kaum mehr verlassen.

Tante Wally sah, dass ihr Bruder unfähig war, den Haushalt und die Erziehung seines Jungen zu bewältigen. Auf eine neue Frau war nicht zu hoffen, seine grämliche Miene, mit der er seine Unbeholfenheit in diesen Dingen vor anderen verbarg, wirkte abweisend. Und jetzt, da seine Frau kein Auge mehr auf ihn hatte, ließ er sich gehen, er achtete nicht mehr auf sich, stiefelte tagaus, tagein im selben verwaschenen Parka mit angerissenen Nähten umher. Eine Zeitlang kursierten Gerüchte, dass in seiner Firma über eine weitere Automatisierung nachgedacht würde. Einen wie ihn, der in den Sechzigern in einem ländlichen Betrieb zum Schlosser ausgebildet worden war, hätten Entlassungen als Ersten getroffen.

Er kann auch darüber nicht reden. Mit Flori schon gleich dreimal nicht. Hatte er schon früher feststellen müssen, dass sich der Junge, wenn überhaupt, nur seiner Mutter öffnete, so kann er nach deren Tod erst recht nichts mit ihm anfangen. Zwar ahnt er, dass Flori gerade mächtig von der Pubertät gebeutelt wird, doch er findet keine Worte, um ihm beizustehen. Der Junge ist ihm fremd, er kennt sich nicht aus mit ihm, er selbst war anders gewesen, ist auf einem Hof mit einem Stall von Geschwistern aufgewachsen, ist früh in harte Hofarbeit eingespannt worden, hat eifrig gesportelt und ist keiner Rangelei aus dem Weg gegangen.

Er hätte sich einen anderen Sohn gewünscht. Nicht so einen komplizierten, weichen und verschreckten Mama-Buben, der viel liest, sich in kindischen Comic-Schund vergräbt, dessen lange Haare er weibisch findet und der sich zu weigern scheint, sein Kindsein abzulegen.

Den Jungen wiederum schüchtert die Gegenwart seines Vaters ein. Seine Mutter hatte stets erfühlt, wie es ihm geht. Bei ihr hatte er nie befürchten müssen, dass seine kindlichen Fragen als dummes Gewäsch abgetan wurden, sie hatte sie ernst genommen und versucht, sie ihm zu beantworten. Dank ihr hatte er gerade begonnen, die Welt etwas weniger bedrohlich zu empfinden und ein wenig mehr von ihr zu verstehen. Er hätte noch unendlich viele Fragen an sie gehabt, doch seit ihrem Tod hat er niemanden mehr, dem er sich anvertrauen könnte. Es ist nicht allein der Verlust eines geliebten Menschen, was da noch immer an Schmerz in ihm schwärt. Der um Hilfe bittende Blick seiner Mutter, die Verzweiflung, ihrem Sterben zusehen zu müssen und ihr nicht mehr helfen zu können, hatte sich in ihm eingebrannt. Und so hocken sich an den Abenden zwei Schweiger gegenüber und lauschen in die Stille des toten Hauses, Flori in seine Trauer vertieft, der Vater in brütender Wut auf das Leben.

Auch Tante Wally gelingt es nur selten, dass Flori sich ihr öffnet. Sie mag ihn, aber endlos Kraft, sich um den in Schüchternheit und Menschenscheu befangenen Jungen zu kümmern, hat sie nicht, sie hat eine Vollzeitstelle im Krankenhaus in der Stadt, zur Regelarbeitszeit kommen Nachtdienste und Überstunden, sie ist alleinstehend und manchmal einfach nur erschöpft und unglücklich.

Man muss eben Geduld haben mit ihm, denkt sie. Buben sind halt komisch in dem Alter. Es wächst sich schon irgendwann aus.

## DIE SONDERKOMMISSION

»Dann darf ich fortfahren: Wenn uns unser Mann durch die Auswahl seiner Opfer also demonstriert, dass er seinesgleichen für schonenswert hält, er damit vielleicht sogar darauf zielt, von seinesgleichen für seine Attacken Applaus zu erhalten, so könnte daraus geschlossen werden, dass er in diesem Punkt – ich meine damit die Anerkennung innerhalb seiner Schicht – ein Defizit hat. Er diesbezüglich, banal gesagt, eine Art Minderwertigkeitskomplex oder sozialer Phobie mit sich herumschleppt. Einen Komplex, der sich aus einem latenten Mangel an sozialer Anerkennung speist, möglicherweise ergänzt durch andere, von ihm subjektiv als entwürdigend empfundene Erfahrungen mit der Obrigkeit. – Man folgt mir darin?«

»Wir brauchen uns also bloß jeden bei uns vornehmen, der einen Minderwertigkeitskomplex hat? Von mir aus, gern. Ich schätz bloß, dass wir da frühestens im Jahr dreitausend damit durch sind.«

*(Heiterkeit)*

»Kollegen, ich habe durchaus Humor. Aber bitte am geeigneten Platz, ja? Es steht zu befürchten, dass der unbekannte Täter weitere Anschläge plant. Dass seine Bomben bisher zum Glück noch keinen größeren Schaden angerichtet haben, ist lediglich der erhöhten Wachsamkeit in den diversen Poststellen zu verdanken. Wie ich den Mann einschätze, wird er nicht ruhen, bis es einmal wirklich kracht. Wir tanzen also gewissermaßen nicht nur bildlich auf dem Pulverfass, das muss uns allen klar sein, Kollegen, ja?«

»Ist es.«

»Fein. Jedenfalls wäre ich allen sehr verbunden, wenn man mir Gelegenheit ließe, meinen Gedanken zu Ende führen zu können. Ich wollte nämlich auf etwas anderes hinaus. Nämlich, dass bei unserem Täter offenbar auch ein fast romantisch zu nennendes Moment eines ›Rächers der Entrechteten‹ oder Ähnliches mitschwingt. Was bekanntlich eher Domäne der Linken ist. – Der Kollege hinten? Ja?«

»Aber unter den Empfängern sind doch sowohl Leut von den Schwarzen wie auch von den Roten?«

»Richtig, und genau darauf wollte ich eben kommen: Der Briefbomber hat bisher nicht nur CSU-Mitglieder attackiert, sondern auch welche von SPD und Freien Wählern. Aber trotzdem, es sind Leute des Systems, wenn ich einmal die entsprechende links-anarchistische Diktion verwenden darf.«

»Auf Deutsch, der Mann könnt ein Linksradikaler sein? Revolutionäre Zelle, RAF oder so? Bei uns, in Niederbayern? Also, Kollege, ich weiß nicht, ob wir da nicht gewaltig auf den Holzweg einbiegen.«

»Langsam, bitte, ja? Es geht vorerst nur darum, dass wir das Für und Wider aller Hypothesen so gründlich wie möglich abwägen. Aber ich bin ebenfalls der Meinung, dass vieles gegen einen Täter aus dem linksradikalen Umfeld spricht. Ich bringe dazu in Erinnerung, dass wir ihn bereits in eine untere soziale Schicht eingeordnet haben. Angehörige des Linksanarchismus dagegen gehören in den meisten Fällen der bürgerlichen und gebildeten Schicht an. Ihr Strategieansatz hat einen spezifischen gesellschaftstheoretischen Hintergrund und zielt erfahrungsgemäß nicht auf Personen, bei denen es sich – wie in unserem Fall – um bestenfalls in der Region bekannte Politiker oder Behördenleiter handelt. Sie haben, nebenbei bemerkt, eine aufwendigere Logistik und Ausstattung, unser Mann dagegen hantiert mit relativ schwach potentiertem Sprengmaterial, das er sich vermutlich aus Gewehrpatronen oder Feuerwerkskörpern und Ähnlichem zusammenkratzt.«

»Kurz: Es bringt also gar nichts, wenn wir uns unsere paar Kunden von der Linken vornehmen, die Antifa, die Maoisten, Marxisten-Leninisten und wie die Vereine alle heißen.«

»Davon bin ich überzeugt. Aber ich tippe dennoch sehr wohl auf so etwas wie eine diffuse, allerdings eher emotional als politisch motivierte Widerstandshaltung.«

»Wiederum auf Deutsch: Da ärgert sich einer über die Oberen –«

»Richtig. Weil er beispielsweise einmal – nach seiner Sichtweise – Opfer von Behördenwillkür geworden ist –«

»– und will diejenigen schikanieren, die er in seinem Alltag als ›die Oberen‹ wahrnimmt.«

»Exakt, Kollege. Und da es sich, wie wir festgestellt haben, bei seinen Opfern eben nicht um Personen an der ihm – räumlich wie intellektuell – fernen Systemspitze handelt, können wir uns ein weiteres Mal den Umkehrschluss erlauben, dass es sich bei unserem Mann um einen Angehörigen der einfacheren Schicht handelt. Um jemand, der sich von irgendeiner Entscheidung einer regionalen Behörde massivst benachteiligt gefühlt hat. Da Jugendliche erfahrungsgemäß mit gravierenden Behördenentscheidungen noch nicht so konfrontiert sind – ich denke da etwa an Konflikte im Bereich Steuer, Vermögen, Baurecht und dergleichen –, würde ich davon ausgehen, dass wir es mit einem älteren Semester zu tun haben, dessen Wut sich über längere Zeit aufgestaut hat und der nur noch diese Möglichkeit sieht, sich mit seinen Anschlägen für eine oder mehrere vermeintliche Demütigungen zu rächen. – Oder sieht das jemand anders?«

# FLORI

»Die Einladung zum Elterngespräch ist eigentlich an den Vater gegangen«, sagt die Lehrerin, »ehrlich gesagt, etwas mehr Engagement für den eigenen Sohn hätte ich schon erwartet. An den Elternabenden hat er sich ebenfalls noch nie sehen lassen.«

Tante Wally kann nur mit den Schultern zucken.

»Mein Bruder tut sich eben schwer mit so Sachen. Schule, Ämter und so was ist nicht seins. So was können Frauen besser, sagt er.«

»Dann haben Sie als Tante sozusagen die Mutterstelle übernommen, nicht wahr?«

»So guts halt geht, gell? Der Flori fremdelt halt noch immer. Manchmal weiß ich gar nicht, ob er mich überhaupt mag. Er hats halt doch noch nicht ganz überwunden, dass seine Mama weg ist.«

»Es ist jedenfalls sehr anerkennenswert von Ihnen.«

»Ist mir wohl nichts anderes übriggeblieben. Ich kann die zwei ja nicht verkommen lassen. Kochen, Putzen, sich um die Wäsch kümmern, da kennt mein Bruder sich gleich gar nicht aus, das hat ihm ja alles seine Frau gemacht. Aber ich beklag mich nicht. Mein Bruder ist ja nicht unrecht, und den Buben mag ich. Der Flori braucht halt jemand, mit dem er ein bisserl eine Ansprache hat. Bei seinem Vater kriegt er die nicht.«

»Eben darüber wollte ich mit ihm sprechen. Aber nachdem Sie jetzt da sind, sage ich es ihnen. Der Florian ist nämlich auffallend in sich gekehrt.«

»Tja. Von wem wird ers haben?«

»Den Eindruck habe ich auch, so, wie Sie mir den Vater schildern. Aber das Problem ist zusätzlich, dass Florian sich seit dem Tod der Mutter auch in der Klasse immer mehr absondert. Viele seiner Klassenkameraden haben dafür leider kein Verständnis, was dazu führt, dass er oft Zielscheibe von Spott wird, wogegen ich natürlich einschreite, wenn ich es mitbekomme.«

»Wieso denn Spott? Gemein ist so was.«

»Meistens ist es so, dass der Florian sich irgendwo unbeholfen angestellt hat. In manchen Dingen ist er allzu bedächtig und zögerlich. Oft geht es auch nur darum, dass er nicht gerade in irgendwelchen angesagten Markenklamotten daherkommt, sondern eher, nun, wie soll ich sagen, ein bisschen wie vor dreißig Jahren – was Sie jetzt bitte nicht als Kritik an Ihnen verstehen dürfen, ja?«

»Ich schau, dass sein Zeug saubergehalten wird. Für was Neues muss ich mich jedes Mal mit meinem Bruder raufen, er gibt mir dafür kaum ein Geld. Das alte Sach ist noch gut genug, meint er. Ein Geizkragen vom alten Schlag ist er halt. Andererseits verdient er auch nicht besonders gut, und das alte Haus zu erhalten frisst einen Haufen Geld.«

»Kann ich mir vorstellen. Und weil Sie gerade vom ›alten Schlag‹ gesprochen haben – da fällt mir ein, dass ich im vorletzten Jahr mit der Klasse einen Ausflug nach Berchtesgaden machen wollte, der Florian mir aber ganz niedergeschlagen sagte, dass ihm sein Vater das Geld dafür nicht gibt. Ich hab nicht lang rumgetan und habs aus der Kasse genommen, die wir dafür eingerichtet haben. Das Ergebnis aber ist gewesen, dass der Vater dem Florian verboten hat, das Geld anzunehmen, und der arme Kerl als Einziger daheim hat bleiben müssen.«

»Das muss noch gewesen sein, bevor ich bei den zweien eingezogen bin. Aber das schaut meinem Bruder auch ähnlich. Sonst immer wie ein mords Mannsbild tun, aber sich vor der Meinung der anderen in die Hose scheißen. Es ist furchtbar mit ihm, immer fühlt er sich gleich in seinem Stolz verletzt. Und wenn er verhungern tät – er und Almosen annehmen, niemals. Wissen Sie, mein Bruder ist bestimmt ein tüchtiger Handwerker und kein schlechter Mensch. Aber in ihm frisst eben, dass er sich einbildet, es im Leben nicht allzu weit gebracht zu haben, im Gegensatz zu anderen im Dorf. Dafür geniert er sich. Und scheut immer mehr die Leut. Aber den Mann ändern Sie nicht mehr, glauben Sies mir.«

»Ich glaubs Ihnen. Aber um noch einmal darauf zurückzukommen: Das Problem vom Florian ist vor allem auch, dass er sich nie zur Wehr setzt, wenn er gehänselt wird. Was leider manche dazu ermuntert, grad extra auf ihn loszugehen.«

»Mei. Er ist halt noch ein ziemlich zarter Bub.«

»Das auch. Worauf ich aber vor allem hinausmöchte ist, dass sein Sozialverhalten noch sehr unterentwickelt ist. Er geht auf keine anderen Kinder zu, scheint Angst vor engeren Kontakten zu haben, wehrt sie auch ab, wenn sie an ihn herangetragen werden. Ich frage mich, woher diese Sozialängstlichkeit kommen könnte. Haben Sie eine Erklärung dafür? Könnte es mit dem Tod seiner Mutter zusammenhängen?«

»Ich kanns Ihnen nicht sagen. Die Mutter zu verlieren ist für ein Kind grad in dem Alter ja immer was Furchtbares. Aber der Flori war eigentlich schon immer ein sehr stiller Bub.«

»Entschuldigen Sie, wenn ich so direkt frage, aber ich muss es tun, und Sie sind als Krankenschwester ja auch in einem Sozialberuf tätig, nicht wahr? Wird Florian geschlagen?«

»Von mir auf keinen Fall.«

»Und vom Vater?«

»Auch eher selten.«

»Entschuldigen Sie, wie darf ich mir das vorstellen?«

»Mal eine Watsche halt, wenn er was angestellt hat. Was aber selten vorkommt, weil der Bub sehr brav ist und gegen seinen Vater nicht aufmuckt. Er wird jedenfalls nicht regelmäßig verdroschen, um das klarzustellen.«

»Wenn es zu Konflikten kommt, wo stehen dann Sie in der Regel?«

»Kommt drauf an. Wenn mein Bruder im Recht ist, auf seiner Seite. Wenn nicht, dann versuch ich auszugleichen, so gut es geht. Wissen Sie, es ist halt doch sein Bub, und ich bin bloß die Tante.«

»Verstehe.«

»Aber ich sags noch mal: Es kommt eigentlich nicht oft vor, dass mein Bruder lauter mit dem Flori werden muss. Was ich fast ärger find, ganz ehrlich, das ist, dass er den Buben mit Verachtung straft, wenn ihm was an ihm nicht passt. Er redet dann erst recht nicht mehr mit ihm, manchmal tagelang.«

»Lobt er ihn wenigstens hin und wieder?«

»Nie. Da würd er sich lieber die Zunge abbeißen. Ich glaub, er denkt, dass er den Buben damit verhätschelt. Nein, er bremst ihn eher, du merkst, er traut ihm nichts zu.«

»Und Sie?«

»Auch nie. Das kann er gar nicht. Er kann gar nicht zeigen, wenn ihn was freut. Grad noch, dass ihm ein Brummen auskommt, wenn ihm mein Essen schmeckt.«

»Nein, ich meinte, ob Florian manchmal von Ihnen ein Lob kriegt.«

»Von mir schon. Das muss man doch auch bei einem Kind, oder?«

»Na, das würde ich doch sagen, hören Sie mal.«

»Schon, gell? – Und? Wie ist der Flori denn jetzt in der Schule, wenn ich fragen darf?«

»Guter Durchschnitt. Bei reinen Lernfächern, also Englisch, Deutsch, Mathematik, Physik et cetera etwas schwächer, in Geschichte, Erdkunde und vor allem in Technik und Werken durchaus im passablen Mittelfeld. Im Sport ist er in Einzeldisziplinen ordentlich, beim Mannschaftssport eher nicht. Da schlägt eben wieder durch, dass er ein rechter Einzelgänger ist.«

»Kein Grund zur Besorgnis also.«

»Nein, wirklich nicht. Der Florian ist keineswegs dumm. Aber von einer weiterführenden Schule würde ich abraten, sollte Ihre Frage darauf gezielt haben. Er ist durchaus leistungsbereit, aber leider nur in den Fächern, die ihn interessieren. In allen anderen verweigert er sich komplett. Mit dieser Einstellung geht er auf einer weiterführenden Schule unter. Da er sehr sensibel ist, sollte man ihm ein Misserfolgserlebnis nach Möglichkeit ersparen. Der Quali ist jedenfalls kein Problem.«

»Na ja, das muss eh der Vater entscheiden. Ich bin ja bloß die Tante.«

»Florians Problem ist eben, um es noch einmal zu sagen, eine gewisse Reifeverzögerung. Auf seine eigene Person bezogen, aber auch auf sein Sozialverhalten.«

»Aber was kann man denn da machen?«

»Tja.«

DIE SONDERKOMMISSION

»Die Kollegin bitte, ja? Gibt es einen Einwand?«

»Nicht grundsätzlich, das mit der wahrscheinlichen Schichtzugehörigkeit leuchtet mir im Prinzip schon ein. Was aber dagegen spricht, ist, wie der Kerl seine Wut oder seinen Hass ausdrückt. Ich stamm nämlich zufällig aus der Gegend und streit nicht ab, dass Konflikte bei uns oft ziemlich rabiat ausgetragen werden. Wenn, dann aber direkt und nicht anonym und hinterfotzig wie der Kerl, hinter dem wir her sind. Oder praktisch gesagt: Wenn bei uns einer meint, wegen irgendeiner echten oder eingebildeten Ungerechtigkeit einen Grant schieben zu müssen, dann geht er mit dem Hacklstecken auf den Verantwortlichen los. Oder lässt seine Hosen runter und streckt ihm seinen nackten Arsch hin. Aber das – und darauf möcht ich raus – tut er so, dass es alle sehen, grad extra.«

»Ich verstehe, worauf du anspielst, Kollegin. Aber dazu kann ich nur ganz allgemein anmerken, dass menschliche Verhaltensweisen nicht immer schlüssig sind und sich je nach individueller Ausformung und äußerlichen Einflüssen durchaus widersprüchlich darstellen können.«

»Na gut. Ich wollt ja auch bloß anmerken, dass die hinterfotzige Tour für die Leut von hier eher untypisch ist.«

»Durchaus verstanden, Kollegin. Was aber noch kein Beweis dafür sein muss, dass unser Täter von außerhalb kommt oder doch aus einer anderen Sozialschicht stammt als aus jener, die wir vorhin skizziert haben. Wir haben nämlich noch einen Umstand, der es eher unwahrscheinlich macht, dass wir es mit ausgewiesenem Linksterror zu tun haben. Nämlich, dass wir nach wie vor keinen Bekennerbrief haben. Würde irgendeine linke Anarcho-Gruppe dahinterstehen, gäbe es diesen aber, da die linken Weltrevoluzzer meist ziemlich eitle Kerle sind. Sie wollen in die Geschichtsbücher, einen Titel auf »Spiegel« und »Stern« oder wenigstens ihre Schablonenporträts auf T-Shirts sehen. Unserem Mann dagegen scheint das völlig wurst zu sein, es interessiert ihn nicht die Bohne. Nein, noch mal – ganz abgesehen davon, dass wir diese Spur gleich zu Beginn unserer Ermittlung schließlich so erschöpfend wie ergebnislos verfolgt haben, lässt uns die eher diffuse Auswahl der bisherigen Attentatsopfer einen linksanarchistischen Hintergrund mit hoher Wahrscheinlichkeit ausschließen. Als Bestätigung darf ich nicht zuletzt auch an die graphologischen Analyse erinnern, nach welcher – wir erinnern uns – der Absender als eher ungeübter Schreiber eingestuft worden ist, dessen Zeichenführung eindeutig auf eine Form zurückzuführen ist, wie sie seit etwa fünfzig Jahren an bayerischen Grund- und Hauptschulen als sogenannte Schönschrift vermittelt wird. – Ja, bitte?«

»Aber da ist doch ein Widerspruch, Kollege. Wenn unser Mister X, wie Du sagst, ein Defizit in puncto sozialer Anerkennung hat und das sein Hauptantrieb ist, dann müsst ihm erst recht dran gelegen sein, dass er sich, wie auch immer, kenntlich macht, oder?«

»Nicht zwangsläufig. Es ist eine Charakter- und Typfrage, und eine seines Temperaments. Es gibt zweifellos Charaktere mit rasendem Geltungsdrang, die im Rampenlicht stehen wollen, koste es, was es wolle. Anderen genügt schon, wenn sie sich selbst beweisen können, dass sie nicht unbedeutend sind. Es könnte also sein, dass für unseren Mann nicht nur der Reiz zählt, die als feindlich empfundene Obrigkeit einzuschüchtern und damit ein Stück weit zu demütigen, sondern auch der, alleiniger Träger eines Geheimnisses zu sein. Denken Sie an den Mythos von Zorro, meinetwegen auch an Superman.«

»Du meinst, er könnt das Zeug gelesen haben? Oder im Kino gesehen?«

»Vielleicht in seiner Kindheit, durchaus möglich. Aber es ist gar nicht nötig, dass er direkt davon inspiriert worden ist – die Figur des ungreifbaren, unsichtbaren Wesens, das abhandengekommene Gerechtigkeit wiederherstellt, ist schließlich ein uralter kultureller Topos. Im Südbayerischen beispielsweise gab es bis vor nicht allzu langer Zeit das sogenannte Haberfeldtreiben. Eine Art Feme-Gerichtsbarkeit, bei der sich die Akteure mit Masken ebenfalls unkenntlich gemacht haben. – Ja, bitte?«

»Versteh mich jetzt nicht verkehrt, Kollege. Ich möcht dir deine Erfahrung als Profiler auf keinen Fall absprechen – aber Fakt ist doch, dass wir seit Monaten keinen Schritt vorankommen. Keinen einzigen! Der Kerl tanzt uns doch auf der Nase rum! Und wir palavern über die T-Shirts, auf denen sich Linksradikale gern gedruckt sehen, die Schönschrift an bayerischen Grund- und Hauptschulen und das Haberfeldtreiben und was noch alles! Ich möcht gern wissen, was wir praktisch damit anfangen sollen, dass der Kerl angeblich ein älteres Semester ist, keinen bürgerlichen Hintergrund und eine diffuse Widerstandshaltung hat. Ich sag Euch: Nix! Weil unter so ein Profil Hunderttausende fallen!«

»Ich könnt sogar den einen oder anderen Kollegen nennen, auf den das zutrifft!«

»Red nicht so blöd daher! Ich meins ernst! Morgen geht auf irgendeiner Poststelle vielleicht die nächste Bombe ein. Dann aber eine, die funktioniert! Weil wir dem Sauhund alle Zeit der Welt lassen, die richtige Konstruktion auszuprobieren. Kollegen, wir blamieren uns doch bloß noch, und das nicht erst seit gestern!«

*(Unruhe)*

»Herrschaften, jetzt bitte, ja? Ich habe absolut Verständnis für eine gewisse Frustration, aber wir sollten doch in der Lage sein, vernünftig miteinander zu kommunizieren! Und, bitte, der Kollege hinten rechts, ja? Ich finde es störend und einigermaßen respektlos gegenüber der Kollegenschaft, während der Sitzung seine Mailbox abzurufen, ja?«

»Moment ... es ist wichtig ...«

»Kollege, wir haben uns darauf geeinigt, dass Telefonieren während der Sitzungen zu unterbleiben hat. Ich finde es –«

»Kollegen! Herhören! Eine neue Bombe. Und diesmal hats gekracht!«

*(Die Sitzung wird unterbrochen.)*

### FLORI

Flori kommt heim. Tante Wally sieht, dass seine Lider geschwollen, seine Augen rot gerändert sind.

»Was hast denn, Bub? Du hast doch nicht geweint?«

Flori bringt keinen Ton heraus.

»Jetzt hock dich erst mal hin«, sagt die Tante. »Essen ist gleich fertig.«

Der Vater sieht aus zusammengekniffenen Lidern, wie sich Flori setzt, auf die Tischplatte starrt und schluckt.

»Was los?«, raunzt er. »Hast wieder was angestellt?«

»Jetzt lass doch den Buben erst mal was essen«, sagt die Tante. Sie neigt sich seitlich zu ihm.

»Hast wieder geschimpft gekriegt, Flori, hm?«

Flori schüttelt den Kopf, schluckt wieder.

»Er wird schon wieder irgendeinen Krampf gemacht haben«, sagt der Vater. Er hebt seine Stimme: »Jetzt red endlich! Oder bist taub?«

Floris Kopf sinkt tiefer. Die Tante sieht, dass seine Schultern zucken. Sie hört ihn leise schluchzen.

Der Vater gibt einen Ton unterdrückten Zornes von sich, steht mit einem Ruck auf, stiefelt in den Flur. Die Tür knallt hinter ihm ins Schloss, Flori zuckt zusammen.

Wally legt ihre Hand auf seine Schulter. Flori weicht zur Seite, lässt sie abgleiten.

»Sinds wieder recht geschert gewesen zu Dir, hm?«

»Ja«, flüstert Flori. »Er hat... mir eine runtergehaut.«

»Was hast denn gemacht?«

»Nix. Ich bin bloß ... ich hab was verkehrt verstanden und nicht gleich die richtige Zang bracht ... und da ...«

Diese Lehrstelle ist nichts für ihn, denkt die Tante bekümmert. Das hätt ich gleich sagen können. Ich kenn den Meister, der ist ein cholerischer Lackl. Seine Launen lässt er an seinen Lehrlingen aus und schikaniert sie, wo es nur grad geht. Tante Wally erinnert sich, wie vor einigen Tagen der Morgenbus im Schnee hängen geblieben, Flori deswegen erst eine Stunde später in die Arbeit gekommen und vom Meister fertiggemacht worden ist, der ihn einen faulen Hund und Idioten genannt hat.

Dass so was ausbilden darf, denkt sie, man müsst sich direkt einmal bei der Innung beschweren. Vielleicht hätten wir doch nicht gleich den erstbesten Lehrbetrieb nehmen sollen. Aber Floris Vater war der Ansicht gewesen, sein Bub könne froh sein, dass ihn überhaupt einer nimmt.

Was hätte auch sie dagegen tun sollen? Flori war nun einmal nicht ihr Kind.

Durch das Türblatt dringt die aufgebrachte Stimme des Vaters. Er bellt etwas in das Telefon, was, ist nicht zu verstehen. Aber er scheint mit dem Lehrmeister zu sprechen.

Nanu?, denkt Wally. Was ist denn jetzt auf einmal passiert? Er wird doch nicht endlich einmal für seinen Buben einstehen? Und dem Grobian von einem Lehrmeister die Meinung sagen? Ist aber auch Zeit geworden!

Flori hat zu weinen aufgehört. Er linst scheu zur Küchentür, hinter der er die Stimme seines Vaters hört. Die Tante stellt ihm die Suppe auf den Tisch.

»Iss, Bub«, sagt Tante Wally. »Der Papa lässt sich das jetzt nicht mehr gefallen, wie die da mit dir umgehen.«

Zögernd greift Flori zum Suppenlöffel. Die Suppe dampft

über sein Gesicht. Im Flur ist ein lautes Klacken zu hören. Die Tür geht auf. Der Vater sieht seinen Sohn nicht an und lässt sich wieder auf die Bank fallen.

»So!«, sagt er. »Jetzt ist Schluss mit dem Krampf! Ich hab die Nase voll! Nichts als Scherereien machst du einem. Du stellst dich einfach zu blöd an, es ja eine Blamage mit dir.«

Die Tante kann nicht glauben, was sie hört. »Aber –«, fängt sie an, doch er fährt ihr über den Mund: »Nix! Aus! Basta! Die Lehrstell ist gekündigt! Er ist selber schuld, wenn er sich so saudumm anstellt! Aber er soll bloß nicht glauben, dass er jetzt herumfaulenzen kann und ich ihn auch noch durchfütter. Gleich morgen schaut er sich um eine Arbeit.«

Die Tante starrt ihn noch immer ungläubig an, die Suppenkelle in der Hand.

»Schau nicht so«, sagt der Vater, nun beinahe ein wenig einlenkend. »Der Bub ist so einer Lehre einfach nicht gewachsen, das sieht doch jeds.«

Die Tante ist an den Herd gelehnt. Sie sieht auf Floris Rücken. Dessen Kopf ist tief zwischen die Schultern gesunken.

»Der Papa meints bloß gut mit dir«, sagt sie hilflos.

Flori schluchzt auf, schiebt den Stuhl zurück und läuft aus der Küche. Wally sieht ihm nach. Sie hört polternde Schritte auf der Treppe, dann knallt eine Türe im ersten Stock. Ihr Blick kehrt wieder zu ihrem Bruder zurück, der seine Suppe mit gesenktem Kopf löffelt, brütend vor Zorn und verzweifelt darüber, dass er seinen Sohn so verletzen musste.

Plötzlich würgt sie mit Mitleid mit ihm. Vor ihren Augen tauchten Bilder ihrer gemeinsamen Kindheit auf. Und ihres Vaters, der erst lange nach Kriegsende aus der Gefangenschaft entlassen worden war und nie wieder in die Familie zurückgefunden hatte. Er war ein freudloser, maßlos strenger und unzugänglicher Mensch gewesen, an dessen Seite die Mutter vor Kummer verging.

Du armer Mann, denkt sie. Bevor ihr Tränen in die Augen schießen, wendet sie sich mit einer raschen Drehung ab und verschiebt klappernd einige Töpfe auf der Herdplatte.

### DIE SONDERKOMMISSION

»Kollegen, ich brauche nicht zu betonen, dass wir damit in ein neues Stadium eingetreten sind. Bisher haben wir Glück gehabt, die Sprengsätze konnten rechtzeitig entdeckt und entschärft werden. Aber offensichtlich gab es eine Nachlässigkeit in der Poststelle des Landratsamtes, und der Sprengsatz ist auf dem Schreibtisch des Vorzimmers detoniert. Näheres werden uns jetzt die Kollegen berichten, die die Tatortabsicherung vorgenommen haben. – Ich bitte um Aufmerksamkeit, ja? – Kollegen, bitte.«

»Allzu viel können wir zum momentanen Zeitpunkt noch nicht sagen, das Labor ist noch bei der Arbeit, vor allem zum Sprengmittel gibts daher noch keine Erkenntnisse. Zur Lage erst mal allgemein: Zum Glück gibts keine Personenschäden zu beklagen, die Explosion hat bloß die Frisur der Sekretärin leicht versengt. Die Frau hat einen Schock gekriegt, ist aber nach unserer Information in der Zwischenzeit wieder auf dem Damm. Sie berichtet von einer knapp zwei Meter hohen Stichflamme, die vor ihrem Gesicht in die Höhe geschossen ist, was sich durch eine entsprechende Schwärzung auf dem Plafond bestätigt. Teile des Explosivmaterials haben die Papiere auf dem Schreibtisch in Brand gesetzt, das Feuer hat aber durch den Herrn Landrat, der seiner Sekretärin sofort zu Hilfe gekommen ist, ausgeschlagen werden können. Zum

Brief selber gibts nach erstem Augenschein ebenfalls nicht viel zu sagen, er hat wieder aus einer äußeren Papierhülle in handelsüblicher Ausführung bestanden sowie einer inneren Verkleidung aus sehr dünnem Metall, vermutlich ebenfalls wieder eine Art Alufolie. Der Bereich von Marke und Poststempel ist durch Explosionsenergie und Flamme vernichtet, die Schriftform der Adresse ist, soweit noch zu erkennen, der auf den bisherigen Bombenbriefen ähnlich. Ein Trittbrettfahrer kann natürlich nicht ausgeschlossen werden, aber ich denke, dass wir erst mal davon ausgehen müssen, dass es sich wieder um einen warmen Gruß unseres speziellen Freundes handelt. So weit der Stand. Nachfragen?«

»Es sind doch sämtliche Behörden und andere entsprechende Einrichtungen mehrmals und nachdrücklich darauf geeicht worden, jede verdächtige Sendung auszusortieren und uns umgehend Meldung zu machen. Wieso ist das verdammt noch mal nicht befolgt worden?«

»Eine Verkettung unglücklicher Zufälle, würde ich es nennen. Der in der Poststelle in Teilzeit tätige Mitarbeiter war krank geworden, ein Kollege aus einer anderen Abteilung ist kurzfristig für ihn eingesprungen. Von Absicht ist nicht auszugehen, der Mann ist nie als Quertreiber aufgefallen, er gilt als etwas schludrig, aber durch und durch harmlos, er steht außerdem kurz vor der Pensionierung.«

»Na fein. Die ganze Republik redet seit Monaten von nichts anderem, wir rufen immer wieder zu Wachsamkeit auf, aber in der Poststelle des Landratsamtes setzt man eine unbedarfte Aushilfskraft ein.«

»Tja. Shit happens.«

»Wohl wahr. Was geben wir an die Presse raus? Macht es Sinn, die Information noch zurückzuhalten?«

»Welchen könnte es haben?«

»Nun, mit jedem neuen Brief wird die Bevölkerung nervöser. Und das Gemeckere darüber, dass die Kripo nicht vorankommt, dürfte zunehmen. Was uns die Arbeit nicht leichter machen wird.«

»Das wird leider nicht mehr zu vermeiden sein. Die Sache ist bereits in aller Munde. Der Landrat ist von sich aus bereits via Lokalradio an die Öffentlichkeit gegangen. Morgen wird es in allen Zeitungen stehen. Wir können uns höchstens ein allgemeines Statement überlegen, von wegen ›mit Hochdruck ermitteln‹ und dergleichen.«

»Dann denken wir jetzt daran, dass unser Mann die Zeitungen lesen wird. Was wird es mit ihm tun?«

»Möglichkeit eins: Er wird zufrieden sein, weil es endlich einmal geklappt hat, und damit aufhören. Möglichkeit zwei: Die neue Aufregung spornt ihn an, sein Spiel auf die Spitze zu treiben. Ich denke, wir müssen auf beides vorbereitet sein. Das Problem wird unsere Pressestelle haben, für den Fortgang unserer Ermittlungen sehe ich zunächst keine Auswirkungen. Unser Ziel ist nach wie vor, den Kerl zu fassen, und dabei gilt es, klaren Kopf zu bewahren.«

»Was anderes bleibt uns eh nicht übrig.«

»Eben. Deshalb schlage ich vor, dass wir unsere Erörterung zunächst weiterführen, einverstanden? Also: Unsere bisherige Analyse noch einmal in Kürze: Unser Mann ist vermutlich über vierzig, ist nicht der notorischen linksextremen Szene zuzuordnen, sondern gehört eher der einfacheren Schicht an und ist ein- oder mehrmals mit unteren und mittleren Behörden in Konflikt geraten. – Wo setzen wir an?«

»Ich wollt zum Alter des Burschen noch was sagen.«

»Bitte.«

»Die Briefbomben, die er fabriziert, sind ziemlich raffiniert.«

»Das kann man zweifellos sagen, ja. Aber?«

»Ich mein damit, dass er mehr als bloß eine kaputte Glühbirn auswechseln kann. Eine Briefbombe zu bauen ist so einfach auch wieder nicht. Sie darf nicht auffällig sein, muss wie eine normale Sendung ausschauen, muss den Postweg überstehen, darf nicht früher und nicht später, sondern muss exakt dann in die Luft gehen, wenn der angezielte Empfänger die Sendung aufreißt. Der Mann muss also fundierte Kenntnisse im Bereich Elektronik und Materialkunde haben, und er kennt und verwendet für sein Dreckszeug moderne Bauelemente.«

»Kurz, wir sollten in unser Profil aufnehmen, dass er eine Fachausbildung hat, vielleicht sogar in diesem Beruf tätig ist? Nun, wäre eine Überlegung wert.«

»Ich wollt vor allem darauf hinaus, dass sich ältere Leut oft schon damit schwertun, ihren Fernseher richtig einzustellen.«

»Das ist richtig, Kollege. Dennoch spricht es für mich nicht gegen die Auffassung, dass wir von einem Täter zwischen vierzig und höchstens fünfundsechzig Jahren ausgehen müssen. Gerade die von dir erwähnte fachliche Qualifikation spricht doch dafür. Oder? – Dann würde ich sagen, sind wir uns alle weitgehend einig. Oder nicht?«

»Wirklich gescheiter werden wir sein, wenn wir ihn haben. Und deswegen wär halt jetzt langsam interessant, was das für einen neuen Ermittlungsansatz bedeuten soll.«

»Völlig richtig. Und darauf kann ich auch gleich antworten: Ich – und nicht nur ich, sondern auch meine Kollegen von der Abteilung ›Operative Fallanalyse‹, mit denen ich mich darüber ausgetauscht habe – schlage dringend vor, alle in der entsprechenden Verwaltungsregion aktenkundig gewordenen Streitfälle nach Anhaltspunkten zu durchforsten. Mit erstem Schwerpunkt natürlich auf all jene Behördenvorgänge im Bereich der bisherigen Adressaten.«

»Wie ich die Sturschädel in unserer Gegend kenn, wirds da Tausende von Streitereien gegeben haben.«

»Aber mit unserer Profil-Eingrenzung dürften wir schon mal in der Lage sein, alle unmaßgeblichen Vorgänge auszusieben, nicht wahr? – Und damit erst mal Punkt für heute, Kollegen. Ausführungsdetails besprecht Ihr bitte mit der SoKo-Leitung und den Dienstgruppenleitern, wie gehabt. Alles Gute! Und, Kolleginnen, Kollegen – wir kriegen ihn!«

### FLORI

Flori wacht auf. Vor seinem Fenster steht der Mond. So still ist es in seinem Zimmer, dass er sein Herz klopfen hört. Von plötzlicher und unerklärlicher Unruhe getrieben, steht er auf, tapert im Dunklen zum Fenster und reißt es auf. Die Stille um ihn weicht augenblicklich, er hört die Geräusche des nahen Waldes, das seidige Rauschen des Windes, den Schrei eines Uhus, das Quaken der Frösche im Weiher. Die scharfe Nachtluft schnürt ihm für einen Moment die Kehle zu, dann atmet er tief durch, neben sich in der grauen Fensterscheibe die Spiegelung seines Gesichts, tief verschattete Augen, auf den Wangen und um den schmallippigen Mund harte Furchen.

Er stößt sich von der Fensterbank ab, tastet nach dem Schalter der Bettlampe, zieht sich an, löscht das Licht und verlässt seine Kammer. Im Haus ist es still wie in einer Gruft, jedes Geräusch auf der hölzernen Diele vermeidend, schleicht er auf Zehenspitzen den Flur entlang und die knarzende Holzstiege hinunter. Im Erdgeschoss angekommen, schlüpft er in seine Turnschuhe.

Behutsam zieht er die Türe des Nebeneingangs hinter sich ins Schloss. Er geht rasch einige Schritte vom Haus weg, bis er den Wirtschaftsweg in den Wald erreicht. Dann stürmt er entfesselt los, mit weit ausgreifenden Sprüngen, wie ein wildes Tier, das zu lange in einen Käfig eingesperrt war und sich endlich befreien konnte. Er jagt so lange voran, bis sein Herz gegen die Rippen trommelt und Hals und Lunge brennen und er sich, nach Luft hechelnd, zu Boden fallen lässt. Er dreht sich auf den Rücken, breitet die Arme aus und sieht durch schwarzes Geäst zu den Sternen hinauf, bis das Rauschen in seinen Ohren abklingt und die Bodenkälte durch den Stoff seiner Filzjacke dringt. Dann wälzt er sich auf den Bauch und macht Liegestütze, pumpt sich auf und ab, ächzend mitzählend, fünfzig... hundert... hundertfünfzig. Er quält sich, bis ihn ein haltloser Tremor überwältigt, seine Arme sich anfühlen, als ströme glühende Lava durch seine Adern. Er sinkt nieder, trockene Tannennadeln stechen seine Wange, der herbbittere Geruch des Waldbodens dringt an seine Nase. Eine Weile bleibt er liegen, unfähig, sich zu bewegen, atmet röhrend, lässt den tobenden Puls abebben. Dann stemmt er sich vom Boden ab, richtet sich auf, saugt wieder tief die berauschend würzige Nachtluft ein, fühlt, wie ihn maßlose Befriedigung durchflutet. Seine Kraft kehrt zurück, er setzt sich in Bewegung, trabt federnd und gleichmäßig weiter, tiefer in den Wald, er durchquert mondbeschienene Lichtungen, dann wieder schwarze Tannenschonungen, Laub und totes Geäst knistert unter seinen Sohlen. Er könnte den Weg mit geschlossenen Augen ablaufen, er hat es in den letzten beiden Jahren schon unzählige Male getan, niemand weiß davon, hat ihn je auf seinen nächtlichen Waldläufen gesehen, und er kennt jeden Stein und jedes Hindernis, taucht vor bewohnten Rodungen ins Unterholz, umgeht die Siedlung, Hofhunde heulen in die Finsternis, doch er ist schon längst wieder in der undurchdringlichen Dunkelheit untergetaucht.

Nach Stunden kehrt er um. In seinem Zimmer angekommen, sinkt er sofort in tiefen Schlaf.

## DIE SONDERKOMMISSION

»Wie ich höre, sind die Streitfälle jetzt ausgewertet, mit denen die bisherigen Anschlagsopfer befasst waren, richtig? – Gut. Dann bitte ich um Vortrag. – Kollege?«

»Das kann ich kurz machen: Wir haben im Zeitraum der letzten zwanzig Jahre keinen einzigen für die Ermittlung relevanten Vorgang gefunden. Es hat natürlich eine größere Zahl teils ziemlich heftiger und langwieriger Streitfälle inklusive einiger tatsächlich fragwürdiger, um nicht zu sagen willkürlicher Behördenbescheide gegeben, bei denen dem einen oder anderen schon mal der Kragen hätte platzen können. Wir haben jeden der jeweiligen Streit- oder Prozessgegner überprüft. Aber nicht nur, dass davon kein einziger auf unser Profil gepasst hat – einmal hat das Alter nicht gepasst, dann war es wieder ein pensionierter Studienrat, der sich über die Ablehnung seines Umbaus aufgeregt hat, dann war es wieder ein Bauer, der schon seit fünf Jahren Multiple Sklerose hat und gar nicht mehr aufstehen kann, und so weiter. Auch drüber hinaus hat es bei diesem Personenkreis keinerlei Anhaltspunkte gegeben, dass einer davon mit den Anschlägen zu tun hat. Ums kurz zu machen, Kollegen: Diesen Ansatz können wir definitiv streichen.«

»Das bedeutet mit anderen Worten –«

»Das liegt doch jetzt wohl auf der Hand, oder? Es bedeutet nach meiner Meinung nichts anderes, als dass wir vor allem mit unseren Überlegungen zum Motiv verkehrt liegen. Den Kerl muss was ganz anderes treiben. – Nebenbei, wir haben noch was anderes erfahren dürfen, was die Betroffenen überhaupt nicht lustig finden, ich, nebenbei gesagt, auch nicht besonders. Nämlich, dass es mittlerweile immer mehr Helden gibt, die meinen, jetzt frech werden zu können. Ein Mitarbeiter des Bauamts hat uns von einem Antragsteller erzählt, der für den Fall einer Ablehnung ganz ungeniert hat durchblicken lassen, dass das Amt sich – wörtlich! – ›nicht zu wundern braucht, wenn es dann einmal ein bisserl heißer wird‹. Und in mehreren Rathäusern im Landkreis sind anonyme Drohanrufe oder Briefe mit ziemlich wüsten Beleidigungen eingegangen, insgesamt fast ein Dutzend, mit dem allgemeinen Tenor: ›Endlich kriegt Ihr korrupte Bande mal das, was Ihr verdient.‹ Ein paar von ihnen haben identifiziert werden können, weil sie so blöd waren, von ihrem Hausapparat anzurufen, einen anderen hat eine Sekretärin an der Stimme erkannt. Es ist ein Nachbar gewesen. Sonst die Liebenswürdigkeit in Person, hat sie gesagt.«

»Tja. Leider ein altbekanntes Phänomen.«

»Würd eher sagen: Langsam brennt der Hut, wenn wir nicht bald vorwärtskommen.«

»Dann packen wir es doch an, Kollegen. Ich würde folgendes Fazit ziehen: Wenn wir in Bezug auf die Motivlage auch eine Annahme korrigieren müssen, so heißt das noch nicht, dass das Profil des Täters damit grundsätzlich hinfällig geworden ist. Wie der Kollege schon treffend bemerkt hat, scheint unseren Mann einfach etwas anderes anzutreiben.«

»Aber was?«

»Gehen wir die Sache doch einmal von einer anderen Warte an. Auch wenn sich jetzt die üblichen Trittbrettfahrer anhängen, so scheint doch, dass es sich um einen Einzelgänger handelt. Möglicherweise um einen sehr verschrobenen, dessen Motive nicht mehr mit Logik zu fassen sind, wovon wir bisher ausgegangen sind.«

»Woraus schließt du das?«

»Nun, seine Taten stellen eine massive Aggression dar. Was voraussetzt, dass er sich in einer Konfliktlage befindet, die er auf diese spektakuläre Weise zu lösen versucht. In irgendwelchen Konflikten jedoch befindet sich jeder Mensch. Der sozial eingebundene Mensch hat dabei vielerlei Möglichkeiten, seine Probleme mit anderen zu reflektieren, er kann sich beraten, beschwichtigen oder trösten lassen, kann sich Rat und Hilfe holen, vielleicht sogar Beziehungen spielen lassen, um sich durchzusetzen. Und, ebenso wichtig, er befindet sich in einem Netz unterschiedlicher Verantwortlichkeiten und verbindlicher moralischer Kontrakte, auf die er Rücksicht zu nehmen hat. Anders gesagt: Auch wenn manche Politiker das immer noch nicht kapieren wollen, ist effektive Verbrechensprävention nicht mit schärferen Gesetzen, höheren Strafandrohungen oder mehr Gefängnissen zu erzielen, viel mehr beruht sie auf dem Funktionieren des sozialen Miteinander. Wer positiv sozial eingebunden ist, überlegt sich dreimal, ob er mit seiner Tat ihm wichtige Menschen enttäuschen, ihre Zuneigung und Liebe oder auch nur ihre Solidarität riskieren will. Und um nun wieder den Bogen zu unserem Fall zu kriegen: Unser Mann sieht offensichtlich nur diesen einen und wahnwitzigen Weg, sich aus seinem Konflikt zu lösen. Woraus der Schluss gezogen werden könnte, dass er eben nicht sozial eingebunden ist, keine Rücksicht auf Familienmitglieder, Freundschaften und dergleichen nehmen muss. Kurz, ein Einzelgänger ist, ein Sonderling. Er lebt auf jeden Fall allein, das heißt ohne eigene Familie, zu nahen Verwandten hat er keine Beziehung, Eltern und Geschwister sind entweder bereits gestorben oder spielen sonst wie keine Rolle mehr in seinem Leben.«

»Wir suchen also einen Einzelgänger, der so unauffällig ist, dass es auffällt.«

»Ja, so könnte man es durchaus auf den Punkt bringen.

Seine Anonymität erleichtert ihm zwar einerseits sein Vorgehen, andererseits kann er dabei nicht auf Zuarbeiter, Sympathisanten oder Kollaborateure gleich welcher Art zurückgreifen. Effektiver Terror aber braucht diese Art von Logistik. Wir können also immerhin mit gewisser Erleichterung definitiv feststellen, dass wir es nicht mit dieser Kategorie von Terrorismus zu tun haben. – Gegenmeinungen?«

»Ich möcht ja jetzt nicht wieder nerven, Kollege. Aber was heißt das für unser weiteres Vorgehen konkret?«

»Konkret heißt das schlicht und einfach: Erstens, dass wir alle weiteren Befragungen in diese Richtung gewichten müssen. Zweitens, dass ich vorschlage, dass einer aus unserem Kreis, der erwiesenermaßen über Orts- und Mentalitätskenntnis verfügt, im Ort dauerhaft Quartier bezieht, am besten in dem Gasthof, der am meisten von den Einheimischen frequentiert wird. Drittens, dass wir versuchen sollten – am besten ebenfalls in diesem Gasthaus, ich denke da etwa an das Bedienungspersonal –, einen verlässlichen Informanten oder eine Informantin zu akquirieren, die Mittel dazu dürften zwischenzeitlich kein Problem mehr sein. Die Ausführungsdetails dazu erörtert bitte anschließend die Leitung, ja? – So viel für heute, Kolleginnen, Kollegen. Übrigens noch Folgendes: Für unser morgiges Treffen kann ich die Essentials einer Analyse des Franz-Fuchs-Falles ankündigen, den uns die österreichischen Kollegen freundlicherweise überlassen haben – Ihr erinnert Euch sicher an diesen Fall, es ging damals um die Ermordung mehrerer Sinti und Roma im Burgenland. Die Tat hatte zwar einen ausgewiesenen rassistischen Hintergrund, aber es ist gut möglich, dass wir daraus die eine oder andere brauchbare Erkenntnis ziehen können.«

»Jetzt müssen wir schon die Österreicher zu Hilfe holen, so sind wir schon auf den Hund gekommen.«

»Das habe ich gerade schlecht verstehen können, Kollege. Was wolltest du sagen?«

»Nichts, vergiss es.«

## FLORI

Obwohl er als einziger Hauserbe durchaus keine uninteressante Partie wäre, machen die Mädchen einen Bogen um Flori. Sein linkisches Auftreten reizt sie zum Lachen, seine Verschlossenheit deuten sie als Desinteresse. Flirten und schmeicheln kann er nicht, seine Versuche dazu enden in peinlichen Blamagen. Als sich ein Nachbarsmädchen ihm in gutherziger Einfalt nähern will, verschlägt es ihm die Sprache, und er flieht. In der Nacht weint er, krank vor Sehnsucht nach ihr. Als er sich nach Tagen schließlich doch ein Herz nimmt und ihr ein schüchternes Lächeln zuwerfen will, ist es längst zu spät, sie ist verletzt, will nichts mehr von ihm wissen.

Flori gräbt sich ein. Er ist in keinem der vielen Vereine Mitglied, hat keine Freunde. Aus seinen unbeholfenen und missglückten Versuchen, in die Dorfgemeinschaft aufgenommen zu werden, hat er das Fazit gezogen, dass nur Ablehnung und Beschämung auf ihn warten. Dass er den Kriegsdienst verweigert, passt in das Bild, das man im Dorf von ihm hat. Er ist der Einzige, nur der Sohn eines Lehrers hat auch verweigert, aber das ist auch nur ein erst vor zwanzig Jahren Zugereister, der außerdem im Verdacht steht, ein Sozi zu sein.

Im Zivildienst geht es ihm nicht schlecht, er hat Heimschlaferlaubnis. Man ist im Kinderheim nicht unzufrieden mit ihm, er erfüllt seine Aufgaben sorgfältig, aber es ist nicht wirklich seins, für diesen Beruf ist er zu in sich gekehrt, weder mit Kollegen noch mit den Kindern wird er recht warm. Er ist ernst, lacht wenig, und wenn, dann weiß man oft nicht, was ihn belustigt hat.

Mit seiner Berufsausbildung wird es nichts mehr. Tante Wally hat längst resigniert, von ihrem Bruder kommt da nichts mehr, der wird immer mehr zum Eigenbrötler, er verharrt ratlos und untätig, will sich nicht noch einmal dem Vorwurf aussetzen, einen Taugenichts in die Welt gesetzt zu haben. Und Flori hängt nach, dass es bei seiner ersten Lehre Ärger gab und sie abgebrochen wurde. Die Betriebe in der Umgebung wollen sich kein Problem aufhalsen, es gibt in der Region genügend Auswahl an interessierten und motivierten Jugendlichen, von denen keine Scherereien zu erwarten sind. Ein Betrieb weiter außerhalb kommt nicht in Frage, der Weiler, in dem Flori wohnt, wird nicht vom Bus angefahren, und ein Auto kann er sich nicht leisten.

Die meisten seiner Klassenkameraden sind längst auf dem Gleis, stehen vor der Gesellenprüfung, einige haben ein Studium begonnen und haben gute Aussichten, in einem großen Betrieb in der Nähe Arbeit zu finden, als Maschinenbauer, Elektriker, Elektroniker.

Flori dagegen hält sich nach dem Zivildienst mit Hilfsarbeiten über Wasser. Die Gemeindeverwaltung spannt ihn hin und wieder ein, schiebt ihm Jobs zu, Winterdienst, Straßenausbesserung, den neuen Park und Wanderwege entkrauten. Ein ordentlicher Arbeitsplatz ergibt sich nicht, mehr als ein Lagerhelfer in einem Baumarkt ist nicht drin, er selbst geht kaum mehr aus dem Haus. Wenn Tante Wally trotzdem wieder einmal etwas einzufädeln versucht, dann fragt man nach dem Ausbildungsabschluss. Und winkt ab, ist nicht einmal an einer Probezeit interessiert, hört sich gar nicht mehr an, dass Flori als ein fleißiger, bis zur Pedanterie sorgfältiger Arbeiter gelobt wird. Er selbst kann sich in solchen Situationen erst recht nicht in gutes Licht stellen. Dabei hat er sich verändert. Er ist in die Höhe geschossen, seine zuvor weichen, fast mädchenhaften Züge sind männlich kantig geworden, um seinen Mund zeichnen sich asketisch scharfe und energische Linien ab, und wenn er mit der Hand über Kinn und Wange streicht, fühlt es sich an, als glitte sie über Sandpapier. Seit Jahren arbeitet er wie ein Besessener an seinem Körper, trainiert beinahe täglich, hat die Strecken seiner Waldläufe ausgeweitet. Er stählt sich damit, dass er mit einem Rucksack, gefüllt mit faustgroßen Steinen, durch die Nacht trabt. Früher ein dürrer Schlacks, sind seine Schultern breiter geworden, und wenn er sich an die Oberarme fasst und seine Muskeln spannt, fühlen sie sich an, als umgreife er hartes, widerstandsfähiges Holz.

Doch niemand nimmt es wahr, niemand fordert ihm einen Beweis ab, dass er jetzt Kraft besitzt, stärker und zäher ist als die meisten im Dorf ist. Man sieht durch ihn hindurch, als wäre er nicht vorhanden.

### DIE SONDERKOMMISSION

»Kolleginnen und Kollegen, ich gestehe, dass ich einen derart bizarren Fall in der Tat noch nie erlebt habe. Ich fürchte, wir müssen alle unsere Annahmen noch einmal auf den Prüfstand stellen. Damit, dass vorhin auch noch der Eingang einer Bombe im tschechischen Konsulat in München gemeldet worden ist, sind jedenfalls wesentliche Hypothesen zum Profil des Täters obsolet geworden. Ein System, wie wir es zu erkennen geglaubt haben, ist nicht mehr erkennbar.«

»Es sei denn, der Kerl hat jetzt auch noch was gegen die Böhmen.«

»Ich bin nur noch in Maßen zu Scherzen aufgelegt, Kollege, ja? Seit sieben Monaten bosseln wir an diesem Fall herum, und noch immer –«

»Entschuldige, aber das war nicht bloß ein Witz. Lass unseren Mann einmal einen Ausflug nach drüben gemacht haben, wo er – nur ein Beispiel, ja? – mal von einem dortigen Polizisten blöd angemacht worden ist. So wie der Kerl gestrickt zu sein scheint, würde es mich überhaupt nicht mehr wundern, wenn er es den Tschechen auf diese Weise zurückzahlen will.«

»Ach ja. Das mündet jetzt aber nicht in den Vorschlag, dass wir uns sämtliche Tagesjournale der Kollegen in Tschechien vornehmen, oder?«

»Kolleginnen! Kollegen! Ich bitte doch um einen der Sache angemessenen Ton, ja?«

*(Unruhe)*


### FLORI

Auch wenn man im Dorf findet, dass er nach dem Tod seiner Frau ein wenig kauzig geworden ist – eines streitet dem Vater keiner ab: Er ist ein begnadeter Tüftler. Mit dieser Fähigkeit ist er nicht allein, denn auf dem Land neigt man seit je zum Tüfteln, kniet sich, zum Sparen gezwungen, in Baupläne und Funktionsschemata und repariert seine Maschinen und Geräte selbst, oft besser und nachhaltiger als mancher Profi, der schon längst abgewunken und einen Neukauf empfohlen hätte. Aber auch unter ihnen ist Floris Vater ein Meister. So hilflos er den Dingen des Lebens gegenübersteht, so sicher fühlt er sich, wenn er an einer Maschine tüfteln kann. Mag sie auch noch so kompliziert sein, so hat sie doch System, ist berechenbar, ist anders als das Leben, dessen Chaos und Unwägbarkeit ihm seit je den Boden unter den Füßen wegzuziehen drohten.

Es gibt kaum ein Gerät, das ihm Nachbarn nach Feierabend gebracht haben, das er nicht wieder in Gang bringen könnte. Und obwohl man im Dorf mit seiner mürrischen Einsilbigkeit nicht viel anfangen kann, zollt man ihm dafür ungeteilte Anerkennung.

Flori erinnert sich, dass Mutter auf ihren Mann stolz war. Und er eine Weile wieder zufrieden und aufgeräumt war, wenn sie ihm dies gezeigt hatte.

Schon früh zog auch ihn diese zauberische Welt an, in die sich sein Vater manchmal nächtelang zurückzog.

Elektrizität. Diese unsichtbare, unfassbare Macht. Die Maschinen erdröhnen lässt, mit der die dunkelste Nacht erhellt werden kann, die Häuser in Brand setzen und sogar töten kann.

Es hat Flori schon immer fasziniert. Doch wenn er sich als kleiner Junge neugierig an der Werkbank an die Seite des Vaters gestellt hatte, wurde er von diesem beiseitegeschoben. Es sei nichts für ihn, davon verstehe er nichts. Flori hatte sich daraufhin in einer Ecke seines Zimmers eine kleine Werkbank eingerichtet und damit begonnen, Vater nachzuahmen. Aus dem Schrott zerrte er alte Radios, Plattenspieler, Verstärker, baute sie auseinander, studierte ihre Funktionen, setzte sie wieder zusammen, lernte mit Werkzeug und Lötstab umzugehen. Nicht lange, dann konnte er bereits verharzte Kleinmotoren reparieren und komplizierte Wicklungen erneuern.

Vater hatte nur einmal einen Blick darauf geworfen, seine Miene zeigte für den Bruchteil einer Sekunde Überraschung, die aber sofort wieder in mürrischen Argwohn umschlug. Er monierte das Durcheinander von Bauteilen, so könne man nicht arbeiten, mit so einer Schlamperei brächte man nur

Murks zustande. Beim Hinausgehen war sein Blick auf einen alten Dual gefallen, dessen Mechanik und Elektronik Flori nach tagelanger Arbeit wieder hingekriegt hatte, und er hatte gebrummt: »Mach lieber was Gescheites, so ein altes Gelump braucht heutzutage kein Mensch mehr.«

Flori hat sich daraufhin Fächer und Schuberkästen gebastelt, in die er Werkzeug, Bauteile und Kabel sortiert. Wenn er nicht im Wald trainiert, sitzt er in seiner kleinen Werkstatt. Er lernt schnell, saugt wie besessen jede Information auf, besorgt sich Baupläne, vertieft sich in Schaltsysteme, zerlegt Geräte, die andere schon aufgegeben haben, baut sie wieder zusammen, testet, beginnt zu experimentieren. Er weiß längst, dass er gut ist, versierter als mancher, der stolz mit seinem Gesellenbrief herumwedelt.

Sein Lehrherr hatte Floris Begabung nicht erkennen wollen. Auch Vater hatte ihn für einen Versager gehalten. Alle hatten sie ihn unterschätzt. Er hat sich nicht gehen lassen, hat gekämpft, ist jetzt stärker und zäher als die meisten im Dorf, und er besitzt ein Wissen um Elektrik und Elektronik, bei dem so manch studierter Fachmann vor neidvoller Bewunderung erblassen würde.

Doch Vater ist längst in seinem Gram versunken, kreist um sein Leid und seine Einsamkeit und nimmt ihn fast nicht mehr wahr. Und die Leute im Dorf machen einen Bogen um ihn.

Ich kann doch was, denkt Flori. Ich bin kein Versager. Ihr müsst es endlich sehen. Was muss ich Euch noch beweisen, damit Ihr mich anerkennt? Soll ich schreien, brüllen, in die Luft ballern und nackt durchs Dorf rennen? Oder gleich Eure Häuser anzünden, damit Ihr endlich Eure Augen und Ohren aufsperrt? Was soll ich tun?

Je länger Flori darüber nachdenkt, desto zorniger wird er. Er hat alles nur auf sich genommen, um nicht mehr beiseitezustehen und anerkannt zu werden. Er kommt zum Schluss, dass er seine Umgebung zwingen muss, ihn zu beachten.

So, wie er seinen Körper gezwungen hat, seine Schwäche zu überwinden.

Doch womit kann er sie zwingen?

Mit einer Demonstration seiner Kraft und seines Könnens. Laut und machtvoll muss sie sein, er muss es krachen lassen, ein Feuerwerk muss es geben, dessen Schein ihn umstrahlt und allen zeigt, wer er in Wahrheit ist.

Er beginnt zu experimentieren. Einen Böller zu zünden ist Kinderkram. Was er vorhat, ist komplizierter, ist eine Herausforderung. Er will nicht einen albernen Scherzartikel entwickeln, über den die Leute höchstens kichern, sondern etwas, das sie in Erstaunen versetzt und ihnen Respekt abnötigt. Etwas, das aller Welt zeigt, dass er nicht bloß stark ist, sondern auch schlau. Weil sie nicht dahinterkommen werden, wer sie in Schrecken versetzt. Weil er klüger ist, als sie erwarteten.

Zuerst sammelt er Zündmaterial. Er kratzt die Köpfe von Zündhölzern ab und zerstößelt sie, schabt die Zündmasse aus alten Feuerwerkskörpern, öffnet einige Gewehrpatronen, die er vor langer Zeit im Keller gefunden und in einem Versteck gehortet hat, schüttet das Cordit auf das Häufchen und mischt alles zusammen. Dann testet er mit einer kleineren Menge, was eine Zündung herbeiführen könnte. Eine mechanische Variante schließt er aus. Sie braucht zu viel Platz, ist viel zu anspruchslos, jeder Idiot kann so eine Falle basteln. Unsicher ist sie außerdem, da braucht der Briefträger die Sendungen nur ein wenig gröber zu behandeln, schon ist der Mechanismus beim Teufel, geht das Zeug zu früh in die Luft, und seine ganze Arbeit ist umsonst. Nein, er muss den Zündfunken elektrisch erzeugen. Sobald der Brief aufgerissen wird, muss ein Kontakt unterbrochen werden, der im geschlossenen Zustand noch als Zündsperre fungiert. Dazu braucht er eine nur schwer zu ertastende Energiequelle, ein leichtes Hüllmaterial, vor allem aber einen geeigneten Feindraht, der den Zündfunken auslöst.

Es ist nicht einfach. Er grübelt, tüftelt, lötet Siliciumbatterien aneinander, testet die Ladung von Kondensatoren, die er aus einem alten Fernseher ausgebaut hat. Sich einen Glühdraht im Fachgeschäft im Dorf zu besorgen kann er nicht riskieren. Er überlegt, nimmt eine Autoglühbirne, klemmt sie in den Schraubstock und dreht langsam am Gewinde, das Glas bricht, doch der Glühdraht ist noch intakt. Er fischt ihn mit der Pinzette heraus und befestigt ihn an den Batteriepolen, es ist Feinarbeit, er hat sich die selbst gebastelte Uhrmacherlupe aufgesetzt. Seine Hände stecken in Gummihandschuhen und zittern nicht.

Dann schüttet er einen Teil des Zündmaterials auf ein Blech, verbindet es mit dem Wolframfaden und schließt den Kontakt. Ein sattes »Puff« ertönt, eine Stichflamme zischt empor, er zuckt zurück. Es funktioniert. Nun braucht er nur noch eine kräftige Dämmung. Er experimentiert mit der Umhüllung von Saftpaketen, das verwirft er, das Material ist zu steif und zu schwer, dann mit Alufolie, mit Dünnblech, das er einem Transformator entnommen hat. Er wägt das Gewicht ab, überlegt, wie er alles verplomben kann. Einen Test macht er, dann weiß er, was er verwenden wird.

Es ist jetzt nur noch eine Frage der Menge des Zündmaterials. Und damit der Explosivgewalt. Er denkt nicht darüber nach, ob er töten oder verstümmeln will. Mit seiner Apparatur will er nur eines erreichen: Sie muss Staunen und Schrecken auslösen, ein imposantes Bild erzeugen. Das Bild seiner Macht.

Einen Test kann er nicht mehr machen, er schätzt die

Menge nur. Er wird erfahren, wie seine Erfindung gewirkt hat, und dann wird er die Quantität des Sprengstoffs verändern. Er füllt das Pulver sorgfältig in die Metallhülle, befestigt Zündvorrichtung und Kontakte, umwickelt das Ganze mit mehreren Lagen Alufolie, versteift es mit Trafoblechen und verschließt das dünne Päckchen. Dann nimmt er ein A5-Kuvert aus kräftigem Packpapier, greift nach dem Stift.

Doch an wen soll er das Ding schicken? An Leute aus dem Dorf? Ignoranten, die ihn schneiden und sich über ihn lustig gemacht haben, gäbe es genug. Aber was bringt es ihm, wenn in einem unbedeutenden Bausparerhäuschen eine Bombe hochgeht? Es würde kaum Aufsehen erregen, man würde schnell auf einen privaten Streit tippen, die Nachbarschaft ausforschen und bald auch bei ihm auf der Matte stehen. Und dass die Dorfleute ihn hassen, will er nicht. Nur anerkennen sollen sie ihn. Nur achten, was er ist und was er kann. Auch die Ignoranten. Gerade sie.

Nein. Die Bombe muss dort hochgehen, wo nicht sofort Rückschlüsse gezogen werden können, wo sie herkommen und welches Motiv dahinterstecken könnte. An einem Ort, auf den die Augen der Öffentlichkeit gerichtet sind, weil dort Entscheidungen gefällt werden, über die er die Leute schon oft hat mosern hören können: Die da oben, die tun eh, was sie wollen, die sind eh alle korrupte Amigos, uns brennen sie Steuern und Abgaben drauf, und sie selber schaufeln sich die Taschen voll.

Könnten die Leute dann noch anders, als diesen geheimnisvollen Kämpfer, der ihrer Frustration Ausdruck verleiht, insgeheim zu bewundern?

Flori greift nach dem zerfledderten Behördenadressbuch, das er auf dem Müllplatz gefunden hat, fährt mit dem Finger die Kolonnen entlang, bis er die Adresse des Landratsamtes in der Kreisstadt gefunden hat. Er überlegt noch kurz, dann beschriftet er das Kuvert, schiebt seine Erfindung behutsam hinein, befeuchtet den Klebestreifen mit einem Schwamm und schließt das Kuvert. Er wiegt es in seiner Hand. Seine Erfindung existiert. Nun muss sie nur noch funktionieren. Sonst hätte er sie gar nicht erst zu bauen brauchen.

### DIE SONDERKOMMISSION

»Vorab folgende Mitteilung: Die SoKo wird um weitere fünf Personen aufgestockt. Des Weiteren wird die ausgesetzte Belohnung für Hinweise, die zum Täter führen, auf fünfundzwanzigtausend Euro erhöht.«

»Wollen wir hoffen, dass es was hilft. Jetzt doktern wir schon über sieben Monate an der Geschichte herum, ohne auch bloß einen einzigen Schritt weitergekommen zu sein.«

»Ich kann gerne ein paar balkanische Klageweiber engagieren, wenn das der allgemeine Wunsch ist. Aber wollen wir jetzt gemeinsam Trübsal blasen oder unsere Arbeit tun?«

»Bleibt uns ja wohl nichts anderes übrig.«

»Eben. Deshalb zum Thema. Wie ich schon sagte, müssen wir uns darüber verständigen, welche unserer Annahmen zu streichen sind sowie welche sich aus der neuen Sachlage ergeben. Meinungen dazu?«

»Die Basis unserer bisherigen Überlegungen war, dass wir nach einem System gesucht haben –«

»Um daraus eine Motivlage zu entwickeln, die uns zum Profil des Täters führt, richtig.«

»– wir müssen uns aber jetzt sagen, dass kein System zu erkennen ist. Ich überleg mir, ob wir nicht überhaupt auf dem verkehrten Dampfer sind, wenn wir weiter nach diesem

Schema vorgehen. Was ist nämlich, wenn das System nicht bloß nicht erkennbar ist, sondern gar nicht existiert? Sprich, dass der Kerl einfach irr ist?«

»Einfache Antwort, Kollege. Dann ist genau das eben ein wichtiges Ergebnis unserer Überlegungen zu seinem Profil, das zu einem neuen Ermittlungsansatz führen muss. Einer, der praktisch nicht komplizierter zu realisieren ist als unsere bisherigen Ansätze. Menschen mit massiver psychischer Beeinträchtigung leben nicht im Nirwana. Für unseren Fall relevantes, das heißt selbst- und andere gefährdendes abweichendes Verhalten ist mit Sicherheit auf irgendeiner Ebene aktenkundig geworden.«

»Wir sollen also alle Nervenheilanstalten, staatliche, kommunale oder kirchliche Sozialstationen nach unserem Kandidaten abklappern?«

»Wenn wir uns darauf einigen, dass dieser Ermittlungsansatz verfolgt werden soll, dann kann es das heißen, ja.«

»Ja, Grüß Gott...«

»Aber noch haben wir uns ja nicht darauf geeinigt. Es ist schließlich noch nicht ausgemacht, ob wir den Kerl nicht doch unterschätzen. Wir können nämlich davon ausgehen, dass er alle Pressemeldungen verfolgt. Unter den Journalisten befinden sich einige, deren Schlussfolgerungen jenen, die auch wir getroffen haben, relativ nahekommen. Es könnte demnach sein, dass er absichtlich verwirrende Spuren legt, um sein tatsächliches Motiv zu verschleiern und uns damit zu erschweren, über dieses Motiv an ihn heranzukommen. – Aber ich würde dazu gerne noch einige Einschätzungen sammeln. – Ja, Kollege?«

»Nicht direkt dazu. Mich würd doch noch mal interessieren, wieso wir uns eigentlich fast ausschließlich auf den Landkreis und das Dorf konzentrieren. Was macht uns so sicher, dass der Mann aus dieser Gegend stammen muss? Die letzten beiden Briefbomben sind doch nach Würzburg und nach München gegangen.«

»Das haben wir doch jetzt schon unzählige Male durchgekaut! Soll ich es dir auch noch auf CD brennen?«

»Entschuldige, Kollege, aber die Ansage für unsere Treffen ist, dass jeder sagt, was er für wichtig hält, ja? Und wenn ich das tu, möcht ich von keinem als Trottel hingestellt werden, ist das klar?«

»Kollegen – bitte, ja?«

*(Unruhe)*

»Meinetwegen, dann eben noch einmal. Grund eins: weil sämtliche Sprengbriefe auf Postannahmestellen des Landkreises verweisen und sich daraus ein Aktionsradius ergibt, in dessen Zentrum unser Dorf liegt. Grund zwo: Die aus den Bombenbriefen isolierte DNA deckt sich mit einer Probe, die aus einem noch nicht aufgeklärten Einbruchsgeschehen stammt, das genau hier stattgefunden hat. Punkt.«

»Sorry, auch wenn du dich auf den Kopf stellst, Kollege. Mir ist das einfach zu mager. Gerade bei Einbrüchen haben wir doch fast überwiegend ortsfremde Täter.«

»Das ist richtig. Ich will auch nicht ausschließen, dass wir, wenn wir schon unsere bisherigen Annahmen auf den Prüfstand stellen, auch die Hypothese der Ortszugehörigkeit neu überprüfen müssen. Auf jeden Fall sollten wir uns aber zuvor noch einmal intensiver mit diesem Einbruch beschäftigen. Fakt ist bekanntlich, dass Einbrecher und Bombenbastler definitiv identisch sind. – Eine Wortmeldung? Bitte?«

»Zum Kollegen von vorhin noch mal: Ich kann die Zweifel überhaupt nicht teilen. Klar, ein ortsfremder Einbrecher ist nicht auszuschließen. Aber ich möcht an die Diskussion erinnern, die wir gehabt haben, nachdem wir den DNA-Treffer auf den Tisch gekriegt haben. Wir sind damals nämlich hauptsächlich deswegen auf das Dorf hier gekommen, weil wir uns gesagt haben, dass der Einbrecher Ortskenntnis gehabt haben muss. Zur Erinnerung: Er muss erstens gewusst haben, dass sich in dieser absolut abgelegenen Einöde, zu der bloß ein geschotterter Wirtschaftsweg führt, überhaupt noch ein Wohnhaus befindet. Zum Zweiten muss er die Information gehabt haben, dass das Haus bereits seit Monaten leer steht. Drittens ist nachts eingebrochen worden. Ein Einbrecher aber, der was von seinem Geschäft versteht und nicht ganz schräg drauf ist, kundschaftet die Zeiten aus, in denen möglichst niemand im Haus ist, und das ist in der Regel tagsüber, denn in der Nacht muss er davon ausgehen, dass sich Personen darin aufhalten. Und viertens: Die Abzweigung von der Gemeindestraße auf diesen Schotterweg befindet sich auf freiem Gelände sowie in der Nähe einer Häusergruppe, die von vier Familien bewohnt ist. Jedes nicht dem Hausbesitzer oder den ehemaligen Mietern gehörende Fahrzeug wäre aufgefallen. Wahrscheinlich auch in der Nacht, weil die Scheinwerfer auf der Strecke bis zum Eintritt in den Wald weithin sichtbar gewesen wären. Ich möcht die Intelligenz von Einbrechern nicht überbewerten, aber so viel Idiotie wär dann doch ziemlich einmalig.«

»Und wenn er zu Fuß unterwegs war und irgendeinen nicht so leicht einsehbaren Schleichweg benutzt hat?«

»Das würde umso mehr für einen einheimischen Täter sprechen! Solche Pfade muss man kennen, besonders in der Nacht.«

»Okay. Überzeugt. Aber dann sollten wir uns langsam überlegen, wie wir auf den Kerl kommen. Langsam brennt nämlich wirklich der Hut.«

»Mit Hektik kommen wir nicht weiter, Kollegen.«

»Mit oder ohne. Wir kommen überhaupt nicht weiter. Und das seit Monaten.«

## FLORI

Tante Wally hat die Passauer Zeitung abonniert. Flori wartet geduldig, bis sie und Vater sie gelesen haben, dann nimmt er sie mit auf sein Zimmer. Was er liest, erfüllt ihn mit Genugtuung.

Seit Wochen spricht man in der Region über nichts anderes mehr. In allen Ämtern der Umgebung herrschen Nervosität und erhöhe Aufmerksamkeit. Mit seinen Briefen hält er nicht bloß ein paar Streifenbeamte auf Trab, sondern eine Heerschar von Beamten des Landeskriminalamtes, die in Kreis und Dorf eingefallen sind, herumwieseln und wichtigtun. Die Belohnung ist auf eine Höhe geklettert, die sonst nur bei berühmten Staatsfeinden ausgesetzt wird. Flori muss grinsen. Nie werden sie ihn finden.

Er geht jetzt öfters ins Dorf. Er schnappt im Zeitungsladen auf, dass nicht jeder auf den geheimnisvollen Briefbomber schimpft. Da kann mans wieder mal sehen, hört er. Wenns die Oberen trifft, wird gleich ein Tamtam gemacht. Wenn aber unsereins mal sein Recht will, passiert nichts. Schadet gar nichts, wenn die da oben einmal ein bisserl sekkiert werden. Sogar Vater brummt vor sich hin: »Alle in einen Sack gesteckt und drauf gedroschen, es trifft schon keinen Falschen.«

Er lässt sich nichts anmerken, hört zu, mischt sich nicht ein. Einmal fragt ihn die Ladnerin sogar nach seiner Meinung, aber er gibt nur ein ungefähres »Na ja, man kanns so oder so sehn« von sich.

Das war ihm also gelungen. Klein und ängstlich werden jetzt all jene, die sonst mit ihrer Macht und ihrer Bedeutung protzen und auf ihn und seinesgleichen heruntersehen, er hat sie gezwungen, ihre Fassade fallen zu lassen und aller Welt zu zeigen, dass sie nicht größer sind als er, dass auch sie Angst haben, sich in die Hosen machen, sich verunsichern lassen.

Aber ganz zufrieden ist er noch nicht. Die Briefe verbreiten Unruhe, gut, aber bisher hat nur eine Bombe das getan, wofür er sie in mühsamer Arbeit konstruiert hat. Die meisten werden schon vorher abgefangen und entschärft. Hat er bei seinem ersten Brief einen Fehler gemacht, weil Pulver aus dem Umschlag gerieselt war, was den Büroleiter des Landrats schließlich doch misstrauisch gemacht hat?

Immerhin hat es einmal geklappt. Aber er hatte lesen können, dass seine Bombe keinen größeren Schaden angerichtet hat – eine Stichflamme, eine erschrockene Sekretärin, ein paar versengte Papierblätter. Bei jeder zweiten Grillparty geht es ärger zu.

Der große Krach, das große Feuerwerk ist noch ausgeblieben.

Und in einem Zeitungsartikel hatte er vor einigen Tagen gelesen, dass sich die Fahndung mittlerweile nur noch auf den Landkreis und einige angrenzende Gemeinden konzentriere, was die Polizei damit begründe, dass die Adressaten der meisten Anschläge auf einen Täter im näheren Umfeld der Kreis- und Kommunalbehörden schließen lassen. Und dass sein Dorf ins Visier genommen wird.

Wieso eigentlich?

Es gefällt ihm nicht.

Er schickt den nächsten Brief an ein Konsulat in München, die Adresse hat er willkürlich ausgewählt, er hat noch nie in seinem Leben mit einer ausländischen Botschaft zu tun gehabt. Und gleich noch einen an eine Bezirksregierung in Franken. Er grinst ihn sich hinein, als er den Brief einwirft.

Da habt Ihr wieder was, woran Ihr beißen könnt, Freunde. Ihr werdet mich nie finden.

## DIE SONDERKOMMISSION

»Kollege, dein Vortrag bitte.«

»Die Zeit können wir uns eigentlich sparen. Es gibt nichts zu berichten, außer, dass ich einen Bierbauch angesetzt hab, weil ich jetzt seit mehr als acht Wochen fast jeden Abend am Dorfstammtisch hock.«

»Gar nichts?«

»Jedenfalls nichts, was uns weiterbringt. Ich weiß zwar jetzt, wer es mit wem treibt, wer es mit der Steuer nicht so genau nimmt, welcher Handwerker meistens pfuscht und dass das hiesige Weißbier angeblich das beste auf der Welt ist. – Aber Scherz beiseite. Ich kann bestenfalls sagen, dass die Stimmung bei den Leuten ziemlich gespalten ist. Die Leut sind nicht ungut, du kannst mit ihnen reden, aber einige nervt es gewaltig, dass ihr Dorf seit Monaten in der Zeitung steht, sie finden es eine Unverschämtheit, den Täter ausgerechnet unter ihnen zu vermuten. Man befürchtet auch wirtschaftliche Auswirkungen, etwa auf den Fremdenverkehr, und gibt uns die Schuld. Der eine oder andere will damit provozieren, indem er Sympathie für die Anschläge äußert, in dem Sinn, dass die sogenannten Oberen einen Denkzettel verdient haben. Das aber ist die Minderheit. Mit Hinweisen auf einen möglichen Täter aber sieht es, wie gesagt, mau aus. Alle entsprechenden Andeutungen haben wir auch schon früher gehört und abgearbeitet. Auch unser informeller Mitarbeiter muss passen.«

»Was kann daraus geschlossen werden? Dass man ihn kennt, aber deckt?«

»Nein. Dass man selber nichts weiß. Da bin ich vollkommen sicher. Die sich positiv über ihn äußern, sind dorfbekannte Querköpfe, die aber völlig harmlos sind und bloß Lust auf ein bisserl Stänkerei haben. Der Niederbayer braucht so was wohl hin und wieder.«

»Tja. Wie weiter?«

»Wenn es Sinn hat, bleib ich halt noch weiter auf dem Posten. Allerdings bezweifle ich, dass es den hat. Wenn es tatsächlich einer aus dem Dorf ist, was ich mittlerweile nicht mehr glauben kann, dann muss es ein Genie sein, was seine Tarnung betrifft. Aber sämtliche Haushalte im Dorf vom Keller bis zum Dachboden zu durchsuchen, und das ohne jeden Anhaltspunkt, ist wohl mehr als illusorisch.«

»Allerdings. – Kollegen, ich denke, dass es langsam an der Zeit ist, dass wir uns über sowohl alternative als auch ultimative Maßnahmen Gedanken machen sollten.«

»Und das wäre?«

»Erstens, dass wir jetzt die Katze aus dem Sack lassen, das heißt, gezielt mit Fahnderwissen an die Öffentlichkeit gehen. Sprich, dass wir Details des Genvergleichs herausgeben, vor allem den Zeitpunkt des Fundes, den Zusammenhang mit dem Einbruch in dem leer stehenden Haus und dergleichen. Wie auch, dass wir Belege haben, dass es sich beim Einbrecher um einen Einheimischen gehandelt haben muss.«

»Und dann?«

»Ein Gentest.«

»Wie bitte? Weißt du, wie viele Leute wir da testen müssten?«

»Durchaus. Wir müssen Proben aller Dorfbewohner zwischen 40 und 60 Jahren einholen. Ich schätze über dem Daumen, dass acht- bis neunhundert Personen dafür in Frage kommen.«

»Eine Wahnsinnsaufwand!«

»Richtig. Es wäre meines Wissens vermutlich der größte Massentest, den es jemals gegeben hat, das Labor wird aufheulen, und einige Euro sind dafür ebenfalls in die Hand zu nehmen.«

»Und das in einem Fall, in dem es bis auf eine angesengte Frisur keine größeren Personen- oder Materialschäden gegeben hat und bei dem der Täter höchstens ein paar Jahre kassiert, wenn er nicht eh in der Psychiatrie landet.«

»Der aber – und ich muss voranstellen, dass ich kein Freund großer Worte bin, aber hier sind sie ausnahmsweise angebracht – das hohe Gut der öffentlichen Sicherheit in einer Weise tangiert, die nicht mehr hingenommen werden kann. Wie auch nicht riskiert werden darf, dass sich Nachahmer ermutigt fühlen. Ein Zurück gibt es auch deshalb nicht mehr, weil das Ansehen des Staats und der Sicherheitsbehörden auf dem Spiel steht. Wenn es dem Burschen gelingt, uns lächerlich zu machen, haben wir nicht nur in diesem Fall verloren. Daher sehe ich keine andere Möglichkeit mehr, als diesen Schritt zu tun.«

»Wenn wir Glück haben, reagiert der Täter schon auf den Druck der Ankündigung.«

»Das wäre wünschenswert und erfahrungsgemäß sehr wohl möglich, richtig. Wenn aber nicht, haben wir, und vor allem das Labor, einiges an Arbeit vor uns. Sollte der Test aber wieder ohne Ergebnis bleiben, haben wir wenigstens endlich Gewissheit, dass wir mit unserer bisherigen Zielrichtung falschliegen. – Meinungen dazu? Nicht? Herr Kriminalrat? Auch nicht? – Dann würde ich sagen, sollte mit den Vorbereitungen begonnen werden.«

# FLORI

Flori wiegt den Brief in den Händen, mit dem er aufgefordert wird, eine Speichelprobe abzugeben. Aus der Zeitung hatte er erfahren, dass der erste Durchlauf keinen Treffer ergeben hatte, der Test deshalb auf die Altersgruppe ab 17 Jahren erweitert werden muss.

Die Buchstaben flirren vor Floris Augen.

Samstag, 16:30, TSV-Turnhalle. Die Teilnahme ist freiwillig, die Vernichtung der Proben nach Abschluss der Ermittlungen wird zugesagt

Das Spiel ist aus.

Einige Tage hatte er sich noch Hoffnungen gemacht. Er hatte mitbekommen, dass die Ankündigung des Massentests die Dörfler aufwühlte. Viele kündigten an, sich zu verweigern. Die Geschichte nagte am Stolz der Männer, sie empfanden die Vorladung als entwürdigend. Es ging ihnen gegen den Strich, beweisen zu müssen, keine Verbrecher zu sein, sie fühlten sich wie Schulbuben, die vor dem Lehrer die Hosen herunterlassen müssen, weil dieser einen Dieb in der Klasse vermutet. Schon der Verdacht, sie könnten hinter diesen Anschlägen stecken, war als kränkend empfunden worden. Auch wurde angezweifelt, dass die Proben hinterher wirklich vernichtet werden, erzählen können die Herrschaften viel, wers glaubt, wird selig!

Aber dann gingen der Bürgermeister voran, der alte Pfarrer, und schließlich lenkte jeder ein. Die Leute wollten die Sache endlich loshaben, seit Monaten lastet die Affäre auf ihnen, sie waren sich sicher, dass der Test keinen Treffer ergeben würde und damit bewiesen wäre, dass ihr Dorf zu Unrecht in Verruf geraten ist.

»Gehst schon hin, oder?«, fragt Tante Wally über die Schulter.

»Schaun wir mal«, sagt Flori.
»Du musst«, sagt Tante Wally. »Alle gehen hin.«
»Ja, mal schauen.«
»Nix da! Wie tät das denn ausschauen, wenn du dich als Einziger querstellst. Es muss doch jetzt ein jeder mithelfen, dass sie den Saukerl endlich erwischen.«
»Stimmt das denn?«, fragt Flori leise.
Tante Wally dreht sich zu ihm um.
»Was?«
»Dass er ... ein Saukerl ist.«
»Redest du jetzt auch so einen Schmarren daher? Dass er ganz Recht damit hat, die Großkopferten ein bisserl zu tratzen? Ich sag dir was: Feig ist so was. Was ein echtes Mannsbild ist, verhält sich nicht so hinterfotzig. Das stellt sich hin und sagt, was es zu sagen hat. Kann mir schon vorstellen, was der sich gedacht hat. Er hat gemeint, was für ein mords Held er ist und dass ihn die Leut dafür bewundern, von wegen geheimnisvoller Rächer und all so einen Blödsinn. Aber er ist nichts als ein Hosenscheißer, nicht einmal ein Ratz ist so feig. Ich jedenfalls wünsch mir, dass sie ihn endlich erwischen. Unser Dorf so in Verruf bringen. Und ich hoff, dass er dann auch eine gescheite Straf kriegt. Wenns wirklich einer vom Dorf sein sollt, braucht der sich jedenfalls nie mehr sehen lassen bei uns. – Du gehst hin, Flori, ja? Das musst mir versprechen. Hinterher zeigen die Leut noch mit dem Finger auf uns. Das tust uns nicht an, gell?«
»Jaja«, sagt Flori. »Ich schau nachher rüber.«
»Das freut mich«, sagt Tante Wally. »Ich weiß ja, dass du ein gescheiter Kopf bist und nicht so ein Strohkopf wie manche andere.« Sie taucht den Schöpflöffel in den Suppentopf. »Und jetzt isst du was, ich hab dir extra die Suppe gekocht, wo du mir gesagt hast, dass du sie so gern magst.«

Flori legt den Brief weg und steht auf. »Ich hab grad keinen Hunger nicht«, sagt er und geht.

»Flori«, ruft ihm die Tante nach. »Du musst doch was essen!«

Sie hört seine Schritte auf der Stiege. Dann fällt die Türe zu seiner Kammer ins Schloss.

Sie schüttelt den Kopf. Der Bub muss doch was essen, denkt sie. So schlecht, wie er ausschaut seit ein paar Tagen.

## DIE SONDERKOMMISSION

*(Eintrag Ablaufkalender SoKo »Briefbombe«:)*

Um 16:56 Uhr ging bei der Einsatzzentrale die Meldung ein, dass auf einem Acker außerhalb des Dorfes eine Explosion mit weithin sichtbarem Feuerblitz gesichtet worden sei. Um 16:57 wurde die örtliche Polizeiinspektion verständigt, um 16:58 die SoKo.

*(Anhang/Vermerk zum Auffindungsbericht:)*

Von der umgehend an den Einsatzort beorderten Streifenbesatzung wurde die Leiche eines jüngeren Mannes vorgefunden, dessen Körper auf der Vorderseite, im Bereich zwischen Hals und Unterleib, schwerste Brandverletzungen aufwies. Da zu diesem Zeitpunkt alle Kräfte der SoKo noch in der Turnhalle gebunden waren, übernahmen die Beamten der örtlichen Inspektion bis zum Eintreffen der SoKo sowie der zur Unterstützung alarmierten Beamten der Kriminalpolizeiinspektion die Absicherung des mutmaßlichen Tatortes.

Ein erster Augenschein ergab, dass der Körper durch die Detonation etwa acht Meter durch die Luft geschleudert wurde sowie dass die Verletzungen mit hoher Wahrscheinlichkeit durch einen in eine Gaskartusche gefüllten Sprengsatz hergerufen worden sein mussten. Der zeitgleich eingetroffene Notarzt stellte als Todesursache fest, dass der Tod durch das Zerreißen des Lungengewebes und der Blutgefäße sowie des durch die Detonation ausgelösten Schocks eingetreten sein muss.

Bei der Leiche wurden keine Papiere gefunden. Auch der Landwirt L(...), der die Detonation gemeldet hatte und am Tatort auf das Eintreffen der Einsatzkräfte gewartet hatte, konnte keine Angaben zur Identität des Toten machen. Gleichlautend äußerte sich der hinzugezogene Bürgermeister des Dorfes. Trotz eingehender Inaugenscheinnahme im Beisein der SoKo-Beamten konnte auch er nichts zur Identifikation beitragen. Wörtlich äußerte er: »Gott sei Dank, es ist keiner aus unserer Gemeinde.«

Flori legt den Brief weg und steht auf. »Ich hab grad keinen Hunger nicht«, sagt er und geht.

»Flori«, ruft ihm die Tante nach. »Du musst doch was essen!«

Sie hört seine Schritte auf der Stiege. Dann fällt die Türe zu seiner Kammer ins Schloss.

Sie schüttelt den Kopf. Der Bub muss doch was essen, denkt sie. So schlecht, wie er ausschaut seit ein paar Tagen.

## DIE SONDERKOMMISSION

*(Eintrag Ablaufkalender SoKo »Briefbombe«:)*

Um 16:56 Uhr ging bei der Einsatzzentrale die Meldung ein, dass auf einem Acker außerhalb des Dorfes eine Explosion mit weithin sichtbarem Feuerblitz gesichtet worden sei. Um 16:57 wurde die örtliche Polizeiinspektion verständigt, um 16:58 die SoKo.

*(Anhang/Vermerk zum Auffindungsbericht:)*

Von der umgehend an den Einsatzort beorderten Streifenbesatzung wurde die Leiche eines jüngeren Mannes vorgefunden, dessen Körper auf der Vorderseite, im Bereich zwischen Hals und Unterleib, schwerste Brandverletzungen aufwies. Da zu diesem Zeitpunkt alle Kräfte der SoKo noch in der Turnhalle gebunden waren, übernahmen die Beamten der örtlichen Inspektion bis zum Eintreffen der SoKo sowie der zur Unterstützung alarmierten Beamten der Kriminalpolizeiinspektion die Absicherung des mutmaßlichen Tatortes.

Ein erster Augenschein ergab, dass der Körper durch die Detonation etwa acht Meter durch die Luft geschleudert wurde sowie dass die Verletzungen mit hoher Wahrscheinlichkeit durch einen in eine Gaskartusche gefüllten Sprengsatz hergerufen worden sein mussten. Der zeitgleich eingetroffene Notarzt stellte als Todesursache fest, dass der Tod durch das Zerreißen des Lungengewebes und der Blutgefäße sowie des durch die Detonation ausgelösten Schocks eingetreten sein muss.

Bei der Leiche wurden keine Papiere gefunden. Auch der Landwirt L(...), der die Detonation gemeldet hatte und am Tatort auf das Eintreffen der Einsatzkräfte gewartet hatte, konnte keine Angaben zur Identität des Toten machen. Gleichlautend äußerte sich der hinzugezogene Bürgermeister des Dorfes. Trotz eingehender Inaugenscheinnahme im Beisein der SoKo-Beamten konnte auch er nichts zur Identifikation beitragen. Wörtlich äußerte er: »Gott sei Dank, es ist keiner aus unserer Gemeinde.«

# Dank

Neben einschlägigen Archivalien und Medienberichten konnte ich mich für diese Nacherzählungen unter anderem bei Arbeiten von Anselm von Feuerbach, Mag. Harald Seyrl, Dr. Max Hirschberg, Prof. Wolfgang Spann, Monika Dimpfl, Annette Ramelsberger, E. J. Gumbel, Leonore Qualtinger und Horst Nusser bedienen.

Für Hilfe bei der Recherche bedanke ich mich wieder herzlich bei Petra Schreiner, für hilfreiche Detailinformationen, Fachauskünfte und inhaltliche Anregungen bei Andrea Uehlein, Wolfgang Zimmer, Philipp, Gerti und Nanei Gschwendtner, Pater Kyrill, Leonie, Louise und Ulla Pokutta, Peter v. Thiereck, Fridolin Ritter, Elmar Raida, Angela und Howard Fine und Manfred Woelke.

Verlagsgruppe Random House FSC® N001967
Das FSC®-zertifizierte Papier *Munken Premium Cream* für dieses Buch
liefert Arctic Paper Munkedals AB, Schweden.

1. Auflage
Copyright © 2013 by btb Verlag
in der Verlagsgruppe Random House GmbH, München
Satz: Uhl + Massopust, Aalen
Druck und Einband: GGP Media GmbH, Pößneck
SK · Herstellung: hag
Printed in Germany
ISBN 978-3-442-75429-8

www.btb-verlag.de
www.facebook.com/btbverlag